비자살적 자해

Non-Suicidal Self-Injury:
Wellness Perspectives on Behaviors, Symptoms, and Diagnosis
by Kelly L. Wester and Heather C. Trepal

행동, 증상, 그리고 진단에 관한 웰니스 관점

비자살적 자해

– 진단 및 개입 –

NON-SUICIDAL SELF-INJURY

Kelly L. Wester
Heather C. Trepal 공저
함경애
임현우 공역

학지사

역자 서문

청소년과 상담할 때 자살과 자해는 상담자들이 특히 다루기 어려워하는 문제 중 하나이다. 다행히 자살 문제는 연구 및 임상 장면에서 오랜 기간 다루어져 왔고 사회적으로도 공론화되어 이에 대한 개입 방법이 매뉴얼로 개발되었다. 덕분에 학교 현장에서도 자살예방 교육 및 개입이 다양하게 이루어지고 있다. 이에 비해 자해 행동에 관한 정보는 상대적으로 매우 부족하다. 청소년의 자해 행동이 어제오늘의 문제가 아님에도 불구하고 일종의 세대 문화로서 부각되기 시작한 것은 비교적 최근의 일이다. 인터넷에 '자해'를 검색하면 5만 건 이상의 글과 사진이 올라와 있는 것을 볼 때, 이미 우리 사회에 자해가 널리 확산되어 있다는 사실을 알 수 있다. 자해를 시작하는 연령이 점점 낮아지고 청소년들이 자해에 노출되는 환경도 점점 다양해짐에 따라 상담 현장에서 자해 청소년을 만나는 경우도 점차 늘어나게 되었다. 상담 현장에서 자해 청소년을 만나는 많은 상담자가 이들을 어떻게 이해하고 어떤 방법으로 개입해야 할지 막막하다고 호소한다. 자녀가 자해를 하고 있다는 사실을 알게 된 부모의 입장 또한 여간 곤혹스러운 것이 아니다.

이러한 현상은 자해 청소년의 수가 급증하는 데 비해, 자해 관련 연구 및 임상 결과에 대한 논의가 여전히 부족한 현실을 반영하는 것이다. 즉, 자해 청소년에 대한 이해와 상담 개입 지침이 부족한 현실에서 상담자는 불안과 당혹감을 느낄 수밖에 없다. 다행히 상담자의 불안을 낮추고 비자살적 자해 청소년에게 적절한 도움을 제공하기 위한 많은 논의와 연구가 진행되고 있다. 이 책은 이러한 논의와 연구를 반영한 것으로서 자해 행동을 이해하고 효과적인 도움을 제공하려는 상담자에게 매우 실용적인 정보를 제공해 준다.

이 책은 총 4부로 이루어져 있다. 제1부에서는 비자살적 자해(Non-Suidical Self-Injury: NSSI) 현상을 어떻게 이해할 것인가에 대한 기본적인 정보를 제공한다. 즉, 비자살적 자해의 정의와 기능을 이해하고 비자살적 자해가 자살 행동과 어떻게 다른지 구별하는 데 도움이 될 것이다.

제2부에서는 비자살적 자해 행동을 어떻게 평가하고 진단하는지에 대한 내용을 다룬다. 즉, 상담 초기에 어떻게 비자살적 자해를 평가할 수 있는지, 자해 내담자와 치료적 관계를 형성하는 방법과 진단 및 치료 과정에서 중요하게 고려해야 할 사항들은 무엇인지에 대해 다룬다.

제3부에서는 비자살적 자해 내담자를 만났을 때 치료 개입을 어떻게 할 것인가에 대한 내용이 포함되어 있다. 인지행동치료(Cognitive Behavioral Therapy: CBT)와 변증법적 행동치료(Dialectical Behavior Therapy: DBT), 문제해결치료(Problem Solving Therapy: PST) 등의 증거기반 치료를 다룰 뿐만 아니라 통합적 모델, 동기강화상담, 행동적 및 인지적 접근, 정서적 및 관계 중심 치료 등을 포괄적으로 다루고 있어 비자살적 자해를 하는 내담자에게 다양한 개입을 할 수 있도록 도움을 줄 것이다.

제4부에서는 학교 장면에서 자해 청소년을 어떻게 교육하고 지원할 것인가에 관한 내용을 담고 있다. 즉, 비자살적 자해 청소년의 가족에 대한 교육, 상담에 대한 수퍼비전 시 고려사항, 그리고 예방 활동 등을 다룸으로써 상담자가 다양한 장

면에서 비자살적 자해 문제에 효과적으로 대처하는 데 도움이 될 것이다.

이 책은 비자살적 자해에 대한 이해에서 시작하여 치료적 개입 방법 및 예방 활동까지 폭넓게 다룸으로써 다양한 환경에서 일하는 상담자들이 저마다 다른 도움을 필요로 하는 내담자들에게 효과적인 도움을 제공하는 데 기여할 수 있을 것이다.

끝으로 끈기와 열정을 잃지 않도록 지지와 격려를 보내 주신 천성문 교수님, 책의 선정 및 옮기는 과정에서 많은 도움을 주신 연세대학교의 이동귀 교수님, 원서의 의미 전달을 높이고 가독성을 높이는 데 도움을 주신 윤승희 선생님과 설정희 선생님께 고마운 마음을 전한다. 또한 이 책이 출간되는 데 많은 지원을 해 주신 학지사 김진환 사장님을 비롯하여 관계자 분들께도 고마운 마음을 표하고 싶다.

힘겨운 삶을 살아가는 내담자를 돕기 위해 애쓰고 있는 많은 상담자, 그리고 자해를 해서라도 살아 내고자 하는 많은 내담자가 자신의 잠재력을 발휘하여 마음의 안정과 행복을 찾는 데 이 책이 조금이나마 도움이 되기를 기원한다.

역자 일동

저자 서문

비자살적 자해에 관한 간략한 소개

비자살적 자해(NSSI)는 점점 더 유행처럼 만연해지고 있고 국제적인 관심사가 되었다(Lewis & Plener, 2015). 청소년들은 초등학교와 중·고등학교에서 점점 더 빈번하게, 점점 더 어린 나이에 비자살적 자해에 빠져들고 있다. 비자살적 자해는 대학에서도 더 빈번하게 발생하고 있고, 외래 환자 상담 기관에서도 더 만연한 문제가 되었다. 이로 인해 비자살적 자해 행동 및 예방에 관해 훈련을 요청하고 모색하는 정신건강 전문가, 학교에서 전략과 정책을 실시하기 위해 추가적인 정보를 구하려는 교사와 직원, 그리고 자녀에게 도움을 주기 위해 더 많은 지식을 얻고자 하는 부모가 늘어나고 있다. 정신건강센터의 기관장인 Barent Walsh(2012)의 말에 따르면, 원래 비자살적 자해는 주로 자신의 신체에 대해 부정적인 감정을 가진 사람들이 하던 행동이지만, 현재 '새로운' 집단이 출현했다고 한다. 이들은 스트레스를 관리할 수 없고, 불쾌한 감정에 대처하지 못하며, 다른 사람들과 의사소통을 하지 못하거나 자신의 물리적 신체와 다시 연결되지 못하기 때문에, 즉 의식이 물리적 신체를 단단히 붙잡고 있지 못하기 때문에 자해를 하게 된다는 것이다. 비자살적 자해는 남자와 여자, 다양한 민족과 인종 집단을 포함하는 모든 인구통계학적 집단에 걸쳐 나타나며, 광범위한 연령대와 사회경제적 요인에 걸쳐 나타난다. 어떤 개인도, 어떤 인구통계학적 집단도 비자살적 자해를 하거나 비자살적 자해를 하는 사람과 관련성을 갖지 않는다고 장담할 수 없다.

비자살적 자해 행동에 대해 논의하거나 자문을 구할 때, 대부분의 정신건강 전문가, 교사, 부모는 '커팅(cutting)'을 생각한다. 그러나 앞으로 이 책을 통해 제시되듯이 비자살적 자해는 단순한 커팅 행동 이상을 의미한다. 또한 자해를 하는 사람들을 평가하거나 그들과 치료 작업을 하는 경우, 많은 대인관계 요인과 개인 내적 요인을 고려해야 한다. 이러한 요인들로 인해 다양한 환경에서 일하는 정신건강 전문가들은 한결같이 비자살적 자해를 하는 내담자들을 치료하기에는 자신이 제대로 준비되어 있지 않다고 느낄 수 있다(Trepal & Wester, 2006, 2007).

대중매체에 비자살적 자해가 등장하거나 논의되는 경우도 대폭 증가하였다. 1990년대 이전 대중매체에서 비자살적 자해가 등장한 예는 드물거나 전혀 없었던 데 반해, Whitlock, Purington과 Gershkovich(2009)는 2000년대 초반 5년 동안 자해와 관련해 1,700편이 넘는 뉴스 기사를 찾아내었고 2016년 유튜브 검색으로 136,000개 이상의 영상을 발견하였다(이는 2015년 검색 결과와 비교하면 1년 만에 11,000개의 영상이 증가한 것이다). 이것은 음악이나 인터넷상에서 온라인 단체, 소셜미디어 그룹, 블로그, 채팅방과 관련해 검색될 수 있는 건들은 포함하지도 않은 것이다. 안젤리나 졸리, 데미 로바토, 린제이 로한, 콜린 파렐, 피오나 애플, 조니 뎁과 같은 유명인도 자신의 자해 행동에 대해 이야기한 바 있다. 이런 행동들은 사회적 전염을 일으킬 수 있고 궁극적으로 비자살적 자해를 증가시킬 수 있다. 사람들은 또래 집단, 소셜미디어, 영화를 통해, 심지어 건강 관련 교육 수업에서 비자살적 자해에 관해 사회적으로 학습했다고 밝히고 있다.

자해 행동이 지속적으로 증가한다는 점에서, 『정신질환의 진단 및 통계 편람 제5판(DSM-5)』은 비자살적 자해를 독립적인 진단명으로 다룰 것을 제안하였다(이에 대해서는 제5장에서 보다 상세하게 논의할 것이다). 정신건강 전문가들이 비자살적 자해에 대해 보다 많은 정보를 지속적으로 요구한다는 점을 감안하여, 비자살적 자해에 대한 임상적 개입뿐만 아니라 기본적인 정보와 다양한 차원(예: 개인 상담, 가족의 필요, 조직의 정책과 절차)에 걸쳐 자해하는 사람들을 고려하고 치료하는 방법을 제공하기 위해 이 책이 쓰였다.

정신건강 분야에서 내담자를 치료하는 전문가들에는 다양한 유형의 전문가가 포함되어 있으며, 이들은 다양한 전문 직종의 구성원으로 이루어져 있다. 그들은 모두 내담자들이 일상의 삶에서 점점 더 잘 기능할 수 있도록 돕겠다는 희망을 가지고 내담자들과 치료 작업을 한다는 점에서 공통적이다. 이들 내담자 중에는 거의 확실하게 자해하는 사람들이 포함되어 있다. 그러므로 자해는 모든 정신건강 분야를 망라하며, 다양한 환경에서 자해 내담자를 치료하는 상담자들과 관련된 문제이다. 정신건강 전문가들에는 정신과 의사, 심리학자, 상담자, 사회복지사, 결혼 및 가족 치료사 등이 포함된다. 이 책에서는 '정신건강 전문가'와 '상담자' 라는 용어를 자유롭게 혼용할 것이다. 또한 여러분이 치료 작업을 함께하는 사람들을 '내담자(clients)'라고 지칭하지 않고 환자, 학생, 혹은 고객이라는 용어로 지칭하는 정신건강 전문가라면, '내담자'라는 말이 그 용어들과 교체해서 사용되며, 자해를 하는 사람으로서 상담자가 치료 작업을 하는 사람이라면 누구라도 지칭할 수 있다는 점을 밝혀 둔다.

이 책은 4개의 주요 부분으로 구성된다. 제1부 '비자살적 자해: 기본적인 정보와 고려 사항'에서는 비자살적 자해란 무엇이고 무엇이 아닌지에 대해 설명한다. 제1장에서는 개념 정의, 자해 행동 및 방법의 예시, 그리고 유병률과 인구 집단에 대해 고려할 사항들을 다룬다. 제2장에서는 비자살적 자해 행동의 발달과 유지에 관해 설명하기 위해 고안된 다양한 모형과 이론적 틀에 초점을 맞춘다. 제1부의 마지막 장인 제3장에서는 비자살적 자해와 자살 행동 간의 복잡한 관계, 그럼에도 존재하는 차이점에 관해 논의한다. 제2부 '평가와 진단상의 고려 사항'에서는 비자살적 자해 행동에 대한 정보 수집하기, 그리고 추후 치료 문제를 고려하는 데 필요한 진단하기에 관한 정보를 제공한다. 구체적으로 제2부는 접수면접과 평가를 수행하고, 비자살적 자해 행동에 대한 정보를 수집하며, 자해에 대한 상담자 자신의 반응과 판단에 대해 보다 더 자각하게 될 때 고려해야 할 질문을 포함한다. 또한 하나의 장을 특별히 진단에 전적으로 할애하였는데, 이 장에는 비자살적 자해를 어떻게 다룰지에 관하여 DSM-5에 제안하는 내용, 다른 정신 질환과의 동반 발병에 관한 정보, 중독에 관한 이론적 틀을 사용하여 비자살적 자해를 고찰해 본 내용이 담겨 있다. 제2부는 치료와 관련된 윤리적 고려 사항으로 마무리된다.

제3부 '치료상의 고려 사항'에서는 다양한 환경에서 일하는 정신건강 상담자를 위해 실용적이고 구체적인 정보를 제공한다. 제3부에는 경험 연구를 통해 검증된 치료 방법과 개입 방안들을 제공하는 장이 있고, 연구를 통해 검증되었거나, 누군가가 제안했거나, 이 책의 저자들이 자해 내담자와 작업할 때 사용한 적이 있는 다양한 개입 방안을 제공하는 장이 포함되어 있다. 제4부 '교육과 지원 노력'에서는 다양한 환경에서 비자살적 자해를 하는 사람들과 치료 작업을 해야 할 필요성에 초점을 둔 정보로 구성된다. 구체적으로 가족에 대한 사후 개입(postvention), 자해 내담자와 작업하는 정신건강 전문가에게 수퍼비전 제공하기, 그리고 비자살적 자해에 관해 전문가들이 사회적 지원과 예방 조치를 제공할 수 있는 여타 방법에 관한 정보를 제공한다.

강점중심, 웰니스 지향성에 대한 소개

이 책은 정신건강 전문가를 대상으로 하여 비자살적 자해에 대한 기본적이고 중요한 정보를 제공하고 여러 다른 치료 환경에서 요구되는 고려 사항을 설명하는 방식으로 구성되었다. 아울러 이 책은 바로 사용할 수 있는 정보들로 꾸며져 있기도 하다. 특히 평가 과정, 가족 교육, 치료에 관한 몇몇 장은 바로 사용할 수 있는 유인물과 표를 포함하고 있는데, 이들 자료는 복사해서 다른 사람들에게 주거나 접수면접 평가에서 사용할 수 있다. 또한 이 책은 비자살적 자해 행동을 바라보는 데 있어 강점중심, 웰니스 접근법에 기반을 두고 쓰였다는 점에서 동일 주제의 다른 책들과 차별된다.

세계보건기구(World Health Organization)의 정의에 따르면, 건강은 '그저 질병이 없는 상태가 아니라 신체적·정신적·사회적으로 완전한 안녕(well-being) 상태'를 의미한다. 따라서 우리가 비자살적 자해에 대해 생각할 때, 이는 단지 자해 행동을 줄이거나 소거하는 것이 아니라 총체적 존재(whole person)로서의 그 사람과 그가 속한 환경을 이해하고 치료 작업을 하는 것에 대해 생각한다는 것을 의미한다. 또한 웰니스 접근법은 환원주의적 방식으로 오로지 질병에 초점을 두기보다는(이 경우 비자살적 자해는 '질병'으로 간주될 것이다), 최적 기능(optimal functioning)과 예방을 위해 노력해야 할 필요성을 나타낸다. Paul Granello는 웰니스 상담의 요체를 훌륭하게 표현해 주었다. "웰니스 상담은 인간의 가능성과 내담자의 강점에 대한 믿음을 바탕으로 도움을 제공하려는 접근법이다."(p. 29)

웰니스에 대한 모형은 여러 가지가 있다. 각각의 모형에 대한 구체적인 논의는 이 책의 범위 밖에 있지만, 책 전반에 걸쳐 비자살적 자해 행동에 대한 논의가 어떻게 전개될지에 대하여 독자의 이해를 돕기 위해 주요 특징에 대한 설명이 제공될 것이다. 주요 웰니스 모형으로서 Hettler(1980)의 웰니스 육각 모형(Hexagonal Model of

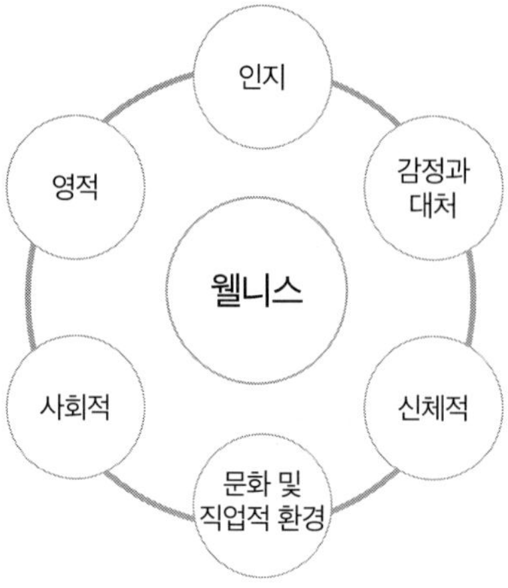

[그림 1] 다양한 웰니스 모형의 통합

Wellness), Witmer와 Sweeney(2012)의 웰니스 수레바퀴(Wheel of Wellness), Myers와 Sweeney(2005)의 불가분 자아(Indivisible Self), 그리고 Granello(2012)의 웰니스 임상 및 교육 모형(Clinical and Educational Model of Wellness)을 요약하고 통합해 본 결과, 웰니스를 평가할 때, 여섯 개 영역이 고려되어야 하는 것으로 나타났다([그림 1] 참조). 이 여섯 개 영역은 앞서 언급한 여러 웰니스 모형에 망라하여 존재한다. 그것은 인지(Cognition), 감정과 대처(Emotion and Coping), 신체적(Physical)·사회적(Social)·문화적 및 직업적 환경(Cultural and Occupational Context), 그리고 영적(Spiritual) 영역을 포함한다. 각 영역에 대한 간략한 설명은 〈표 1〉에 제시되어 있다.

각각의 웰니스 모형에서와 마찬가지로, 정신건강은 여섯 개 영역 내에서, 그리고 이 모든 영역에 걸쳐 밀접하게 연관되어 있다. 만약 어떤 한 영역에서 결핍이 있다면 그 사람은 최적의 수준으로 기능할 수 없을 것이다. 모든 영역은 상호작용하며, 이는 경험 연구를 통해서도 검증되었다(Myers & Sweeney, 2008). 이 책의 모든 장에 걸쳐 비자살적 자해를 하는 사람은 최적의 수준으로 기능하지 못한다는 사실을 보여 줄 것이다. 예를 들어, 그들은 대부분 감정을 인지하는 데 어려움을 겪고, 강

〈표 1〉 웰니스 통합 영역

인지	사고, 지각, 기억, 귀인, 평가와 같은 모든 정신적 활동. 예를 들어, 특정한 상황에서 비난에 대한 귀인을 어떻게 하는지, 또는 통제 지각을 어떻게 하는지에 관한 것. 자아 인식과 자기효능감도 이 영역에 포함
감정과 대처	감정들, 이들 감정에 대한 지각(예: 긍정적·부정적), 그리고 감정을 식별하고 명명할 수 있는 능력. 감정 관리 또는 조절 그리고 감정과 스트레스 요인에 대처할 수 있는 능력. 문제 해결 행동에 나설 수 있는 능력
신체적	운동을 긍정적으로 활용, 영양 섭취에 대한 이해 및 실천
문화 및 직업적 환경	다양한 배경에 대한 고려, 시간과 공간이 개인에게 미치는 영향, 그리고 믿음과 가치가 개인을 이끄는 힘. 이 영역은 가족과 문화적 배경으로부터 온 신념뿐만 아니라 직업적 환경(예: 직장, 학교) 및 가족 환경, 그리고 성별 및 문화적 자아정체성을 포함
영적	자신의 삶에 의미와 목적을 부여하는 믿음과 가치, 자아를 초월할 수 있는 능력
사회적	대인관계, 인식되고 실제적인 지원, 다른 사람들의 영향

렬한 수준의 불쾌 감정을 느끼며, 감정에 대처하고 조절하는 데 미숙함을 보인다. 이 예에서 감정과 대처 영역은 최적의 정신건강에 필요한 이상적인 수준에서 기능하고 있지 못한 것이다. 또한 비자살적 자해를 하는 사람들은 문화적 정체성, 자존감, 스트레스 조절, 대인관계를 통한 사회적 지원이 최적의 수준에 미치지 못한다는 점이 밝혀졌다. 세계보건기구가 언급한 바와 같이, 정신건강은 단지 문제나 장애가 없는 상태에 관한 것이 아니라 질병이 발생하지 않도록 예방하는 것에 관한 것이다. 그러므로 웰니스 관점에 따르면 정신건강 전문가는 단지 내담자의 증상에 대응한 치료 작업을 하기보다는 앞서 제시한 여섯 개 영역을 활용하여 어떻게 비자살적 자해를 예방할 것인가에 대해 숙고해야만 한다. 비자살적 자해에 대한 예방과 지원은 절대적인 중요성을 지닌다.

이 책 전반에 걸쳐서 우리는 비자살적 자해가 일종의 대처 방법이자 자신의 신체와 연결되는 방법이고 강렬한 불쾌 감정을 조절하거나 사회적인 교류를 얻는 방법으로 사용된다는 관점을 제시할 것이다. 때로 비자살적 자해는 자살이나 자살 시도로부터 자신을 보호하기 위해 사용되기도 한다. 따라서 자해를 하는 사람의 입장에서는 스트레스에 대처하고 조절하는 창의적이고 일시적인 성공법을 찾은 셈이기도 하다. 그러나 이 방법은 적응적이지 않으며, 웰니스의 모든 영역에서 전체적으로 최적의 기능을 유지할 수 없기 때문에 장기적으로는 더 많은 스트레스, 무망감, 문제를 야기할 수 있다.

참고문헌

Granello, P. F. (2012). *Wellness counseling.* Upper Saddle River, NJ: Pearson.

Hettler, B. (1980). Wellness promotion on a university campus. *Family and Community Health, 3*(1), 77-79.

Lewis, S. P., & Plener, P. L. (2015). Nonsuicidal self-injury: A rapidly evolving global field. *Child & Adolescent Psychiatry & Mental Health, 49*(9). doi: 10.1186/s13034-015-0081-4

Myers, J. E., & Sweeney, T. J. (2005). The indivisible self: An evidence-based model of wellness (reprint). *Journal of Individual Psychology, 61*, 269-279.

Myers, J. E., & Sweeney, T. J. (2008). Wellness counseling: The evidence base for practice. *Journal of Counseling & Development, 86*(4), 482-493.

Trepal, H. C., & Wester, K. L. (2006). School counselors and self-injurious behaviors: Assessing perceptions, prevalence and training issues. *Journal of School Counseling, 4*(18). Retrieved from http://www.jsc.montana.edu/pages/articles.html

Trepal, H. C., & Wester, K. L. (2007). Self-injurious behaviors, diagnoses, and treatment methods: What mental health professionals are reporting. *Journal of Mental Health Counseling, 29*(4), 363-375.

Walsh, B. (2012). *Treating self-injury* (2nd ed.). New York, NY: Guilford Publications.

Whitlock, J. L., Purington, A., & Gershkovich, M. (2009). Media and the internet and nonsuicidal self-injury. In M. K. Nock (Ed.), *Understanding nonsuicidal self-injury: Origins, assessment, and treatments* (pp. 139-156). Washington,

DC: American Psychological Association Press.

Witmer, M. J., & Sweeney, T. J. (1991). A holistic model for wellness and prevention over the lifespan. *Journal of Counseling & Development, 71,* 140-148.

World Health Organization. (2014, n.d.). *Mental health.* Retrieved from http://www.who.int/topics/mental_health/en

차례

CONTENTS

차례

CONTENTS

차례

CON
TENTS

제3부 치료상의 고려 사항

차례

CON
TENTS

제4부 교육과 지원 노력

제1부

비자살적 자해:
기본적인 정보와 고려 사항

제1장

비자살적 자해: 비자살적 자해란 무엇이고 무엇이 아닌가

정신건강 전문가로서 우리는 매일 많은 일을 겪는다. 다음 사례 중 하나를 상상해 보자.

- 상담실에 앉아서 한 어머니의 말을 듣고 있다. 그녀는 겁에 질려 떨리는 목소리로 자기 딸이 커팅을 하는데 어찌 해야 할지 모르겠다고 한다.
- 가정 방문을 가서 짧은 소매 차림의 소년을 만난다. 그 소년의 팔 아래위에 화상으로 생긴 많은 흉터가 있다.
- 밤늦은 시간에 한 어머니로부터 전화가 걸려 온다. 그녀는 자기 아들이 팔 아래위를 칼로 그어서 응급실로 실려 왔고 아들이 자살을 시도했을까 봐 두렵다고 말한다.
- 한 소녀가 당신의 연구실에 들어와서 자기 친구가 자해를 하는데 어떻게 해야 할지 모르겠다고 말한다.
- 당신이 근무하는 학교에서 일군의 학생이 또래 집단과 어울리기 위해 자해를

하고 있다.

- 당신의 학교에서 한 학생이 커팅을 하다가 기숙사 사감에게 발각되었다. 그 학생은 당신과의 면담 시간에 와서 자신이 자살하려던 게 아니라 그냥 자해를 한 것뿐이고, 그건 늘 하던 일이라고 호소한다.

이런 사례 중 하나가, 혹은 또 다른 사례가 어쩌면 여러분에게도 일어났을지 모른다. 여러분은 어떤 조처를 해야 할지, 다음 단계는 무엇인지, 무슨 질문을 하고 어떤 치료를 시행할지 잘 알고 있었을 수도 있다. 그러나 때로는 이와 같이 칼에 베인 상처나 흉터가 무엇인지 식별하고, 비자살적 자해와 자살을 구별하며, 부모, 기관의 관리자, 친구들에게 어떤 답을 들려주어야 할지 판단하기가 혼란스러울 수도 있다. 비자살적 자해는 논의하기에 곤혹스럽고 어려운 문제이다. 많은 이유가 있지만, 그중 하나는 그동안 비자살적 자해가 여러 다른 이름으로 불려 왔고, 여러 다른 평가 도구가 사용되고 있으며, 섭식장애, 약물 남용, 자살과 같은 다른 형태의 자기훼손 행동들과 동시에, 또는 이들과 결합된 형태로 언급되는 경향이 있다는 것이다. 비자살적 자해를 정의하고 평가하는 데 있어서의 모든 미묘한 차이 때문에 유병률을 비교하고 탐색하는 데 어려움이 발생한다. 이 장에서는 여러 이름과 표제의 용례 및 정의를 탐색함으로써 비자살적 자해의 개념을 하나하나 검토하고 분석하는 것으로 시작해서, 유병률 및 비자살적 자해가 다양한 인구 집단과 인구통계에서 어떻게 나타나는지 논의할 것이다.

비자살적 자해라는 명칭에 도달하기까지 이 행위는 지난 수십 년간 다른 많은 이름으로 언급되었다. 구체적으로 자해(self-injury), 자기절단(self-mutilation), 준자살(parasuicide), 자기훼손(self-harm), 의도적 자기훼손(deliberate self-harm), 자기손상 행동(self-injurious behaviors), 커팅(cutting)이 포함되며 이에 국한되지 않는다. 지금도 이 이름들 중 몇몇은 다양한 환경에서 비자살적 자해를 언급하는 데 여전히 사용되고 있다. 그러나 준자살과 같은 일부 이름은 자살행동 — 구체적으로 자살 사고와 자살 시도 — 을 포함함으로써 결과적으로 비자살적 자해와 자살 간의 구별을 복잡하게 만들어 버렸다. 자기손상 행동 같은 이름들은 비자살적 자해 행동과 섭식장애, 약물 남용, 과도한 운동과 같은 다른 형태의 자기훼손 행동을 분리하기 어렵게 만들었다. 이와 같은 여러 개의 정의는 혼란을 초래해서, 연구자와 정신건강 전문가 모두 비자살적 자해 행동을 어떻게 분류해야 할지 분명하게 알지 못한다. 비자살적 자해를 제대로 다루고 효과적으로 치료하기 위해서는 비자살적 자해 행동에 대한 공통된 정의와 이해가 필요하다.

정의

자해가 새로운 개념은 아니다. 자해는 성서시대부터 존재했고 기록으로도 남아 있다. 상담자들은 1960년대에도 이미 자살 의도가 없는 환자들의 자해 커팅 행위가 증가한다고 보고했다(Graff & Mallin, 1967). 초기 발행물이 출간된 이후로 공통된 정의를 내리려는 노력이 이어졌고, 그 결과 비자살적 자해라는 명칭에 이르렀다. 비자살적 자해는 자살을 목적으로 하지 않고, 의도적으로 자신의 신체 조직에 즉각적인 손상을 일으키는 행위라고 정의된다(Favazza, 1998; Glenn & Klonsky, 2009). 여기에 사회적으로 승인받지 못하는 행동이라는 개념이 때로 정의에 추가되는 경우도 있지만, 보통은 그것이 비자살적 자해를 기술하는 주된 개념 요소는 아니다. 비자살적 자해가 실제 주류 문화가 되다시피 했고 일종의 규범화된 사회적 일탈 행동으로 간주되고 있다는 점을 고려하면, 사회적으로 승인받지 못하는 행동이라는 개념은 복잡해질 수 있다(비자살적 자해에 대한 사회학적 이론에 대한 보다 상세한 내용은 제2장 참조).

[글상자 1-1] **비자살적 자해(NSSI)**

자살을 목적으로 하지 않고, 자신의 신체 조직에 즉각적인 손상을 일으키는 의도적인 자해

비자살적 자해에 대한 이 정의는 널리 수용되고 있고, 『정신질환의 진단 및 통계 편람 제5판(DSM-5)(제5장 참조)』에서 추가 연구가 필요한 진단적 상태로서 비자살적 자해에 대해 설명하고 있는 내용에 가장 잘 부합한다. 그러나 모든 사람이 이 정의를 사용하는 것은 아니다. 구체적으로 말하자면, 이 정의는 미국과 캐나다에서 사용되는 주된 정의이다. 여러 유럽 국가와 호주에서는 '의도적 자기훼손(Deliberate Self-Harm)'이라는 보다 넓은 범주의 표제 아래에 비자살적 자해를 포함시킨다. 미국의 질병 통제 및 예방 센터(Centers for Disease Control and Prevention)에서는 '의도적 자기훼손'을 '자신을 향한 폭력(Self-Directed violence)'이라는 명칭으로 부른다. '자신을 향한 폭력'은 준자살, 음독 등과 같이 자살 목적을 수반한 행동들과 더불어 비자살적 자해, 그리고 때로 약물 남용과 섭식장애 행동을 포함한다. 비자살적 자해는 질병 통제 및 예방 센터의 '자신을 향한 폭력'이라는 포괄적 범주에 속하면서도, 그 자체의 독자성을 지닌 행동으로 여겨지며 다른 형태의 자기훼손과는 구별된다. 흥미롭게도, 비록 비자살적 자해의 정의는 국가나 지리적 위치에 따라 다르지만, 유병률에서는 유사한 것으로 밝혀졌다(Muehlenkamp, Claes, Havertape, & Plener, 2012). 이 책의 목적을 고려하여 우리는 자해에 대해 미국과 캐나다의 정의를 사용할 것이다. 그러므로 다른 말이 없다면 우리는 이 책 전반에 걸쳐서 비자살적 자해라는 용어를 자신의 신체 조직에 즉각적인 손상을 입히는 의도적인 자해로서, 그 행동의 결과로

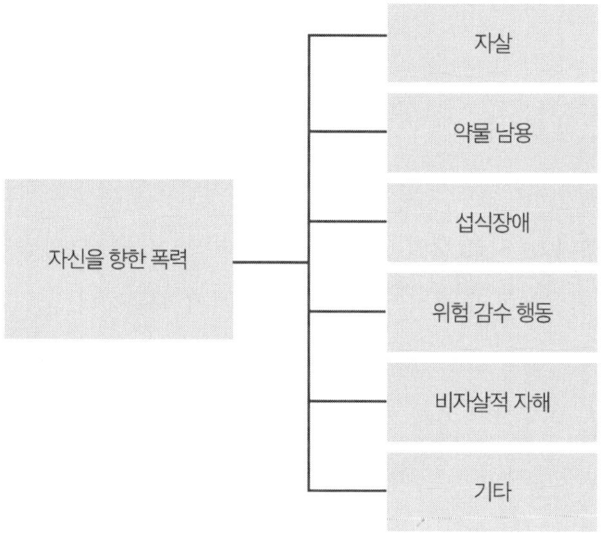

[그림 1-1] 자신을 향한 폭력

죽음이나 자살에 이르고자 하는 목적이 없는 행동이라고 정의된 개념으로 사용할 것이다.

비자살적 자해가 다른 유형의 자기훼손 행동들과 명백하게 다르기는 해도, 자신을 향한 폭력이라는 보다 포괄적 범주하에서 그것을 바라보는 것은 도움이 된다([그림 1-1] 참조). 이러한 맥락에서 비자살적 자해를 고찰해 보면, 상담자들과 다른 전문가들은 왜 사람들이 다른 문제적 행동들과 결합해서 혹은 그에 대한 대체 행동으로서 비자살적 자해를 선택하는지 보다 잘 이해할 수 있을 것이다. 실제로 비자살적 자해는 약물 남용, 부인(denial), 자기비난 등의 다른 부적응적이고 회피적인 대처 방법과 관련이 있는 것으로 밝혀졌다(Trepal, Wester, & Merchant, 2015; Wester & Trepal, 2010).

방법

우리가 명료한 정의를 바탕으로 논의를 진행하게 되었으니, 이제 어떤 행동들이 비자살적 자해에 포함되는지 살펴보고자 한다. 사람들이 자해를 하는 데 사용하는 여러 가지 방법을 잘 아는 것이 중요하다. 한 사람이 사용하는 방법의 개수도 중요한데 그것이 자살행동과 정적인 연관성을 보이기 때문이다(Andover & Gibb, 2010; Brunner et al., 2007; Darke, Torok, Kaye, & Ross, 2010; Wester, Ivers, Villalba, & Trepal, 2016). 구체적으로 말하면, 비자살적 자해 방법의 개수가 증가할수록 자살 사고의 양과 자살 시도의 위험성도 증가한다. 따라서 비자살적 자해 방법의 개수와 유형을 평가하는 것이 중요한 고려 사항이다.

비자살적 자해의 가장 일반적인 형태는 커팅이지만, 다른 방법으로 불로 지지기, 자신을 때리거나 주먹질하기, 머리나 다른 신체 부분을 어딘가에 심하게 부딪치기, 피부를 벗기거나 도려내기, 무언가로 피부를 문질러 까지게 하기, 머리카락 잡아 뜯기, 할퀴기, 상처가 낫지 않도록 덧내기, 바늘로 피부를 찌르기, 자신을 물어뜯기, 자기 뼈를 부러뜨리기 등이 있다. 상대적으로 덜 빈번하긴 하지만, 자기 뼈를 부러뜨리는 행위도 일반인 집단이나 대학생 집단의 약 1% 정도에서 나타난다(Wester & McKibben, 2016). 실제로 자기 뼈를 부러뜨렸던 사람이 이런 말을 해 주었다. "네 살 때 자해를 시작했어요. 비록 그때는 그게 뭔지도 몰랐지만요. 처음에는 별로 위험하지 않은 것들이었어요. 피가 날 때까지 입술을 뜯거나, 모기에 물린 상처를 긁는다거나, 손톱을 물어뜯어서 상처를 내는 것들이었지요. 그런데 5학년이 되었을 때는 정신을 잃고 쓰러질 때까지 내 머리를 때리기 시작했어요. 고등학교 때는 발톱을 뽑고 뼈를 부러뜨리려고 둔기로 외상을 입히기 시작했고요. 대학에 와서는 가위와 면도날로 커팅을 하기 시작했어요. 대학원에 왔을 때쯤에는 하루에도 몇 번씩 자해를 하고 있었고 뼈도 여러 번 부러뜨렸죠." 이 인용문은 제1저자가 동료와 수행한 연구(Wester & McKibben, 2016)에서 가져온 것이다. 이 연구자들은 소셜미디어를 통해 사람들에게 비자살적 자해에 관한 경험과 이야기를 들려달라고 요청하는 연구를 수행하였다. 연구참여자들은 모두 18세 이상이었다. 대부분 미국에 거주했지만, 소수의 외국인도 응답자에 포함되어 있었고 총 89명이었다. 이 책 전반에서 이들이 들려준 이야기로부터 인용문이나 진술이 소개될 것이다.

사람들이 자해를 하는 데 평균 두 개의 방법을 사용하고 남녀 간 또는 인종 간 차이는 거의 없는 것으로 밝혀졌다(Wester & Trepal, 2015). 하지만 사람들 중에는 자기훼손을 하는 데 열 한 가지나 되는 많은 방법을 사용한다는 이들도 있다. 사람들이 자해를 시작할 때는 단 한 개의 방법만 사용하기도 하지만, 그 방법에 내성이 생기면 강도를 지속적으로 높이거나 추가적으로 다른 방법을 사용하기 시작한다. 앞서 제시한 참여자 인용문에서도 이런 점이 드러난다. 이 참여자는 어린 나이에 자해를 시작했는데, 이때는 다분히 강박신경증이나 불안과 연관성이 있어 보이는 행동들로, 4세나 5세의 일부 아동에게는 정상적인 것으로 간주될 수도 있는 행동들이었다. 그러나 그녀는 손톱 물어뜯기에서 시작해서 자기구타로, 면도날을 사용한 커팅으로, 뼈를 부러뜨리는 행동으로 자해 행동의 강도와 빈도를 지속적으로 증가시켰다. 내성이 증가하면 동일한 효과 또는 그들이 찾는 정서적 안정감을 얻기 위해서 커팅의 깊이가 더 깊어져야 하고, 다양하고 더 가혹한 방법을 시도하거나 비자살적 자해의 횟수를 늘리게 된다(자해를 하는 이유에 대한 보다 상세한 설명은 제2장 참조). 일단 하나의 방법에 내성이 생기면, 그들은 방법을 바꾸거나 다른 방법과 결합해서 사용할 것이다. 내성이 증가하기 때문에 시간이 지남에 따라 비자살적 자해 행동은 방법의 개수도 늘어날 뿐만 아니라 그 빈도나 조직 손상의 심각성도 증가할 수 있다.

비자살적 자해를 사회적으로 승인받지 못하는 행동이라고 바라보면, 정의(즉, 자살하려는 목적 없이 신체 조직에 대한 즉각적인 손상을 야기하는 의도적 자해)에 따를 때 비자살적 자해로 볼 여지가 있는 몇몇 행동은 일반적으로 비자살적 자해로 간주되지 않는다. 예를 들어, 문신과 피어싱(piercing)을 생각해 보라. 미국이나 대부분의 나라에서 문신과 피어싱은 대개 장식적인 자기표현의 목적으로 여겨지거나 심지어 일종의 문화적 중요성이나 의미를 내포하기도 한다. 문신과 피어싱도 자해적이고 즉각적인 조직 손상을 일으키지만, 보통은 이런 행동들이 비자살적 자해로 간주되지는 않는다. 그렇지만 단순히 사회적으로 승인되는 행동이라고 해서 피어싱과 문신을 비자살적 자해에서 완전히 배제하는 것은 비합리적이다.

사람들이 비자살적 자해를 하는 이유 중 하나는 감정 조절, 즉 강렬하고 불쾌한 감정을 완화하기 위한 것이다. 그러므로 문신이나 피어싱을 하는 경우라 해도 상담자는 그런 행동을 하는 목적이 무엇인지 파악할 필요가 있다. 문신과 피어싱이 자기표현을 위한 것인가, 아니면 감정을 완화하기 위한 것인가? 그 문신이 그를 다른 사람들과 사회적으로 연결시키는 데 도움이 되는가? 만약 화가 날 때마다 피어싱이나 문신을 하는 사람이라면, 그 사람은 예술적 자기표현이나 문화적 의례로써 하는 것이 아니라 십중팔구는 사회적으로 용인되는 행동을 이용해서 자해를 하고 있는 것이다. 일례로, 제1저자가 한 청소년 내담자와 치료 작업을 한 적이 있는데, 이 소년은 화가 날 때마다 펜과 바늘로 자기 몸에 직접 문신을 새겼다. 그는 직접 문신을 새기고 바늘이 피부를 뚫고 들어가는 걸 느끼는 것이 유일하게 화를 가라앉히는 방법이라고 말했다. 이는 비자살적 자해의 한 형태로, 이 청소년은 자신의 신체 조직을 훼손함으로써 불쾌한 감정(즉, 화)을 완화하는 방법으로 문신 새기기를 사용하고 있는 것이다. 따라서 한편으로는 비자살적 자해에 대한 정의와 설명이 중요하지만, 사람들이 사회적으로 승인되거나 승인되지 않는 어떤 특정한 행동을 할 때, 그 이면의 숨은 이유를 이해하는 것 역시 비자살적 자해와의 연관성을 이해하는 데 있어 중요하다.

비자살적 자해 방법의 개수와 유형이 중요한 고려 사항인 동시에, 행위의 빈도를 탐색하는 것도 중요하다. 단 한 차례의 자해 행동을 하는 데 그친 사람은 매우 적은 수에 불과한 것으로 밝혀졌다(23%; Glenn & Klonsky, 2009). 대다수의 사람은 여러 차례에 걸쳐 비자살적 자해를 한다고 보고한다. 단 한 번의 자해에 그친 사람들의 경우, 비자살적 자해를 단순히 시험 삼아 해 보고 도움이 되지 않는다는 걸 알게 되었거나 어쩌면 자해 행동을 하는 시작 단계에 있는 것일 수도 있다. 비자살적 자해를 단 한 번만 하는 내담자는 상담실에서 볼 수 있는 전형적인 유형이 아니다. 그보다는 제법 긴 기간에 걸쳐 여러 차례 비자살적 자해를 해 온 내담자들과 치료 작업을 하는 경우가 상담자들에게 더 많을 것이다. 자해 기간과 관련한 예로, 대학생들의 자해 양식을 탐색한 연구에서 Glenn과 Klonsky(2009)는 46%의 학생이 일생 동안 2회에서 10회에 걸친 비자살적 자해를 했다고 한 반면, 16%의 학생은 일생 동안 11회에서 50회에 이르는 비자살적 자해를 한 것으로 응답했다고 밝혔다.

사람들 중에는 비자살적 자해를 시작한 지 한 달 정도 된 사람들이 있는가 하면, 30년간 비자살적 자해 행동을 하고 있는 사람들도 있을 수 있다는 점에서, 한 사람이 일생 동안 비자살적 자해를 얼마나 시도하는지 그 빈도를 파악하기는 쉽지 않다. 게다가 살아가는 동안 자해를 시도할 때마다 매번 그것을 기록하지 않는 한, 자신의 행동을 정확하게 전달하지 못하는 경우도 빈번하다. 따라서 보다 정확한 시간 틀로 말해 줄 것을 요구하면 도움이 되는 정보를 도출할 수 있다. 구체적으로, 학부생과 대학원생을 대상으로 한 참여자 집단에서 12개월 동안 평균 35.87회의 자해가 행해진 것으로 나타났다. 이는 한 달에 평균 세 번꼴이다(Wester & McKibben, 2016). 그러나 대학 1학년생만을 대상으로 한 표본에서는 석 달 동안 자해를 시도한 빈도가 평균 24.46회로, 대략 한 달에 8회, 즉 주당 2회에 해당하는 것으로 나타났다(Trepal et al., 2015). 마지막으로, 18세에서 62세 사이의 일반인을 대상으로 한 또 다른 연구에서는 사람들이 석 달간 비자살적 자해를 대략 65회 시도한다고 보고했다(Wester & McKibben, 2016). 이 수치는 주당 평균 5회에 해당한다. 자해의 빈도는 그 개인이 대처를 하려고 하는 정도를 알려 줄 수 있다는 점에서 중요하지만, 자해의 빈도가 증가하면 자살행동을 할 위험성이 증가한다는 연관성은 나타나지 않았다.

발병과 유병률

궁극적으로, 비자살적 자해로부터 안전한 연령 집단은 없다. 비자살적 자해의 발병 연령은 13세라고 생각되지만, 더 어린 연령 집단, 심지어 5세의 어린 연령에서도 비자살적 자해 행동이 보고된다. 사람들 중에는 생의 후반부에 자해를 시작하는 경우도 있는데, 30대에 처음 발병이 되기도 한다(Wester & McKibben, 2016). 전형적으로는 이른 청소년기에 비자살적 자해가 시작되고 20대 중반 또는 대학 졸업 직후에 이르면 감소하거나 소멸하는 변화 곡선을 보인다고 설명되어 왔다. 그러나 30대, 40대, 50대 그리고 60대에서도 비자살적 자해가 보고된다. 이들은 '장기적이고 만성적인 자해 중독자(long-term chronic users of self-injury)'로 불린다(Adler & Adler, 2007). 이들은 대체로 전 일생에 걸쳐 비자살적 자해를 대처 방법으로 사용하고, 자해를 하려는 충동이나 필요를 느끼며, 혼자 고립된 채로 자해를 한다. 즉, 이들은 자신의 자해 행동을 다른 사람들에게는 말하지 않는 경우가 빈번한데, 유일하게 온라인 포럼이나 채팅방을 찾아가서 자신의 자해 행동을 이야기하는 경우가 있기도 하다.

비자살적 자해 행동은 임상 치료를 받는 입원 환자들에서 가장 높은 비율로 나타나고, 그 뒤를 이어 정신건강 분과의 외래 환자들에게서 높게 나타나는데, 이들은 외래로 정신건강 서비스를 찾는 사람의 약 22%에서 40%에 이른다. 그러나 청소년과 대학생 집단의 비자살적 자해는 대다수가 치료를 받고 있지 않음에도 불구하고 정신건강 분과의 외래 환자와 유사한 비율로 나타난다. 어떤 중·고등학교에서 18~37%의 청소년이 비자살적 자해 행동을 하고 있다고 응답했다고 생각해 보라.

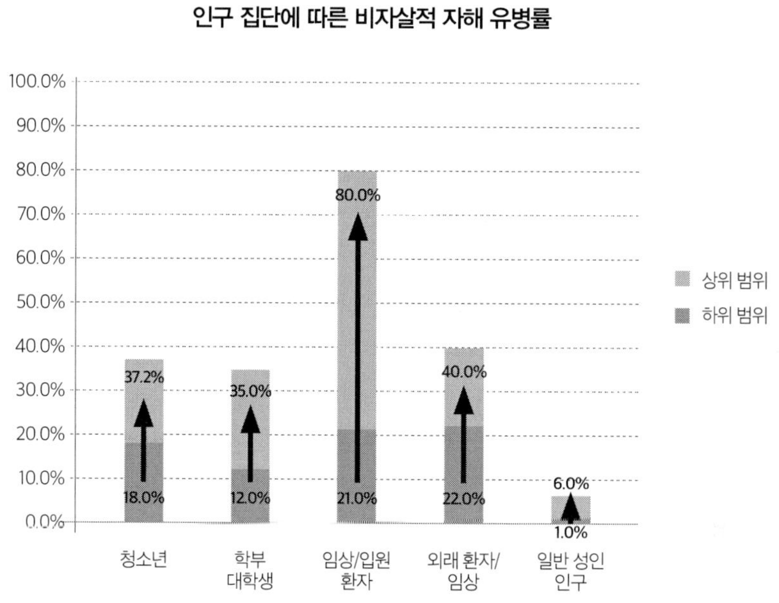

[그림 1-2] 인구 집단에 따른 비자살적 자해 유병률

이 비율은 10명 중 2~4명은 비자살적 자해를 하고 있다는 말이다. 이와 유사하게, 대학생들의 유병률도 12%에서 35%에 이르는 것으로 나타난다. 마지막으로, 가장 낮은 자해 비율을 보이는 이들은 일반 대중에 속하는 사람들로, 이들은 정신건강 서비스가 필요할 수도 있고 그렇지 않을 수도 있는 성인들이라고 이해된다.

비자살적 자해와 자기훼손 행동에 대한 개념 정의에서 보았던 차이와 유사하게, 비자살적 자해를 어떻게 평가하는가에 따라 유병률은 다르게 나타난다. 구체적으로, 연구자들이 비자살적 자해를 평가하는 가장 일반적인 방법은 평생 유병률(lifetime prevalence)이다. 이는 사람들에게 일생 동안 비자살적 자해 행동을 한 적이 한 번이라도 있는지 질문하는 것이다. 평생 유병률은 비자살적 자해를 하는 인구에 대한 전체적 주정치를 제공해 줄 수 있기에 이를 이해하는 것은 중요하다. 그러나 평생 유병률 평가는 응답자의 기억에 의존한다는 점에서 문제가 되기도 한다.

예를 들어, 어떤 사람이 청소년기에 자해를 했지만 현재 성인기에 있다면, 그들은 자해를 한 빈도나 구체적인 방법을 명료하게 기억하지 못할 수 있다. 특히 자신의 비자살적 자해 시도를 중요한 사건으로 보지 않았다면 더욱 그러할 것이다. 그러므로 평생 유병률이 중요하긴 하지만, 보수적이거나 신뢰할 수 없는 추정치를 도출할 수도 있다.

현재 연구자들은 보통 12개월의 시간 틀에 기초한 보다 최근의 비자살적 자해 비율에 대해 질문하는 평가 방법을 사용하고 있다. 이는 DSM-5에서 (추가 연구가 필요한 진단적 상태로 제안된) 비자살적 자해가 무엇인지를 기술한 진단 설명에 부합한다. 다른 연구자들은 3개월의 시간 틀 안에서 비자살적 자해를 탐색한다. 모든 시간 틀은 평가와 연구의 측면에서 나름의 장단점이 있다. 어떤 것들은 기억과 부정확한 회상에 너무 많이 의존하게 하고, 또 어떤 것들은 시간 틀이 짧아서 지금 현재 비자살적 자해를 하고 있는 사람들을 배제해 버릴 수도 있다. 또한 내담자가 지난 12개월 동안 20번의 비자살적 자해를 했다는 사실보다는 지난 3개월에 걸쳐 20번 자해를 했다는 사실이 치료에 있어 더 중요한 정보가 될 수 있다. 내담자의 현재 행동을 더 명확하게 이해할 수 있는 평가가 없다면 말이다.

비자살적 자해 비율은 평가하는 방법에 따라서도 차이가 나는 것으로 밝혀졌다. 구체적으로, 대부분의 평가 방법에서는 응답자가 비자살적 자해를 하는지 여부를 판별하는 한 개의 문항을 포함한다. 예를 들어, "당신은 지금까지 살면서 자살하고자 하는 생각 없이 일부러 자신에게 해를 입힌 적이 있습니까?"라는 질문을 하는 것이다. 다른 평가 방법은 특정한 비자살적 자해 방법을 물어보는 질문과 같은, 보다 긴 자기보고식 설문이나 인터뷰 프로토콜로 구성된다(다양한 평가 방법에 대해서는 제4장 참조). 이러한 질문은 "당신은 일부러 당신 자신을 _____한 적이 있습니까?"와 같은 것인데, 빈칸은 커팅하기, 불에 지지기, 뾰족한 걸로 찌르기와 같은 특정한 비자살적 자해 방법으로 채워진다. 실제로 단일 문항 방법으로 평가하면 다문항 평가 방법에서보다 유병률이 낮게 나타난다(Muehlenkamp et al., 2012). 왜 단일 문항으로 평가할 때 유병률이 낮게 나타나는지에 대해서는 알려져 있지 않다. 아마도 일부 사람은 자신을 자해자라고 인식하지 않거나 자기가 하는 행동이 실제 자해라고는 생각하지 않고, 그래서 '자해' 문항에 대해 '아니오'라고 응답하기 때문일 수 있다. 반면, 구체적인 행동, 예를 들어 할퀴거나 커팅을 하는지 등에 대해 질문을 받으면, "예, 그런 행동을 한 적이 있습니다."라고 응답할 가능성이 보다 높다. 또한 구체적인 행동들에 대해 평가하는 다문항 방법은 어쩌면 어떤 행동이 사실상 비자살적 자해가 아닌 경우에도 '예'라는 응답을 유도할 수 있다. 예를 들어, 상처가 낫지 않도록 덧내는 행동에 대해서 사람들이 '예'라고 응답하지만, 그중 일부는 의식적으로 비자살적 자해 행동을 선택한 것이라기보다는 강박적 또는 충동적 상처딱지 뜯기를 하는 것일 수도 있다. 비자살적 자해를 평가하는 데에는 세심한 주의가 필요하다. 분명한 것은 비자살적 자해의 유병률이 높고 또 계속 높아지고 있다는 것이다.

비자살적 자해 행동이 지속적으로 증가한다는 사실을 보여 주는 예로서, 이 책의 저자들은 한 대학의 신입생들을 대상으로 세 개의 연구를 수행하였다. 이 세 개 연구에서 모두 대학 신입생들은 비자살적 자해 행동에 대한 질문을 받았다. 첫 번째 연구는 2008년 가을에 수행되었고, 두 번째는 2011년 가을에 그리고 세 번째는 2015년 가을에 수행되었다(2015년에 제공된 자료는 예비 단계의 자료이다). 연구 목적은 다문항 평가 도구인 의도적 자기훼손 검사(Deliberate Self-Harm Inventory; 이 도구는 접수면접과 평가 방법에 관한 제4장에서 상세하게 논의된다)를 사용하여 비자살적 자해 행동의 추이를 평가하는 것이었다. 신입생들에게는 '일생 동안' 그리고 '최근 90일간'의 비자살적 자해 시도에 관한 질문이 주어졌다. [그림 1-3]에서 제시되듯이, 평생 유병률은 7년 사이에(2008년부터 2015년까지) 두 배가 되었다(2.5배까지 증가함). 비자살적 자해의 평생 유병률에 대한 그래프는 전반적으로 비자살적 자해가 증가하고 있다는 것을 보여준다. 비록 2008년부터 2011년까지는 보다 급격하게 증가한 반면, 비자살적 자해

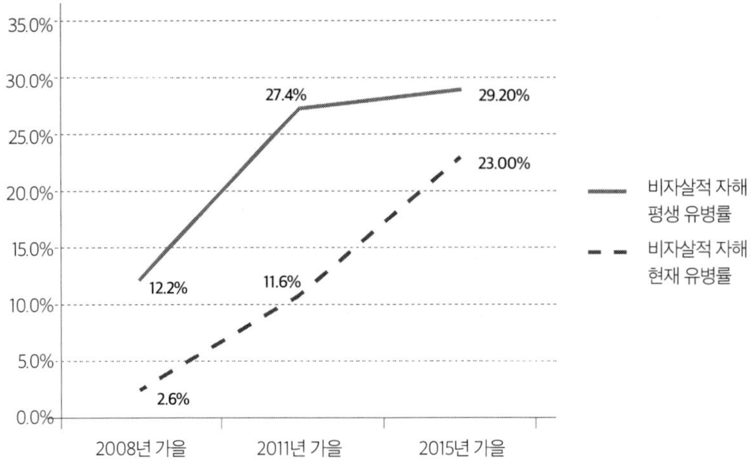

[그림 1-3] 3개의 대학 신입생 집단에 대한 비자살적 자해 유병률

를 적어도 시도해 본 적이 있다고 응답하는 사람들의 수에서는 그 증가세가 완만하게 줄어들었던 것으로 보이기는 하지만 말이다. 그러나 동일한 시간 틀 동안, 현재 비자살적 자해를 하고 있다고 응답한 신입생의 수는 놀라운 비율로 계속 증가해 왔다. 2008년 가을에는 신입생의 2.6%만이 과거 석 달 동안 의도적으로 자해를 했다고 응답했다. 그러나 이 비율이 2011년에 이르면 네 배로 증가하고, 2015년 가을에는 다시 두 배로 증가해서 23%에 달한다. 결국 2015년 가을에는 2008년보다 9배 많은 대학 신입생이 현재 비자살적 자해를 하고 있다고 응답한 것이다.

인구통계학적 요인이 비자살적 자해에 미치는 영향

비자살적 자해의 발병 시기는 수십여 년간 안정적으로 유지되어 왔다. 물론 몇몇 예외적인 경우도 있어, 비자살적 자해가 일부 사람에게는 다양한 시기에 발병될 수 있다는 것을 보여 준다. 성별, 인종과 같은 인구통계학적 요인이 비자살적 자해 행동에 어떠한 영향을 미치는지에 대해서는 충분히 알려져 있지 않고 임상 연구도 부족하다. 역사적으로 보면 비자살적 자해에 관한 문헌과 연구 논문이 처음 출간되었을 때 비자살적 자해는 오직 백인 여성들이 하는 행동이라고 여겨졌다. 보다 구체적으로는 성적으로 학대받은 적이 있고, 약물과 알코올을 남용하는 백인 소녀들과 젊은 여성들이 비자살적 자해를 할 가능성이 가장 높은 사람이라고 추정되었다. 초기 연구에서는 실제로 남성에 비해 여성이 더 많이 자해 행동을 한다는 결과가 일반적이었다. 그러나 보다 최근에 들어서는 비자살적 자해의 남녀 간 비율은 그 차이가 제한적인 것으로 밝혀졌다. 남성도 여성 못지않게 빈번히 비자살적 자해를 하는 것으로 보인다. 나아가 인종 역시 비자살적 자해를 차별화하는 요인은 아닌 것으로 나타난다.

예를 좀 더 살펴보기 위하여, 저자들이 1,325명의 대학 신입생을 대상으로 비자살적 자해 행동을 조사한 연구를 생각해 보자. 우리는 신입생들에게 비자살적 자해 행동을 하는지에 대한 설문 조사에 응답해 줄 것을 요청했다. 1,325명의 전체 표본에서 성별에 따른 차이를 검토한 결과, 현재(지난 90일) 자해를 하고 있다고 응답한 학생 중 여학생이 9%를 차지한 반면, 남학생은 3%였다. 이 비율을 고려하면 여학생이 남학생보다 자해를 더 많이 하는 것처럼 보인다. 그러나 성별 요인은 응답한 사람들이 누구인가라는 맥락에서 들여다볼 필요가 있다. 보다 구체적으로 말하자면, 자해를 하는 남학생들과 연구에 참여한 전체 남학생들을 비교하고 자해를 하는 여학생들과 전체 참여 여학생들을 비교해 보니, 비자살적 자해 비율은 유사하게 나타났다. 즉, 남학생 표본에서는 전체 응답자들 중 11%가 자해를 하고 있다고 한 반면, 여학생 표본에서는 전체 응답자 중 13%가 자해를 한다고 응답하였다. 자해를 하는 남성과 여성의 비율 사이에 차이가 거의 없다는 것을 알 수 있을 것이다.

남싱이 여성과 유사한 비율로 자해를 하는 최근의 변화는 남성이 비자살적 자해를 하는 비율이 증가한 탓일 수도 있지만, 어쩌면 비자살적 자해 행동에 대한 우리의 이해와 정의가 확장된 데 따른 것일 수도 있다. 비자살적 자해 행동에 대한 이전의 설명과 정의는 빈번하게 커팅과 같은 행동들에 초점을 맞췄다. 실제로 커팅 행동을 하는 남성도 있지만, 남성이 커팅을 할 가능성은 여성보다 낮다(Barrocas, Hankin, Young, & Abela, 2012). 실제로 남성은 보다 의도적인 위험 감수 행동을 하거나 상투적으로 남성적이라고 여겨져서 사회적으로 용인되는 행동을 하는 경향성이 더 높다. 비자살적 자해에 대한 몇몇 정의가 '사회적으로 승인되지 않는'이라는 요소를 포함하고 있다는 점을 고려해 보면, 이런 경우 실제 비자살적 자해를 하는 일부 남성은 애초에 배제된다.

남성들의 자해에 사용되는, 사회적으로 보다 용인되는 행동에 대해 예를 들어본다면, 제1저자는 남자 청소년 내담자와 치료 작업을 한 적이 있는데, 이 내담자는 곤란한 상황에 처할 때면 자주 시멘트벽에 주먹질을 하곤 했다. 어떤 때는 1분 미만으로 주먹질을 하기도 하지만, 어떤 때는 10분도 넘게 벽을 주먹으로 내리칠 때도 있었다. 이런 행동이 매우 적절한 대처 방법은 아니겠지만, 대개는 그것이 남자에게 사회적으로 용인되는 행동으로 여겨질 것이다. 보다 큰 구조에서 보면, 대부분의 문화권에서, 특히 미국에서는 물리적 폭력이 남자들에게 용인된다. 그래서 대부분의 사람은 이 남자 청소년에게 의문을 제기하지 않고 그저 '자기 방식으로 화를 내도록' 내버려 두었다. 이 내담자와 작업하면서, 제1저자는 주먹질을 하는 시간의 차이에 대해 물어보았다. 그는 "손이 아플 때까지 벽을 쳐요."라고 말했다. 물론 그게 논리적인 해답인 것처럼 보일 것이다. 그러나 나는 상담자로서 좀 더 상세히 파고들었다. 보다 구체적으로, 손이 아프면 무슨 일이 일어나는지 물어보았다. 그는 "손이 아파지길 기다려요. 손이 아프면 거기에 집중해서 더 이상 화나는 감정에 신경 쓰지 않게 되니까요."라고 말했다. 이 예에서 내담자는 자기 손의 고통을 이용해서 자신을 압도하는 화나는 감정을 조절했다. 따라서 이것은 비자살적 자해 행동이다. 그는 현재 감정 상태를 완화하기 위하여 의도적으로 조직 손상 행동(멍들게 하기, 손가락 관절 위 피부를 손상시키기, 여러 해에 걸쳐 뼈 부러뜨리기)을 했던 것이다. 그러나 대부분의 사람이 비자살적 자해를 할 때 보이는 전형적인 방식으로는 보이지 않았기 때문에 누구도 그것을 자해로 분류하지 않았다.

남성들은 사회적으로 용인되지만 위험성이 더 높은 행동을 하는 경우가 보다 빈번하다. 남성들은 자기 자신을 주먹으로 치거나 구타할 가능성도 더 높다. 심지어 다른 사람들로 하여금 자신을 주먹으로 치거나 구타하게 유도하기도 하는데, 그렇게 해서 비자살적 자해의 목적을 달성할 뿐만 아니라 '남자 코드', 즉 남성의 사회화 과정이라고 보는 다른 사람들의 시각을 강화하기도 한다. 제2저자가 치료 작업을 했던 한 남성은 군부대 동료들과 집단으로 자기 몸을 담뱃불로 지졌다. 그 부대의 군인들은 담뱃불로 지지는 행위를 각자 개별적으로 하기도 했지만, 뜨거운 담뱃불을 팔에 올려놓고 누가 가장 오래 버티는지를 찾는 일종의 경쟁이나 시합으로 이용하기도 했다. 여성의 경우 주로 커팅이나 피부를 불로 지지는 행동을 많이 하지만 다른 종류의 자해 행동들을 하기도 한다. 그러나 여성들이 일종의 경쟁으로서 비자살적 자해를 할 가능성은 적다.

인종과 비자살적 자해 행동에 대해서는 연구된 바가 거의 없지만, 최근 들어 인종에 따른 다소의 차이가 밝혀졌다. 대부분의 연구자는 백인들이 다른 인종적 배경을 가진 사람들보다 비자살적 자해를 더 많이 한다는 사실을 발견했다. 이러한 결과에 반박한 초기 연구자들 중에는 사회경제적으로 하층민에 속하는 백인과 흑인 미국인 청소년 집단을 연구한 이들도 있었다(Latzman et al., 2010). 이들은 그 지역사회에서는 흑인 미국 청소년들이 백인 청소년들보다 비자살적 자해를 할 경향성이 보다 높다는 사실을 발견했다. 이 결과는 개인이 처한 환경과 보다 넓은 사회적 체계를 고려하는 것이 중요하다는 점을 강조해 준다. 가정, 학교, 또는 보다 넓은 지역사회가 한 사람의 자해에 어떠한 영향을 미치는지 고려하는 것이 중요하다.

1,096명의 대학생을 대상으로 비자살적 자해를 탐색한 보다 최근의 연구에서,

저자들은 비자살적 자해에서의 인종 간 차이를 탐색하였다(Wester & Trepal, 2015). 구체적으로, 백인, 다인종, 히스패닉 학생들이 흑인/아프리카계 미국인, 아시아인/아시아계 미국인 학생들보다 비자살적 자해 행동을 더 많이 하는 것으로 나타났다. 그러나 자해하는 데 사용하는 방법의 개수에서는 인종 간 차이가 없었다. 비자살적 자해 비율이 왜 차이가 나는지에 대하여 환경적 이유를 탐색해 본 결과, 인종에 상관없이 자신과 동일시한 민족 집단에 대해 소속감을 느끼는 학생들은 자해를 보다 적게 하는 것으로 나타났다. 즉, 소속감이 자해 행동으로부터 개인을 보호하는 데 도움이 된 것이다. 또한 이 연구에서 밝혀진 것은 환경적 맥락이 중요하다는 것이었다. 구체적으로, 히스패닉과 백인 학생들은 다른 인종 집단들보다 비자살적 자해를 많이 하였다. 비록 히스패닉 학생들이 자신의 민족 집단에 대해 높은 수준의 소속감을 보였지만, 이는 다른 인종적 배경을 가진 학생들의 경우에서처럼, 비자살적 자해로부터 그들을 보호해 주지 못하는 것 같았다. 이 연구에서는 학생들을 두 개의 대학에서 선정했는데, 한 대학은 주로 백인 학생들을 대상으로 하는 소수자 지원 기관이었고 다른 한 대학은 캠퍼스의 학생들 중 최소 절반은 자신을 히스패닉/라티노라고 여기는 학생들로 구성된 히스패닉 지원 기관이었다. 즉, 사람들이 자신이 속한 집단이 다수를 차지하는 환경이나 상황에 있을 때는, 자신의 민족적 정체성에 대한 연결감과 소속감은 더 이상 비자살적 자해와 같은 부정적인 행동에 대한 방패막이로서 기능하지 못한다는 것이다.

이러한 정보에도 불구하고, 인종과 성별이 비자살적 자해 행동에 어떠한 영향을 미치는가에 대한 우리의 지식은 극히 제한적이다. 우리는 인종, 성별 그리고 다른 인구통계학적 요인들이 비자살적 자해를 하는 데 어떻게 작용하는지에 대해 보다 잘 이해할 필요가 있다. 우리는 인구통계학적 특성들과 정체성 요인이 비자살적 자해 행동에 빠지는 데 어떠한 영향을 미치는지에 대해 이제 겨우 피상적으로 이해하기 시작했을 뿐이다. 아주 최근에 소수자 성적 지향성을 가진 사람들이 비자살적 자해의 고위험군으로 밝혀졌는데, 성 소수자들(즉, 레즈비언, 게이, 양성애자, 또는 퀴어)이 자신을 이성애자로 분류하는 사람들보다 자해를 하는 비율이 더 높은 것으로 나타났다. 이 모든 요인이 비자살적 자해를 하는 데 어떻게 교차하고 어떠한 역할을 하는지에 대한 지식이 있다면, 위험에 처한 사람들이 누구인지, 그들을 도울 최상의 방법은 무엇이고 치료의 장에서 그들과 가장 효과적으로 작업할 수 있는 방법은 무엇인지에 대해 상담자들이 보다 나은 판단을 하는 데 도움이 될 것이다.

결론

비자살적 자해는 지금까지 그리고 앞으로도 정신건강 전문가 사이에서 지속적으로 논의될 문제이다. 이는 비자살적 자해 행동이 꾸준히 증가하기 때문인데, 비자살적 자해 행동은 한편으로는 사회적으로 승인되지 않는 형태로서 조직 손상을 초래하는 의도적인 자해를 포함하지만, 다른 한편으로는 사회적으로 정상적인 범주의 행동이 되었거나 점차 그렇게 되어 가고 있다. 비자살적 자해를 하는 방법은 다양하고 자해를 하는 사람들은 일반적으로 하나 이상의 방법을 사용한다. 나아가 우리에게는 인구통계학적 배경 요인들이 비자살적 자해에 미치는 영향에 대해 더 많은 정보가 필요하다. 여기에는 비자살적 자해 행동이 인구통계학적 배경이 다른 집단들 간에 또는 동일한 집단 내에서 어떠한 차이를 보이는지 등도 포함된다. 다른 한편, 우리는 남성과 여성이 자해를 하는 데 있어 어떻게 다른지 잘 알고 있고, 인종과 민족성이 비자살적 자해를 하는 데 미치는 영향에 대해서도 어렴풋이 이해하기 시작했다.

참고문헌

Adler, P. A., & Adler, P. (2007). The demedicalization of self-injury: From psychopathology to sociological deviance. *Journal of Contemporary Ethnography, 36*, 537-570.

Andover, M. S., & Gibb, B. E. (2010). Non-suicidal self-injury, attempted suicide, and suicidal intent among psychiatric inpatients. *Psychiatry Research, 178*, 101-105.

Barrocas, A. L., Hankin, B. L., Young, J. F., & Abela, J. R. Z. (2012). Rates of nonsuicidal selfinjury in youth: Age, sex, and behavioral methods in a community sample. *Pediatrics, 130*, 39-45.

Brunner, R., Parzer, P., Haffner, J., Steen, R., Roos, J., Klett, M., & Resch, F. (2007). Prevalence and psychological correlates of occasional and repetitive deliberate self-harm in adolescents. *Archives of Pediatric Adolescent Medicine, 7*, 641-649.

Darke, S., Torok, M., Kaye, S., & Ross, J. (2010). Attempted suicide, self-harm, and violent victimization among regular illicit drug users. *Suicide & Life-Threatening Behavior, 40*, 587-596.

Favazza, A. (1998). The coming of age of self-mutilation. *The Journal of Nervous and Mental Disease, 186*, 259-268.

Glenn, C. R., & Klonsky, D. E. (2009). Social context during non-suicidal self-injury indicates suicide risk. *Personality and Individual Differences, 46*, 25-29.

Graff, H., & Mallin, R. (1967). The syndrome of the wrist cutter. *American Journal of Psychiatry, 124*, 36-42.

Latzman, R., Gratz, K. L., Young, J., Heiden, L. J., Damon, J. D., & High, T. L. (2010). Selfinjurious thoughts and behaviors among youth in an underserved area of the southern United States: Exploring the moderating roles of gender, racial/ethnic background, and school-level. *Journal of Youth and Adolescence, 39*, 270-280.

Muehlenkamp, J. J., Claes, L., Havertape, L., & Plener, P. (2012). International prevalence of adolescent non-suicidal self-injury and deliberate self-harm. *Child & Adolescent Psychiatry & Mental Health, 6*. Retrieved from www.capmh.com/content/6/1/10

Trepal, H., Wester, K., & Merchant, E. (2015). A cross-sectional matched sample study of non-suicidal self-injury among young adults: Support for interpersonal and intrapersonal factors, with implications for coping strategies. *Child and Adolescent Psychiatry and Mental Health, 9*, 36. doi: 10.1186/s13034-015-0070-7

Wester, K. L., Ivers, N., Villalba, J. A., & Trepal, H. C. (2016). The relationship between nonsuicidal self-injury and suicidal ideation. *Journal of Counseling & Development, 94*, 3-12.

Wester, K. L., & McKibben, B. (2016). Participant's experiences of nonsuicidal self-injury: Supporting existing theory and emerging conceptual pathways. *Journal of Mental Health Counseling, 38*, 12-27.

Wester, K. L., & Trepal, H. C. (2010). Coping behaviors, abuse history, and counseling: Differentiating college students who self-injure. *Journal of College Counseling, 13*, 141-154.

Wester, K. L., & Trepal, H. C. (2015). Non-suicidal self-injury: Exploring the correlations among race, ethnic identity, and ethnic belonging. *Journal of College Student Development, 56*, 127-139.

제2장

왜 비자살적 자해인가: 설명 모형과 이론

16세 여성 메리는 커팅을 하고 피부를 불로 지진다고 한다. 메리는 몇 년 전 자해를 시작했다고 말한다. 그녀는 자해를 하는 목적을 구체적으로 설명하지 못하고 단순하게 자해를 하면 기분이 더 나아진다고 표현한다. 그녀에 따르면, 아저씨와 성적인 내용의 문자 메시지를 주고받는 섹스팅을 시작한 직후에 자해가 시작되었다. 그녀는 우연한 사고로 커팅을 시작했다. 처음 그녀가 사고로 발을 베인 것은 밖에서 맨발로 축구를 하고 있을 때였다. 섹스팅에 대해 (그리고 그에 대한 기대감으로) 긴장감과 좋은 기분을 동시에 느끼고 있다가 날카로운 바위에 걸려 발을 베었다. 그 후 그녀는 발에 신경을 집중했고, 그러면서 자신이 더 이상 기대감으로 긴장하거나 기다리고 있지 않다는 사실을 깨달았다. 대신 그녀는 고통, 베인 상처, 발을 덮은 피에 온통 마음이 사로잡혔다. 그녀는 고요함이 자신을 덮치는 것 같았다고 말하며 그 경험을 마음에 들어 했다.

이는 상담에서 흔히 볼 수 있는 시나리오인데, 내담자들은 자해는 하지만 그 이유를 명확하게 알지는 못한다. 비자살적 자해의 유병률이 높아지고 그 결과 자해로 인해 정신건강 치료를 받는 내담자들의 수가 증가하고 있는 상황에서 제기되는 질문은 '무엇이 사람들로 하여금 비자살적 자해를 하게 만드는가'이다. 비자살적 자해 행동을 이해하려는 노력으로 다양한 설명이 전개되었다. 사람들이 자해를 하는 데는 다양한 이유가 있다. 궁극적으로 내담자들도 인간인지라 자해 행동을 설명하는 동일한 상자에 그들 모두가 딱 들어맞지는 않는다. 그러나 그동안 제안된 이론적 모형을 통해 우리는 우리의 내담자들이 왜 자해를 하는지에 대해 가능성 있는 이유를 좀 더 잘 이해할 수 있을 것이다. 이런 모형들은 정신건강 전문가들이 어떤 질문을 물어야 할지 알게 하고 비자살적 자해로 이끌거나 관련이 있는 잠재적 요인들을 이해하거나 또는 자해 내담자를 보다 총체적으로 개념화하는 데 도움이 된다.

다수의 사람, 대략 85~90%는 비자살적 자해를 감정과 생각을 조절하기 위해 사용한다(Nock et al., 2010; Wester & McKibben, 2016). 따라서 제안된 다수의 이론이 감정 조절을 중심으로 전개된다. 그러나 비자살적 자해는 다른 목적들, 생물학적·사회학적 그리고 대인관계상의 이유에서도 사용된다. 비자살적 자해를 설명하고 이를 이해하기 위해 제안된 여러 이론과 개념적인 모형이 다음에 소개된다.

감정 조절 이론

자해를 이용해 감정을 조절한다는 개념은 비자살적 자해의 목적을 이해하는 가장 일반적인 생각 중의 하나이다. 이는 연구자들뿐만 아니라 자해를 하는 사람들의 자기보고를 통해서도 뒷받침된다. 32세의 여성이 말했다. "화나는 감정에 대처하는 방법으로 향초나 촛농으로 내 몸을 지지기 시작했어요. …… 고통이 빠르게 감정을 둔화시킬 수 있다는 걸 알게 되었죠! 부정적인 감정에 빠르게 대처하는 방법으로 …… 내 몸에 커팅을 하는 걸로 바꿨는데 [그게] 빠르게 통제력을 느끼는 방법이 되어 주었어요."

비자살적 자해를 감정 조절의 형태로 상정하는 대부분의 이론적 모형은 사람들이 정서적 반응이나 인지적 반응(즉, 스트레스 반응)을 일으키는 자극에 노출되어 있다고 본다. 이러한 스트레스 반응은 흔히 부정적 혹은 불쾌한 감정이라고 설명되는데, 화, 수치심, 질투, 슬픔 같은 감정을 포함하며 이에 국한되지 않는다. 비자살적 자해 행위는 거부감, 자신이나 타인에 대한 분노 그리고 무감각에 뒤따라 나타난다(Nock, Prinstein, & Sterba, 2009). 이런 무감각은 공허감 또는 감정이 하나도 남아 있지 않은 상태를 초래한다. 스트레스 반응이 실제적 정서를 포함하기도 하지만, 반추(rumination)나 걱정과 같은 인식을 포함할 수도 있다. 일단 이런 스트레스 반응, 즉 감정은 경험되면 그 강도가 증가한다. 이 강도는 과도 각성(즉, 높은 수준의 감정)으로도, 각성의 저하(즉, 감정이 거의 없거나 전혀 없는 상태, 공허감)로도 경험될 수 있다.

감정에 대처하거나 그것을 조절하기 위하여 사람들은 일반적으로 자신이 경험하고 있는 감정을 이해할 필요가 있다. 여기서 어려운 점은 비자살적 자해가 감정표현 불능증(alexithymia; Cerutti, Calabrese, & Valastro, 2013), 말하자면 자기 자신의 감정을 식별하거나 설명하지 못하는 상태와 관련이 있다는 것이다. 예를 들어, 당신이 내담자에게 자해하기 전에 어떤 감정을 느끼는지 또는 당신과 함께 앉아 있을 때 어떤 감정을 느끼는지 물어볼 수 있다. 그들은 이때 어떤 감정에도 이름을 붙이거나 식별하지 못하고, 그 감정이 어떻게 느껴지는지 설명하기 어려워하는 경향이 있다. 감정을 식별하거나 이름 붙일 수 없으면, 결과적으로 그 감정에 대처하거나 해소할 수 없게 된다. 설령 대처 전략을 사용한다고 해도, 그 전략이 부적합한 것일 수 있다. 예를 들어, 우는 게 감정을 완화시키고 유익한 대처 반응이 되는 때도 있지만(예: 두려움을 느끼는 어린아이가 울음을 터뜨려서 부모의 주의를 끈다), 다른 경우에는 도움

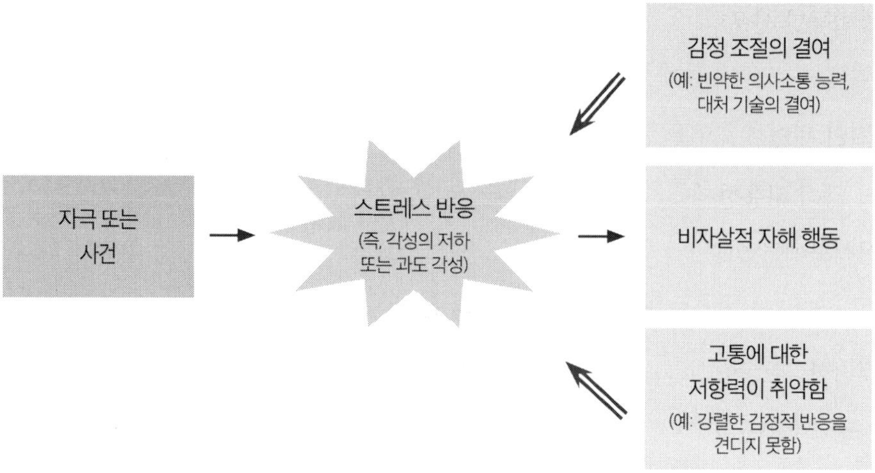

[그림 2-1] Chapman, Gratz와 Brown(2006)의 의도적 자기훼손에 대한 경험 회피 모형과 Nock(2009)의 비자살적 자해의 발달과 유지에 대한 통합 이론 모형과 같은 감정 조절 모형들에 대한 기본 요약

이 되기는커녕 상황이나 감정을 악화시킬 수도 있다(예: 십 대가 자기를 괴롭히는 불량배 앞에서 울음을 터뜨린다).

일반적으로, 감정이 식별되면 상황을 해결하거나 감정을 완화하기 위해 대처 전략이 사용된다. 비록 어떤 감정을 느끼는지 식별하지 못하는 경우라 해도, 목표는 기분이 좋아지거나, 통제력을 얻거나 과도 각성 또는 각성 저하를 완화하는 것이다. 대처 전략을 사용하는 것은 대부분의 사람에게 강렬한 불쾌 감정을 완화하는 수단이 될 수 있다. 하지만 비자살적 자해에 의존하는 사람들은 대체로 적응적인 혹은 효과적인 대처 전략이 부족하고(Chapman et al., 2006; Nock, 2009; Trepal, Wester, & Merchant, 2015; Wester & Trepal, 2010) 고통에 대한 저항력이 낮다(Chapman et al., 2006; Nock, 2009). 고통에 대한 저항력이 낮다는 것은 그들이 견딜 수 있는 스트레스 양에 대한 한계점이 다른 사람들보다 낮다는 것을 의미한다. 게다가 자해를 하는 사람들은 자해가 아닌 다른 대처 방법은 없다고 말하거나, 다양한 대처 방법을 써 보려고 시도는 하지만 효과적으로 시도하지 못하거나, 보다 부적응적인 혹은 회피적인 대처 방법들만 사용할지도 모른다.

자해를 하는 사람들은 문제 해결이나 감정 조절을 하는 데 있어 비자살적 자해를 하지 않는 사람들보다 부적응적인 대처 전략(예: 약물 남용, 부인, 그리고 회피 행동)을 더 많이 사용한다(Wester & Trepal, 2010). 이러한 부적응적인 전략들로는 부인(denial), 섭식장애를 일으키기, 살갗에 얼음 대기, 일에 파묻히기, 자해에 앞서 감정 완화를 위해 샤워하기, 또는 기타 회피적 행동들이 포함된다. 또한, 자해를 하는 사람들은 대처하려는 시도로 물질, 불법 약물, 처방 약물 또는 술에 의존하는 경향이 있다(Stewart, Baiden, & Theall-Honey, 2014). 문제 해결을 위해 그런 부적응적 혹은 회피적 방법을 사용하는 것은 대개는 근원적인 문제를 해결하지 못하고, 나중에도 그 감정의 강도를 그대로 유지시킬 뿐이다. 높은 수준의 불쾌 감정이나 사고를 경험하고 있을 때 그 시점에서 그 사람의 목표는 강렬한 불쾌 감정을 완화하는 것이다. 효과적으로 대처하는 능력이 없다면, 이는 비자살적 자해와 같은 부적응적인 대처 행동들에 자리를 내주게 된다.

감정 조절 이론을 내담자 사례에 적용하기: 메리

앞에서 제시한 메리의 사례를 더 잘 이해하기 위해 비자살적 자해가 감정 조절 행위라는 개념을 적용해 보면, 메리는 아저씨와 성적인 내용의 문자 메시지를 주고받는 것에 대한 긴장감이나 기대감(또는 둘 다)을 조절하는 것일 수 있다. 그 이유가 무엇이든 간에, 이런 감정은 메리에게 부정적인 것으로 여겨질 것이다. 예를 들어, 그녀는 아저씨와 섹스팅을 하는 것이 긍정적이지 않다는 걸 이해하고 있거나, 그 행동이 자신의 가치관, 가족의 믿음, 또는 법에 부합하지 않거나, 엄마, 아빠 또는 다른 누군가에게 들킬까 봐 두려울 수도 있다. 또는 긴장감이나 불안감이 단순히 메리에게 불편한 감정일 수도 있다.

감정 조절 모형(Emotion Regulation Model)을 통해서 비자살적 자해를 이해해 보면,

아저씨와의 섹스팅이라는 자극이 스트레스 반응을 만들어 내거나 유발하고, 스트레스 반응은 불쾌 감정(즉, 불안 또는 긴장감)이 계속 강해지는 것을 포함하며, 그 결과 과도 각성을 초래한다. 이런 감정을 보다 효과적인 방식으로 대처하거나 조절할 능력이 없기 때문에, 메리는 불안과 희망이라는 감정을 느끼는 동안 의도치 않게 날카로운 바위에 맨발을 베임으로써 우연히 자해에 맞닥뜨리게 된다. 이 시나리오에서 알 수 있듯이, 바위에 베이고 그로 인한 고통과 피가 메리의 주의를 분산시킴으로써 자신의 감정을 회피할 수 있게 해 주는 것이다. 주의 분산은 감정을 조절하는 데 도움이 되는 두 개의 주요 주의 전략(attentional strategies) 가운데 하나이다(Gross, 2007).

감정 조절 개념이 비자살적 자해의 이유로서 보다 많은 지지를 받고 있지만, 몇 가지 다른 관점도 존재한다. 경험 회피 모형(experiential avoidance model; Chapman et al., 2006)은 비자살적 자해를 약물 남용과 섭식장애와 유사한 분류 체계로 이론화한다. 단순하게 말하면, 비자살적 자해를 하는 이유는 회피(avoidance)라는 것이다. 비자살적 자해는 단지 부정적인 정서를 경험하는 걸 회피하기 위해 사용되는 것인데, 이는 과도 각성이든 각성의 저하든 상관이 없다. Chapman에 따르면 자해는 현재의 기능 수준을 높이기 위하여, 비록 일시적일지라도 경험하고 있는 감정을 억제하기 위해 사용된다.

경험 회피 모형(Chapman과 동료들)

메리가 이번 한 번 우연하게 비자살적 자해를 했을지도 모르지만, 경험 회피 모형(chapman et al., 2006)에 따르면, 자해는 일시적인 안도감을 주거나 감정의 강도를 낮춰주는 효과가 있다. 감정의 경감이나 제거는 자해를 계속 사용하도록 부정적인 강화를 제공한다. 그러므로 경험 회피 모형에서 Chapman과 동료들이 시사하는 바에 따르면, 강렬한 불쾌 감정을 경험하는 미래의 상황에서 메리는 비자살적 자해를 계속 사용할 것이고, 그때는 우연한 사고로 인한 것이 아니라 커팅이나 다른 자해 방법을 사용해서 의도적으로 자기훼손 행동을 할 것이다. 또한 비자살적 자해를 하는 것이 그녀에게 점점 더 쉬워질 것이고 보다 자동적인 대처 전략이 될 것이다.

4기능 모형(Nock과 Prinstein)

원하지 않는 감정을 억제하거나 제거한다는 개념은 비자살적 자해를 개념화한 다른 모형들에서도 뒷받침된다. 특히 4기능 모형(four functions model; nock & Prinstein, 2004)은 사람들이 비자살적 자해를 하는 가장 빈번한 이유 중 하나가 감정을 제거하려는 것이라는 점을 밝혀냈다. 감정 제거는 자동적 부적 강화로 분류되는데, 이는 자해를 하는 주된 이유로 사람들이 가장 자주 언급해 온 것이기도 하다(Klonsky, 2011). 구체적으로 4기능 모형은 비자살적 자해가 감정을 경험하기 위해서[긍정적인 자동적 (정서) 강화] 혹은 감정 경험을 제거하기 위해서(부정적인 자동적 강화) 사용된다고 설명한다.

감정에 대한 정적 강화 및 부적 강화라는 개념은 많은 지지를 받아 왔다. 특히 감정과 생각의 강도가 더 높고 지속 시간이 더 짧을수록, 비자살적 자해의 가능성이 높다고 예측된다(Nock et al., 2009). 자해를 하는 사람들은 강도와 가변성에 대해 긍정적 정서와 부정적 정서를 다르게 경험한다(Bresin, 2014). Bresin은 자해를 하는 사람들과 하지 않는 사람들을 대상으로 14일간 자신의 감정에 대해 일기를 쓰게 하는 연구를 수행하였다. 연구 결과, 그는 대체로 자해를 하는 사람들이 낮은 수준의 가변성을 가진 낮은 수준의 긍정적 정서를 경험한다는 사실을 발견하였다. 이것은 무엇을 의미할까? 이는 자해를 하는 사람들이 거의 변화가 없는 낮은 수준의 긍정적 정서를 더 자주 경험한다는 것이다. 이들이 긍정적인 정서를 느낀다고 말했을 때 그 감정은 오래가지 않고, 평소 경험하는 보다 전형적인 낮은 수준으로 빠르게 되돌아갔다. 예를 들어, 한 십 대 청소년이 시험에서 기대하지 않은 A학점을 받았다면 그녀는 짧은 순간 기쁨을 느끼거나 자신의 성취를 자랑스럽게 느낄 것이다. 그러나 그 감정은 짧은 순간 경험되고 금세 사라져 버린다. 나중에 그녀가 식당을 들어갔는데 친구가 그녀에게 자기 옆에 앉아 점심을 같이 먹자고 한다거나 친구에게 긍정적인 문자 메시지를 받는다면, 그녀의 긍정적인 정서는 살짝 높아질 것이다. 하지만 오직 짧은 순간(예: 1분, 20분)에 그칠 것이고, 낮은 수준의 정서 상태로 재빨리 회귀할 것이다. 이러한 정서적 고양은 그걸 조금이라도 느끼는 경우라 해도 빠르게 소멸되기 때문에 이 소녀에게 지속적으로 머물지 못한다.

또한 Bresin은 자해를 하는 사람들이 끊임없이 부정적 정서를 경험하는 게 아니라 높은 평균 수준에서 빈번한 오르내림을 경험한다는 것을 발견했다. 부정적인 정서는 또한 대단히 가변적인 것으로 나타났는데, 이는 사람들이 개별적인 상황에

〈표 2-1〉 비자살적 자해의 기능

	정적 강화	부적 강화
자동적 (정서적)	바람직한 상태를 만들기 위해 • 평정심과 통제감을 느끼기 위해 • 감정을 고양하거나 아무것도 느껴지지 않을 때 뭔가를 느끼기 위하여	부정적인 감정이나 생각을 제거하거나 줄이기 위하여 • 감정을 제거하기 위하여 • 엄습하는 불편한 기억이나 생각을 멈추기 위하여
사회적	무언가를 사회적으로 얻기 위하여 • 동료, 부모, 또는 다른 사람들의 관심을 얻기 위하여 • 도와달라는 외침	대인관계에서 오는 부담을 피하거나 벗어나기 위하여 • 과제나 행사를 피하기 위하여 • 충돌을 피하기 위하여

출처: Nock & Prinstein (2004)에서 수정.

대해 매우 다르게 반응했다는 것을 시사한다. 이는 사람들이 감정적 반응 또는 스트레스 반응을 일으키는 다양한 자극이나 상황에 직면하면, 그들의 부정적인 정서가 어떤 의미에서 롤러코스터를 탄다는 것을 의미한다. 십 대 소년의 예를 들어 보자. 아침에 시계 알람이 울릴 때 부정적인 정서는 중립 수준이거나 낮은 수준일 수 있다. 그러나 그가 부엌에 들어가서 오늘 잊지 말고 학교에 숙제를 꼭 가져가라는 엄마의 말을 들을 때 그의 부정적 정서가 갑자기 치솟는다. 화나거나 짜증나는 감정의 정도는 조금 누그러질 수도 있지만, 그의 부정적인 정서가 아침에 일어났을 때만큼 낮은 수준으로 돌아가지는 않을 것이다. 그런 다음 학교에서 그가 친한 친구를 발견하고 다가갔는데 그 친구가 다른 길로 돌아서 지나가 버린다. 그 이유와 상관없이(예: 친구는 그와 말하고 싶지 않았다; 친구는 그를 보지 못했다) 친구의 행동에 대한 그의 평가는 거절당한 느낌과 같은 부정적인 것일 수 있고, 그 결과 부정적인 정서는 화산처럼 폭발한다. 이 부정적인 정서는 계속 높은 상태로 있거나 그가 다른 수업으로 이동할 때쯤 누그러질 수도 있다. 그러나 부정적 정서의 수준은 높은 상태로 유지될 것이고, 완전하게 낮아지지는 않을 것이다. 이 상황은 롤러코스터를 타는 것처럼 하루 종일 다양한 사건과 그에 대한 평가를 경험하면서 계속될 것이다. 이 사례에서 그의 도구 상자에 효과적인 대처 전략이 없다면, 비자살적 자해가 이런 높은 수준의 부정적 정서를 조절해서 낮은 수준으로 끌어내리기 위해 사용되는 방법이 될 수 있다. 이는 그 하루 중 한 시점(예: 저녁 때, 친구가 그를 피해서 지나갔을 때)에 한 번의 비자살적 자해를 야기할 수도 있고, 각각의 사건을 통제하거나 조절하기 위하여 그 하루 내내 여러 번의 비자살적 자해를 하게 할 수도 있다.

자동적 부적 강화가 가장 자주 언급되기는 하지만, 현재 수준의 감정을 없애거나 낮추려는 시도는 긍정적인 감정을 경험하려는 욕구(즉, 자동적 정적 강화; 평정심을 증가시키기)와 완전히 분리될 수 없다. 구체적으로, 자해를 하는 사람들은 커팅이나 자해를 한 직후에 기분이 좋아지는 경향이 있는데(Paul, Schroeter, Dahme, & Nutzinger,

2002), 평온함과 평정심에 더해 행복감을 느끼기도 한다(Kemperman, Russ, & Shearin, 1997). 몇몇 연구자는 비자살적 자해 에피소드 다음에 긍정적 정서가 증가(정적 강화)하고 부정적인 정서가 감소(부적 강화)하는 것을 발견했지만, 다른 연구자들은 이와 달리 자해 이후에 긍정적인 정서가 증가한다고 해도 부정적인 정서는 사실상 동일한 수준으로 남아 있는 경우를 발견하기도 하였다(Muehlenkamp et al., 2009). 이는 어떤 사람들은 자해를 한 후에 죄책감과 수치심이 높아지는 경험을 하기 때문일 수 있다(Paul et al., 2002; Wester & McKibben, 2016).

경험 회피 모형에서 Chapman과 동료들이 언급하듯이, 비자살적 자해는 일시적인 안도감을 가져다줄 뿐이다. 부정적인 감정의 일부는 그걸 야기한 근본 문제가 단순히 회피되었을 뿐 해소된 것이 아니기 때문에 다시 생겨날 것이다. 또한 커팅이나 불로 지지는 자해 행위를 한 직후에 실제로 부정적인 정서가 증가할 수도 있다. 이는 실제로 자신에게 위해를 가한 데 대해 좌절감을 느끼거나 이런 방식으로 자신의 감정을 조절하고 문제를 '해결한다'는 데 대해 슬픔을 느끼기 때문이다. 이러한 부정적인 정서의 증가는 자해를 하고 한 시간 만에 발생하는 것으로 나타났다(Paul et al., 2002).

비자살적 자해의 발달과 유지에 관한 통합 모형(Nock)

다른 이론가들은 Chapman과 동료들과는 조금 다른 견해를 제시한다. Nock (2004)은 감정 회피 대신 비자살적 자해의 발달과 유지에 관한 통합 모형(integrated model of the development and maintenance of non-suicidal self-injury; Nock)을 개발하였다. 그는 비자살적 자해가 정서를 조절하는 것은 감정 회피를 통해서만이 아니라, 자기처벌이나 사회적 신호를 보내려고 자해를 할 가능성도 있기 때문이라고 설명한다. 즉, Nock은 경험 회피 모형을 조금 더 확장시킨 것이다. 그는 대처 및 소통에서의 어려움은 가정 불화, 학대나 방임, 또는 개인의 역사에서 어린 시절 발생한 위험 요인들로 인한 결과라고 보았다. Nock은 그에 더해 비자살적 자해의 취약 요인들을 제안하였다. 이 요인들에는 특히 비자살적 자해가 사회적 학습을 통해 습득되었을 가능성이 포함된다. 따라서 사람들은 또래 집단, 미디어, 혹은 가족 구성원으로부터 자해를 배웠을 수 있다. 그는 또한 비자살적 자해를 실용적이라고 여기는 사람들도 있다고 말했다. 이는 그들이 자해를 '어쨌든 효과가 있다'거나 다른 가능성들에 비해 가장 쉬운 해결책이라고 믿는다는 것을 뜻한다. Nock은 고통상실증(pain analgesia)이라는 개념을 제안하기도 했는데, 이는 자해를 하는 사람들이 고통 임계치가 더 높다는 개념을 말한다. 따라서 우리에게는 고통스러워 보이는 것이 사실 그들에게는 아무런 고통도 초래하지 않는다는 것이다.

앞서 논의한 4기능 모형에서 사회적 기능에 대한 정적 강화와 유사하게, Nock 역시 자해가 사회적인 신호를 보내려는 목적으로 사용될 수 있다고 설명한다. 빈약한 의사소통 능력 탓에, 다른 사람의 주의를 끌거나 도움을 요청하는 최종 결과가 비자살적 자해 행동일 수 있다는 것이다. 비자살적 자해의 취약 요인으로서 Nock이 언급한 마지막 두 요인은 비자살적 자해가 일종의 자기처벌로서 사용될 수 있다는 것과 비자살적 자해가 한 개인이 암묵적으로 동일시하는 무언가일 수 있다는 것이다. 후자는 자신에게 '자해쟁이'라는 딱지를 붙이는 사람들에게 딱 맞는 말일 것이다. 이 경우 자해는 그 사람의 정체성의 일부가 된다. 대인관계와 개인내적 행동에 미치는 개인사(history)의 영향과 비자살적 자해의 취약 요인을 더한 점을 제외한다면, Nock의 통합 모형은 Chapman의 경험 회피 모형과 유사하다. Nock의 통합 모형 역시 비자살적 자해가 감정적 또는 인지적 고통을 조절하는 방법이라는 것을 시사하고 있기 때문이다.

이론을 내담자 사례에 적용하기: 메리

메리의 사례에서, 어쩌면 베인 상처와 피에 주목해서 감정을 회피한 것이 아니라, 메리는 자신이 느낀 즐거움에 대해 벌을 받았어야 한다고 느끼기 때문에 마음이 편해졌을 수 있다. 심각한 발의 상처는 메리가 품었을지 모르는 이런 믿음이나 욕구를 충족시켜 주었을지 모른다. 혹은 메리는 어쩌면 그녀와 아저씨가 섹스팅을 하고 있다는 것을 가족에게 어떻게 말해야 할지 모를 수도 있다. 그래서 이런 형태의 자해가 뭔가 잘못되고 있다는 것을 다른 사람에게 알리는 사회적 신호가 될 거라고 인식할 수도 있다. 비자살적 자해는 그 사람이 내면에서 느끼고 있는 고통을 다른 사람에게 구체적이고 물리적인 방식으로 표현하거나 신호를 보내는 방법이라고 시사된 바 있다. 보다 구체적으로, 비자살적 자해는 육체적 고통이 감정적 고통보다 더 중시될 수 있다는 문화적 담론을 보여 주는 것이기도 하다(Chandler, 2013). "볼 수 없다면 실재하는 것이 아니다."라는 옛말도 있지 않은가!

감정의 회피, 사회적 신호 보내기, 자기처벌 등 그 이유가 무엇이든 간에, 경험 회피 모형과 통합 모형은 모두 메리가 자신의 감정으로부터 느꼈던 안도감을 생각하면 거의 확실하게 그녀가 자해를 지속할 거라는 것을 시사한다. 이는 긍정적인 사회적 강화의 예로서, 메리가 자신의 비자살적 자해 행동으로 인해 다른 사람의 관심을 얻게 될 거라는 것을 의미한다. 즉, 비자살적 자해를 이용해서 부모님이나 다른 누군가로부터 도움을 얻거나 보살핌이 늘어난다는 것이다. 그러나 4기능 모형과 통합 모형은 또한 비자살적 자해를 사용해서 소통하는 것이 부정적인 사회적 강화를 야기해서, 특정한 행동이나 다른 사람과의 상호작용을 끝낼 수 있다고 설명한다. 다른 사람으로 하여금 발을 빼도록 만들 수 있다는 것이다. 일례로 제1저자는 남자 친구와 싸울 때마다 자해를 하는 대학생을 상담한 적이 있다. 이 내담자는 자해가 갈등을 진화하는 매우 효과적인 방법이라는 것을 파악했고, 이로써 남자 친구가 논쟁에서 물러서고 매번 내담자가 논쟁의 '승자'가 되는 결과가 초래되었다.

그녀에 따르면, 남자 친구는 그녀가 자해하는 것을 원치 않았고 갈등이 비자살적 자해의 원인이라고 생각했다. 따라서 남자 친구는 그가 논쟁을 멈추면 그녀의 비자살적 자해도 멈출 거라고 여겼고 대개는 그렇기도 했다.

사회적 신호 보내기나 의사소통을 목적으로 비자살적 자해를 사용하는 것은 빈약한 의사소통 기술 때문이다(Nock, 2009). 사회적 신호 보내기는 학대나 트라우마의 역사를 가진 사람들과 관련이 있다고 알려져 있기도 하다(Wester & McKibben, 2016). 38세 여성의 말을 빌리면, "나는 열세 살 또는 대략 그 언저리 나이에 커팅을 했고 그 후 몇 차례에 걸쳐 그만두었어요. …… 그러고는 커팅을 하는 짓을 다시는 하지 않았는데, 스물여섯 정도 될 무렵 내가 세 살 때부터 아버지에게 성적으로 학대당했다는 걸 막 기억해 내기 시작했어요. 나는 이 문제에 대처하느라 몇 년 동안 커팅을 했다가 중단했다 다시 하곤 했어요. …… [자해를 하는 데 있어 내 목적은] 분노와 상처를 표현하는 것이었어요. 나는 나를 표현할 목소리가 없었고 감정을 표현하는 걸 배우거나 격려받지 못했어요. 나는 감정을 숨기라고 배웠어요. 나는 내가 얼마나 고통스러운지를 어떻게 말해야 할지 알지 못했어요. 나는 심지어 감정을 느끼는 것에 대해 그리고 내가 저지른 잘못에 대해 나 자신을 벌하기 위해 커팅을 하기도 했어요." 이 내담자의 말에서 알 수 있듯이, 비자살적 자해를 하는 데는 다양한 정서적 이유와 사회적 이유가 섞여 있을 수 있다.

생물학적/생물심리사회적 이론

비자살적 자해가 생물학적(biological) 또는 생물심리사회적(biopsychosocial) 근거를 가지고 있을 가능성에 대한 관심이 높아져 있다. 여러 연구가 일관된 결과를 보여주지 못한다는 점에서 유전적 소인으로 인해 자해를 한다는 증거는 없지만

(Groschwitz & Plener, 2012), 자해를 하는 사람들과 하지 않는 사람들 간에 몇몇 생물학적 차이가 발견되긴 하였다. 가장 일관적으로 발견되는 생물학적 차이는 자해를 하는 사람들이 자해를 하기 전 코르티솔(cortisol)과 내인성 오피오이드(endogenous opioids) 수치가 낮다는 것이다(Groschwitz & Plener, 2012). 이는 메리와 같이 자해하는 사람들이 신체적 스트레스 반응이 불충분하다고 시사함으로써 일부 감정 조절 모형을 지지해 준다. 이는 또한 내인성 오피오이드가 통증 인지 및 중독적 행동과 관련이 있다는 점에서 볼 때, 자해를 하는 사람들이 특히 자해를 할 때 왜 신체적 통증에 대한 내성이 높은지를 설명해 준다.

통증과 관련하여 자해를 하는 사람들은 비자살적 자해를 할 때 통증을 느끼지 않는다고 말한다. 동일한 사람이 사고로 다쳤을 때는 통증을 느낀다고 하는 걸 보면, 자해로 인한 통증을 느끼지 않는 것은 자해 실행 시의 목적의식, 의도성, 통제감과 관련이 있는 것 같다(Chandler, 2013). 내인성 오피오이드가 다른 중독 행동들과도 관련이 있다는 점을 놓고 보면, 이는 또한 왜 어떤 사람들에게 있어서는 비자살적 자해가 필요나 끊임없는 충동처럼 느껴지고(Wester & McKibben, 2016), 결과적으로 다른 사람들에 비해 과정 중독 혹은 행동 중독에 더 잘 빠지게 되는지 설명해 준다. 게다가 비자살적 자해를 할 때 정신적 해리를 경험하는 내담자들도 있다. 즉, 자해를 하는 사람들의 통증에 대한 내성은 심리적 반응에 의해 완화되는 것이다.

일반적으로 낮은 내인성 오피오이드 수치는 어린 시절의 방임이나 유전적 취약성으로 인해 나타나는 결과이다. 어린 시절과 청소년기의 스트레스는 뇌에 여러 변화를 일으키는데, 계속되는 삶의 변화에 적응하고 유연하게 대처하는 능력을 상실하거나 스트레스를 조절할 능력의 감소 및 상실이 이에 해당된다(Lupien et al., 2009; Rothschild, 2000). 조절 또는 대처 능력의 상실은 해마에서의 활동량 감소로 인한 것일 수 있는데, 외상 후 스트레스 증상을 보이는 사람들이 해마의 활동량이 더 작다고 알려져 있다. 특히 생후 2세까지의 스트레스는 해마에 영향을 미치는 것으로 밝혀졌고 청소년기의 스트레스는 전두엽에 영향을 미칠 수 있다(Lupien et al., 2009). 해마의 주된 목적 가운데 하나는 감정을 조절하는 것이고, 전두엽의 주된 기능은 사고, 의사결정, 계획 세우기와 같은 고등 정신 과정을 수행하는 것이다. 해마와 전두엽이 어린 시절과 청소년기의 트라우마로 인해 작아지거나 영향을 받는다면, 이들이 감정과 사고를 조절할 적응적인 대처 방법을 효과적으로 사용할 능력이 없기 때문에 비자살적 자해를 대처 방법으로 선택한다는 말이 타당성이 있다.

비자살적 자해에 관해 제안된 한 생물학적 이론은 신체적 통증과 사회적 고통을 처리하는 데 있어 신경계가 중첩된다는 개념을 상정한다(Eisenberger, 2012). Eisenberger는 신체적 통증이 주는 불쾌감이 상실, 배척, 또는 고립으로부터 오는 사회적 고통이나 괴로움과 동일한 뇌 영역에서 처리된다고 설명했다. 이러한 중첩은 사회적 고통(예: 동료로부터의 배척, 사랑하는 사람의 상실)을 경험하는 사람으로 하여금 그 고통을 신체적 고통의 형태로 처리할 욕구를 촉발시키고, 그래서 비자살적 자해를 하도록 이끈다. Leder(1990)는 통증 혹은 '신체의 고통에 대한 자각(dysappearance)'이라는 불편한 감각을 경험하는 것에 대해 이야기했다. 이는 신체적 고통을 경험함으로써, 자신의 신체로 주의를 환기시켜서 보다 살아 있는 경험을 창조해 낼 수 있다는 것이다. Leder는 이러한 신체적 고통을 부정적이고 보다 의학적인 방식으로 이야기한 데 반해, Chandler는 특히 자해와 관련해서 '신체의 고통에 대한 자각'에 대한 논의를 수정하였다. 그녀에 따르면, 비자살적 자해에 관하여 이러한 신체적 고통은 실제로 긍정적인 경험으로, 고통이 신체를 통제해서 자신이 땅에 발을 딛고 존재한다고 느끼게 해 준다는 것이다. 궁극적으로 비자살적 자해는 코르티솔 수치를 높이고 내인성 오피오이드를 증가시켜서 기분을 더 좋게 만들어 줄 수 있다.

다른 연구자들은 자해를 하는 사람들의 세로토닌 수치가 높다는 것을 발견했다(Crowell et al., 2008). 세로토닌은 일반적으로 공격성과 폭력적 행동, 특히 자해와 관련이 있다. 따라서 자해는 자기 자신에 대한 공격이나 폭력이라고 이해된다. 생물학적 이유로 비자살적 자해를 한다는 관점이 일부 지지를 받고 있지만, 자해에 대한 생물학적 이유를 고찰한 대부분의 연구자가 오직 경계선 성격장애(borderline personality diorder: BPD)로 진단받은 집단에 대해 연구를 수행했다는 점을 주목할 필요가 있다(예: Brunner et al., 2010; Jovev et al., 2008; Whittle et al., 2009). 이 정보가 중요한데, 반드시 강조되어야 할 점은 자해가 경계선 성격장애를 진단하는 기준 중의 하나이지만 비자살적 자해는 경계선 성격장애가 없는 사람들에게서도 자주 발견된다는 것이다. 따라서 경계선 성격장애가 없는 사람들에 대한 연구 없이 이러한 생물학적 발견이 오직 비자살적 자해에만 연관된 것이라고 보기는 어렵다.

사회학적 이론

비자살적 자해를 설명하는 감정 조절 이론들과 생물학적 이론들이 병리학적 또는 의학적 모형에 기반을 두고 있다면, 보다 최근에는 비자살적 자해의 사회학적 측면을 강조하는 이론들이 등장하고 있다. 비자살적 자해에 대한 논의는 고대 그리스와 성서 시대까지 거슬러 올라갈 수 있고 성경에 자해에 대한 언급이 있다(Favazza, 1998). 비자살적 자해는 지난 수십 년 만에 오직 최근에 들어서야 상당히 많은 대중적 고찰, 관심 그리고 연구 대상이 되었다. 이는 보다 많은 미디어의 관심을 불러 일으켰고, 비자살적 자해는 소설 및 비소설에서 묘사되고 영화와 TV 쇼, 신문기사뿐만 아니라 다양한 패션, 발달 및 임상 잡지의 기사와 리포트에서 다루어졌다. 또한 웹사이트, 트위터 이름, 단체들, 페이스북과 마이스페이스 그룹, 비자살적 자해에 중점을 둔 많은 대화방 등의 소셜 미디어에서 비자살적 자해에 대한 내용이 폭발적으로 증가했다.

비자살적 자해에 대한 사회와 미디어의 관심이 증가한 덕분에, 비자살적 자해를 병리학과 심리학적 정신 질환으로 바라보기보다는 사회적 일탈의 형태로 바라보는 관점이 생겨났다(Adler & Adler, 2007; Hodgson, 2004). 비자살적 자해에 대한 사회학적 설명에서는 다른 사람들과의 상호작용과 더불어 사회와 문화의 영향을 고려한다. 따라서 이들 사회학적 이론은 사람들이 어떻게 또는 왜 비자살적 자해를 하는지 설명하려 할 때 전체적인 사회적 맥락을 고려한다.

왜 비자살적 자해가 의학적 또는 심리병리학적 현상이라기보다는 사회학적 현상이 되어 가는가에 대한 설명으로 네 가지 이유가 강조되었다. 그것은 다음과 같다. ① 점점 더 다양한 인구 집단에게서 자해가 나타난다. ② 사람들이 사회적 학습을 포함하여 새로운 방식으로 자해에 대해 배운다. ③ 비자살적 자해는 단지 충동적인 행위가 아니라 수단적이고 계획적인 방식으로 사용되고 있다. ④ 비자살적 자해를 수용하는 하위 문화가 존재한다(Adler & Adler, 2007).

비자살적 자해에 대한 초기 묘사에 따르면, 자해를 하는 사람들은 청소년기에서 중년기 연령대의 지적인 중상류층 여성들로(Favazza, 1998; Zila & Kiselica, 2001), 약물을 남용하고 성적으로 위험한 행동을 하거나 과거에 학대받은 경험이 있고(Kalusner, Rosenthal, Renzler, & Walesh, 1972), 비난, 죄책감, 또는 낮은 자존감을 통해 자기혐오감을 드러냈다(Simpson, 1980). 그러나 자해를 하는 사람 집단은 이제 더 다양해져서 연령이 더 어린 사람과 더 나이 든 사람을 포함한다. 비록 일반적인 발병 연령이 13세 정도일지라도 5세 정도로 어린 연령에 시작하는 사람들도 있고, 장기적이고 만성적인 자해 환자들도 있으며, 삶의 후반에 들어서 자해를 하는 사람들도 있다. 또한 외상과 학대받은 과거사를 이야기하는 사람들이 애초 기대했던 것보다 더 적은 비율로 나타난다. 일부 사람은 어린 시절 외상이 전혀 없으며 대신 '완벽한' 어린 시절과 가족에 대한 경험을 이야기한다(Adler & Adler, 2007; Wester & McKibben, 2016). 일부 사람은 약물을 남용하거나 낮은 자존감과 높은 자기비판의식을 가진 것으로 나타났지만, 다른 사람들은 자기효능감이 높고 성취 수준이 높은 것으로 드러났다(Walsh,

2006). 나아가, 비자살적 자해는 단순히 여성적 행동이 아니며 남성과 여성이 비슷한 비율로 자해를 하는 것으로 밝혀졌다. 이러한 사실은 점점 더 다양한 사람이 자해를 한다는 것을 뜻하며, 따라서 비자살적 자해가 단순히 병리학적 문제가 아니라 더 커다란 사회적 문제라는 것을 의미한다.

비자살적 자해가 영화, 잡지, 책, 소셜 미디어와 같은 다양한 매체를 통해 묘사된 덕분에, 그에 관해 학습할 수 있는 새로운 수단들이 사람들에게 제공된다. 역사적으로, 비자살적 자해는 보다 더 큰 정신건강상의 문제로부터 야기된 하나의 증상으로 여겨졌다. 원래 DSM-IV-TR(APA, 2000)에서 비자살적 자해가 경계선 성격장애의 한 증상으로만 등장하는 것도 이러한 이유에서이다. 역사적으로 연구자들과 상담자들은 사람들이 비자살적 자해를 혼자서 배운다고 믿었다. 즉, 사람들은 자기가 우연히 비자살적 자해를 알게 되었거나 '새로 만들어 냈다'고 여겼다는 것이다 (Hodgson, 2004). 그러나 최근에는 보다 많은 사람이 비자살적 자해를 보다 사회적으로, 즉 다른 사람들로부터 학습하고 있다. 좀 더 구체적으로 말하자면, 사람들이 책이나 『사이콜로지 투데이(Psychology Today)』와 『세븐틴(Seventeen)』과 같은 잡지의 기사를 읽고 비자살적 자해에 대해 배우고 있다는 것이다. 십 대는 건강 교육 수업 시간의 토론을 통해서, 자신의 비자살적 자해를 고백하는 예술가들과 할리우드 스타들의 연설과 그들에 대한 미디어의 묘사를 통해서, 그리고 비자살적 자해를 그리는 영화, TV 쇼, 노래 가사를 통해서 비자살적 자해에 대해서 듣고 있다. 비자살적 자해는 점점 더 주류 문화가 되어 가고 있다. 비자살적 자해는 CNN과 ABC 같은 뉴스 채널에서 논의되고 신문에서 다뤄진다. 2016년 유튜브에서 '자해'를 검색해 보았을 때 약 139,000개의 동영상이 발견되었고(2015년 동일한 검색으로부터 '대략 120,000'개가 발견되었으니 19,000개의 비디오가 늘어났다), 그 수는 계속 늘어나고 있다. 비자살적 자해를 반대하거나 지지하는 다수의 웹사이트, 대화방 그리고 게시판들이 인터넷상에 존재한다. 비자살적 자해가 사회적인 수준에서 하나의 현상으로 존재하는 만큼 그에 대해서 듣고 배울 기회가 점점 더 용이해진다.

연구자들은 애초에 제안된 것보다 사람들이 더 수단적이고, 목적적이며, 계획적인 방식으로 비자살적 자해를 하고 있다는 것을 발견하는 일이 점점 더 늘어나고 있다. 충동성이 비자살적 자해 행동을 하는 사람에게 여전히 문제가 되긴 하지만, 한편으로는 비자살적 자해를 실행하는 것에 대해 매우 중재적이고 계획적인 사람들도 있다. 특히 앞서 설명한 감정 조절 이론들에 필적하게도, 자해를 하는 사람들은 자해를 "세상에 대처하는 효과적인 방법"(Hodgson, 2004, p. 170)이라고 여기는 것으로 나타났다. 그들은 비자살적 자해가 규범에 맞는 행동이고 슬픔, 혼란, 죄책감과 분노와 같은 감정을 다루는 용인되는 방식이라고 설명하였다(Adler & Adler, 2007). Chandler(2013)가 언급한 바와 같이, 비자살적 자해는 육체적 고통이 감정적 고통보다 우선시된다는 문화적 담론에 대해 말해 준다.

마지막으로, 왜 비자살적 자해가 의학적 또는 심리학적 문제라기보다 사회적 일탈인지에 대한 네 번째 근거는 비자살적 자해 행동에 관해 수용적인 하위 문화가 증가하고 있다는 것이다. 비자살적 자해가 어떤 사람들에게는 고통이나 문제로 인한 증상이 아닌 자발적인 선택이며 생활양식으로 여겨진다. 어떤 사람들은 '자해쟁이'라는 뚜렷한 정체성을 가지고 있다(Adler & Adler, 2007; Nock ITM; Wester & McKibben, 2016). 4기능 모형의 관점에서 본다면, 사람들은 사회적 신호를 보내거나 집단에 소속되려는 목적으로 다른 사람들과 의사소통하는 데 비자살적 자해를 사용한다. 후자의 목적은 사회적 집단에 속하거나 또래 집단과 연결되려는 것이며 비자살적 자해가 학교와 같은 환경에서 확산된다는 것도 익히 밝혀졌다. 이를 사회적 전염이라고 한다. 따라서 학교나 또래 집단에서 인기가 있는 사람이 자해를 하면, 다른 사람들도 그와 어울리거나 소속감을 얻기 위해 또는 단순히 호기심에서 그 행동을 시도할 수 있다. 어떤 사람들에게는 호기심이 비자살적 자해를 행하고 그 행동을 지속하는 이유라는 것이 밝혀졌다(Hodgson, 2004). 또한 비자살적 자해를 지지하는 웹사이트들이 등장해서 비자살적 자해 행동을 격려하고 비자살적 자해를 하는 다양한 형태의 방법과 이를 관리하고 다른 사람들에게 감추는 방법에 대해 팁을 제공하고 있다. 대부분의 사람은 자해 행동을 다른 사람들에게 숨기지만(Hodgson, 2004), 보다 최근에는 일부 사람이 비자살적 자해를 명예의 배지로 삼아서 실행하고 다른 사람들이 비자살적 자해를 하도록 지원하기도 한다. 이는 비자살적 자해에 관해 이를 승인하는 하위 문화가 증가하고 있다는 것을 나타낸다. 이는 다른 형태의 의도적인 자기훼손 형태인 섭식장애 행동과 관련해서 1980년대에 일어났던 현상과 유사하다.

사회적 이론을 내담자 사례에 적용하기: 메리

앞에서 제시한 메리의 예는 감정 조절 모형에 바탕을 둔 설명에 더 부합하지만, 이 시점에서 우리가 알지 못하는 사실은 메리가 독서, 영화, 또래 친구들, 또는 자기가 좋아하는 노래를 부른 가수들을 통해서 자해에 대해 실제 들어 본 적이 있는지 여부이다. 맨발로 축구를 하다가 바위에 발을 벤 것은 우연한 사고라 해도, 어쩌면 메리는 이 경험을 다른 사람들로부터 자해에 대해 듣거나 읽었던 다른 상황에 연관시켰을 수 있다. 유명한 예술가이든, 학교의 또래이든, 영화나 잡지 기사에 나온 타인이든 간에 다른 사람들에게 자해에 대해 들었다면 이러한 사전 지식은 자해에 대한 사전 사회적 학습이기 때문에 커팅과 같은 자해 행동을 지속할 가능성을 증대시킬 수 있다. 그러므로 메리의 지속적인 자해 행동을 용인하고 조장하는 요인들을 보다 잘 이해하기 위해서는 메리가 다른 사람들과 맺는 상호작용, 사전 지식 그리고 비자살적 자해와 관련 있는 주변 환경을 이해하는 것이 중요하다.

기타 이론

관계-문화 이론

제1저자는 비자살적 자해를 관계-문화 이론(relational-cultural theory: RCT)(Trepal, 2010)이라는 관점을 통해 바라볼 것을 제안한 바 있다. 관계-문화 이론은 페미니스트와 발달 이론에 영향을 받은 접근법으로서 개인의 대인관계 및 사회적 맥락을 모두 고려한다(Jordan, 2010). 대부분의 전통적인 발달 이론은 개인이 성장하고, 독립적이 되며, 독자적으로 가장 잘 기능한다고 설명하는 반면, 관계-문화 이론은 발달상의 궁극적인 목적은 다른 사람들과의 연결이 증가하고 관계가 복잡해지는 것이라고 제안한다. 관계-문화 이론에 따르면, 사람들은 고립과 수치심으로 고통받는다. 이 이론의 핵심에는 삶이란 연결에 관한 것이라는 명제가 있다. 다른 사람들과의 연결은 엄청난 역할을 한다. 연결은 사람들에게 에너지의 증대, 자율권 그리고 지속적으로 연결되고 싶다는 욕구를 제공한다. 그러므로 사람들이 이러한 연결을 희구하는 것은 당연하다. 그러나 사람들은 과거의 경험(관계 템플릿이라고 불리는)에 기초하여 대인관계에서 자신을 안전하게 지키는 방식으로 행동한다. 따라서 그들이 강렬하게 연결되기를 바랄지라도, 그들은 그토록 바라는 바로 그 관계로부터 벗어나려 하는 방식으로 행동한다. 이러한 방법들을 단절 전략이라고 하는데(Jordan, 2010), 비자살적 자해도 그런 단절 전략 가운데 하나라고 볼 수 있다. 이 모형에서 연결에 대한 숨겨진 강렬한 희구에도 불구하고, 단절 전략은 그들을 자기 자신과 타인들로부터 유리시킬 수 있다.

관계-문화 이론의 또 다른 측면은 사회적 계층화라는 개념이다. 사회는 압제받고 소외된 집단들이 있고, 따라서 연결이 언제나 가능한 것은 아니다. Trepal(2010)은 역사적으로 이루어진 여성에 대한 대상화와 침묵의 강요로 인해 이러한 사회적 단절이 여성들에게 특히 강력하다고 말한다. 그러나 남성들이라고 해서 예외는 아니다. 예를 들어, 사회화 과정을 통해 남성들은 분노와 같은 감정을 표현해도 안전하다고 느낄 수 있다. 다른 감정들, 예컨대 공포, 죄책감, 수치심 그리고 슬픔은 문화적으로 여성적인 것으로 간주된다. 따라서 남성들은 폭넓은 감정을 느끼고 표현하는 데 있어 문화적으로 단절되고, 그 결과 내면으로 방향을 틀어 자해 행동을 하게 될 수 있다(Trepal, 2010). 또한 우리는 내담자들이 다양한 인구통계학적 특성과 정체성 지위(인종, 민족성, 생물학적 성, 사회적 성, 정서적 지위, 사회경제적 지위, 능력 지위 등)가 교차하는 지점에 존재하고 있다는 것을 알고 있다. 사회가 개인의 정체성을 구성하는 특정한 측면을 특권화하거나 소외시킬 때, 사람들은 다른 사람들과 자신이 생각하는 주류 사회로부터 고립되고 단절될 수 있다.

예를 들어, 한 청소년이 양성애자라서 학교에서 괴롭힘을 당했다고 해 보자. 이 아이는 처음에는 공포심에서 수치심 그리고 분노에 이르는 여러 감정을 느낄 것이다. 이 아이가 이제 집에 가서 부모님께 괴롭힘을 당한 것에 대해 이야기하고 자신의 감정을 표현하려고 한다. 그런데 부모님이 침묵이나 분노로 응답한다. 괴롭힘을 당한 건 '네 자신의 잘못'이라고 아이에게 말하는 것이다. 그가 그렇게 다르지 않았다면, 즉 게이가 아니었다면 괴롭힘을 당할 일은 없었을 거라는 것이다. 시간이 지남에 따라, 동일한 일이 반복되면서 아이는 정서적인 안전이 가까운 관계에서, 또는 그들의 관점에서는 이 사회에는 존재하지 않는다고 여기게 된다. 그들은 대인관계나 사회 속에서 진정한 자아(authentic self)로 살 수 없다. 이 청소년은 이제 비자살적 자해를 발견하고, 자해를 통해서 자신의 감정과 신체 그리고 다른 사람들로부터 자신을 단절시킨다. 이 사례는 비자살적 자해의 다양한 측면—관계 템플릿의 발달(소년이 자신의 감정을 표현한 데 대한 부모의 반응), 문화적 단절(또래 집단의 괴롭힘과 부모가 아이가 다른 사람들과 다르다고 강조함) 그리고 단절 전략의 발달(비자살적 자해는 대인관계와 세상 둘 다로부터 단절된 채 안전하게 있으려는 시도에서 발달한다)을 보여 준다.

관계-문화 이론을 이론적 틀로 사용해서, 정신건강 전문가들은 자해 내담자들의 자기공감을 향상시키고, 단절 전략들과 관련이 있는 템플릿을 탐색하며, 대인관계에서 진정한 자아를 표현하도록 격려할 수 있다. 이러한 노력이 지향하는 궁극적인 목적은 연결을 증대시키고 고립과 비자살적 자해 의존을 줄이는 것이다. 또한 자해 내담자들로 하여금 자기 자신과 다른 사람들로부터 고립되고 단절되게 만드는 문화적·사회적 측면을 파악하고 이를 긍정적인 방향으로 개선하는 데 초점을 맞춘 예방 노력에 힘쓸 수 있다(Trepal, 2010).

관계-문화 이론을 내담자 사례에 적용하기: 메리

메리의 사례에 관계-문화 이론을 적용해 본다면, 우리는 그녀가 우연히 사용한(그리고 지속적으로 사용했다고 치자) 자해 행동이 어떻게 자기 자신과의 관계나 다른 사람들과의 관계에 영향을 미치거나 연관되는지 고려해야 한다. 예를 들어, 그녀가 아저씨와의 섹스팅에 대해 기대를 품고 있으면서도 동시에 걱정에 차 있는 동안, 그녀를 안정시켜 준 발의 베인 상처는 그녀가 내면의, 감당하기 어려운 감정을 차단하는 데 도움이 될까? 그래서 결국 자신의 신체로부터 단절된 채 그녀는 자기 자신으로부터 유리되는 것일까? 나아가 비자살적 자해는 그녀가 다른 사람들과 관계를 맺거나 끊는 데 어떻게 도움이 되는 걸까? 아저씨와의 관계를 예로 들어 보자. 그녀는 문자 교환을 통해 발전하게 될 이 관계에 대해 한편으로는 흥분되고 기대에 차 있지만, 그녀의 비자살적 자해 행동은 이 관계를 의도적으로 단절하고 어쩌면 아저씨와의 만남을 취소하거나 자신의 신체를 매력적이지 않게 만들려는 방식일 수도 있다. 또한 메리가 섹스팅에 기쁨을 느끼는 이유가 그녀가 다른 곳에서 받아보지 못한 관심을 받기 때문이라면, 비자살적 자해와 함께 섹스팅은 다른 사람들과 연결되고 싶지만 보다 적절한 방식으로 그럴 수 있는 방법을 몰라서 발생한 결과일 수 있다. 물론 여기에서는 아저씨가 고려의 대상이 된 유일한 관계이지만, 치료 작업에서라면 상담자는 가족과 또래를 포함한 다른 많은 관계를 고려해야 한다.

시스템 관점

연구자들이 환경적 요인이 영향을 미칠 가능성을 시사했지만, 정서적·사회적 기능의 정적·부적 강화를 논한 4기능 모형을 벗어나서는 이에 관한 탐색이나 논의가 거의 이뤄지지 않았다. 4기능 모형에서 Nock은 사람들이 비자살적 자해를 이용해서 어떻게 그들 주변의 사람들과 환경에 영향을 미치는지에 대해 이야기한다. 하지만 개인을 둘러싼 더 넓은 환경이 그들이 비자살적 자해를 왜 그리고 어떻게 선택하고 지속하는지에 대해 어떠한 영향을 미치는지에 관해서는 광범위한 논의가 이루어진 바가 없다. 보다 광범위한 시스템 모형(Systemic model)은 연구자와 상담자들이 내담자와 그들의 비자살적 자해 행동에 대한 총체적이고 상황 맥락적인 그림을 보다 잘 이해하는 데 도움이 될 것이다.

광범위한 시스템 모형은 개별적인 연구 결과를 바탕으로 그 근거를 찾을 수 있다. 연구자들은 작은 개별적인 조각으로 광범위한 시스템의 구성 요소를 탐색해 왔다. 여기에는 학대의 개인사, 가족의 비난과 갈등, 가족 구성원 간의 연결성, 민족 집단에의 소속감, 그리고 보다 최근에는 비자살적 자해 행동을 사회적으로 규범화하는 풍토 때문에 비자살적 자해가 지속적으로 증가하고 있다는 제언이 포함된다(Adler & Adler, 2007; Wester, Ivers, Villalba, & Trepal, 2016; Wester & Trepal, 2010). 보다 구체적으로, 각 변인이나 상황이 개별적으로 고찰될 때 비록 설명력은 작지만 비자살적 자해를 설명하는 요인들인 것으로 밝혀졌다. 만약 이들 변인과 상황을 함께 묶거나 종합적으로 고찰한다면 비자살적 자해 행동에 대해 훨씬 더 큰 설명력을 제공해 줄 수 있을 것이다. 특히 상황 요인들과 개인 요인들을 함께 고려한다면, 상담자들이 비자살적 자해 행동을 이해하고 각 내담자에 대한 최선의 처치 방법을 이해하는 데 도움이 될 수 있을 것이다.

비자살적 자해에 대한 기존의 일부 모형과 설명을 Bronfenbrenner의 생태학적 시스템 이론(ecological systems theory; [그림 2-2] 참조)과 같은 광범위한 생태학적 이론과 융합함으로써 보다 큰 시스템이라는 관점에서 비자살적 자해를 고찰해 본다면 도움이 될 것이다. 그렇게 한다는 것은 곧 어떤 한 개인을 고찰할 때 그를 둘러싼 사람들과의 상호작용 및 관계, 그가 속한 보다 넓은 환경과 문화 그리고 다양한 사건이 일어나는 시점을 함께 고찰한다는 것이다.

시스템 관점을 내담자 사례에 적용하기: 메리

이러한 시스템 모형을 고려하면, 단지 메리와 그녀의 내면적 과정, 그녀가 축구를 하는 동안 왜 우연히 비자살적 자해를 발견하게 되었는지, 왜 그것이 그녀의 기대감과 불안감을 조절하는 데 효과적일 수 있었는지, 또는 왜 그녀가 계속 비자살적 자해를 하는지에 관한 것만이 전부가 아니라는 것을 알 수 있다. 시스템 모형에서는 메리를 둘러싼 보다 넓은 환경을 탐색할 것이다. 여기에는 메리가 속한 마이크로 시스템에 대한 이해뿐만 아니라 보다 넓은 범위의 환경에 대한 이해도 포함된다. 보다 구체적으로, 그녀의 직계가족(예: 엄마, 아빠, 형제자매)과의 관계 및 다른 친척들(예: 숙부, 숙모)과의 관계를 포함하되 이에 국한되지 않는 가족 내부의 문제를 탐색할 것이다. 또한 그녀의 학교 환경, 또래들, 남자 친구 또는 여자 친구와 같은 중요한 타인, 그리고 그녀가 다니는 학교에 비자살적 자해가 확산되어 있는 정도(즉, 메리가 다른 사람들이 비자살적 자해를 한다는 것을 인지하고 있는가?)를 탐색할 것이다. 마이크로 시스템을 탐색하고 이해하는 데는 현재 이웃 환경(예: 폭력, 지역 공동체 분위기)과 함께 그녀가 속한 종교 기관과 신앙도 고려 대상이 될 것이다. 상담자는 이제 마이크로 시스템에서 얻은 정보를 매크로시스템에 연결 지을 것이다. 이는 시스템 간의 관계를 탐색한다는 것을 의미한다. 메리의 사례를 들어 보면, 가족이 메리의 또래

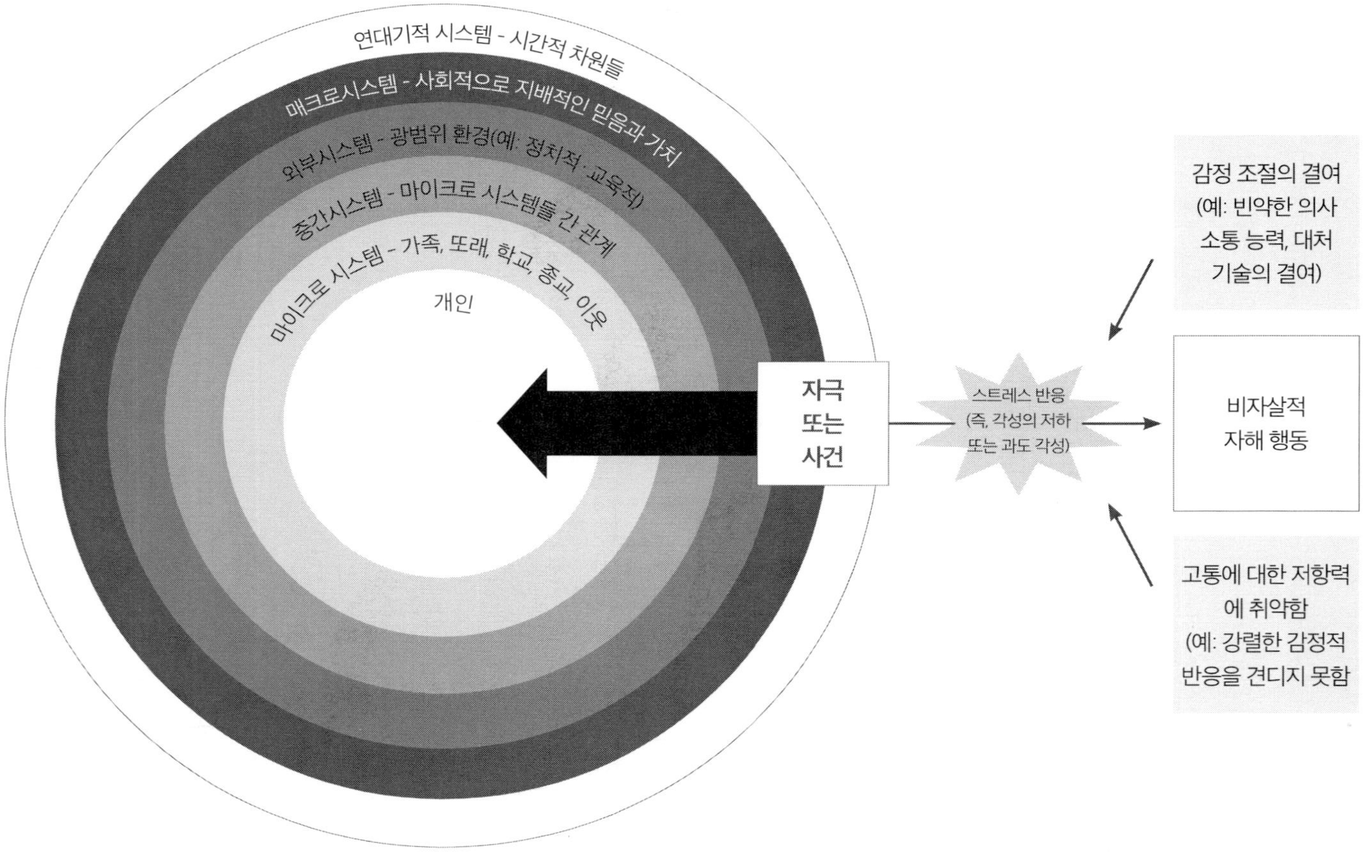

[그림 2-2] 비자살적 자해에 대한시스템 관점

친구들과 메리가 다니는 학교와 어떻게 상호작용하거나 관여하는지, 또는 그녀의 직계가족이 다른 친척들과 어떻게 상호작용하고 존중하는지, 다른 가족 구성원들과 상호작용할 때 제공받는 메시지(예: 가족에게 언제나 귀를 기울여라, 그들이 말하는 대로 해라)가 무엇인지를 탐색하게 될 것이다.

광범위한 시스템 관점에서는 메리가 상호작용하는 근접 환경과 함께, 외부 시스템, 즉 더 넓은 시스템에 존재하는 메시지와 믿음도 고려의 대상이 된다. 메리가 이러한 메시지나 환경과 직접적으로 상호작용하지는 않을지라도, 그녀에게 영향을 미칠 것이다. 예를 들어, 주정부가 최근 교육 시스템에 대한 재정 지원을 삭감했는데, 그로 인해 학교에서 행정 감독이나 교사의 감독이 축소될까? 이로 인해 교사와 학생 간 일대일 상호작용이 줄어들거나 학교 상담교사에 대한 접근성이 축소되어서 메리가 학교에서 들키지 않도록 해 줄 수도 있다. 이러한 외부 시스템에는 부모의 실직도 포함될 수 있는데, 이로 인해 정신건강이나 의학적 치료를 받을 수 있는 재정적 지원이 감소될 수 있다. 또한 부모의 이직을 야기해서 메리에 대한 부모님의 감독이 소홀해지는 결과를 초래할 수도 있다. 이 요인들 모두 그녀의 비자살적 자해나 섹스팅 행동을 초래하는 요인이 될 수 있을 것이다.

광범위한 문화적·사회적 믿음, 가치, 사건들 역시 시스템 관점(즉, 매크로시스템)에서 고려의 대상이 된다. 이는 문화적으로 그리고 더 넓은 사회적 체계에서 메리에게 현재 무슨 일이 일어나고 있는지를 탐색하는 것이다. 이 사례에서 이삼십 년 전에 비해 미디어에서 비자살적 자해에 대한 묘사 및 논의가 증가했다는 점을 감안할 때, 메리는 비자살적 자해 행동에 대해 들어봤거나 이에 대해 수용적인 태도를 가지고 있을 가능성이 높다. 마지막으로, Bronfenbrenner는 연대기적 시스템(chronosystem)에 대해 논의했는데, 연대기적 시스템은 사건이 발생한 연대기적 시기를 포함한다. 여기에는 메리의 삶에서 특정한 사건이 일어난 시기와 사건들의 연대기적 순서, 그리고 어떻게 시간 요소가 모든 다른 시스템과 상호작용하는지가 포함된다. 이는 상담자로 하여금 메리의 발달 과정에서 특정한 시기에 일어났을지 모르는 사건을 고려하여 다음과 같이 질문하도록 이끌 것이다. 메리가 살면서 학대받은 적이 있는가? 그렇다면 몇 살에, 어떤 발달 단계에서 학대가 일어났는가? 아저씨와의 섹스팅이 16세에 일어난 점을 놓고 볼 때, 비자살적 자해가 대처 전략으로 선택될 수 있었던 이유 및 이 행동이 미친 영향과 관련하여 발달적인 측면에서 고려해야 할 사항은 무엇인가? 연대기적 시스템은 상담자에게 마이크로 시스템에서의 사건이 어떻게 그 개인과 사건 그리고 매크로시스템과 상호작용하는지도 고려해야 한다는 것을 시사해 줄 것이다.

결론

이 장에서는 사람들이 왜 비자살적 자해를 하는지에 관하여 다양한 이론적 설명을 제시하였다. 각 모형은 사람들이 왜 그리고 어떻게 비자살적 자해를 선택하고 계속하는지에 대해 조금씩 다른 설명을 제안한다. 이 이론들은 상담자가 특정한 내담자가 필요로 하는 바를 보다 잘 개념화하고 치료를 진행하는 데 도움이 될 수 있다. 다양한 감정 조절 모형을 생각해 보자. 만약 상담자가 경험 회피 모형(Chapman et al., 2006)을 바탕으로 비자살적 자해를 이해한다면, 그들은 내담자가 좌절감에 대한 내성이 낮고, 높은 수준의 불쾌 감정을 경험하는 반면, 효과적인 대처 전략이 부족하다고 믿을 것이다. 따라서 고통을 인내할 수 있는 능력 및 문제 초점 대처와 긴장 완화 기법을 늘려서 비자살적 자해에 대한 의존을 전반적으로 낮추려 할 것이다. 그러나 만약 상담자가 4기능 모형(Nock & Prinstein, 2004)에 기반을 두고 비자살적 자해를 이해한다면, 비자살적 자해가 보다 사회적 기능을 수행하는지, 아니면 자동적/정서적 기능을 수행하는지를 탐색하는 질문이 치료적 개입을 하는 데 도움이 될 것이다. 이는 상담자가 의사소통 능력(비자살적 자해의 사회적 기능)과 감정 조절 전략(비자살적 자해의 자동적 기능) 중 어느 쪽을 향상시키는 데 도움을 주어야 할지 판단하는 데 도움이 될 것이다. 따라서 상담자는 변증법적 행동 요법이나 문제 해결 요법(제7장에서 논의됨)과 같은 치료법을 적용해서 비자살적 자해를 야기하는 원인을 완화하거나, 그들이 내담자에 대해 비자살적 자해의 발병을 개념화하고 있는 바에 따라 다양한 개입 방안(제8장에서 논의됨)을 선택할 것이다.

만약 상담자가 비자살적 자해를 감정 조절 모형의 관점에서 보지 않고 생물학적 이유로 인한 결과라고 믿는다면, 세로토닌이나 코르티솔 수준을 조절하기 위한 보다 약리학적 치료가 필요할 것이다. 상담자가 시스템 관점에서 비자살적 자해에 대한 이해에 접근한다면, 치료 노력은 의사소통이나 대처 전략에 중점을 둘 뿐만 아니라 가족 간 의사소통 또는 보다 큰 범위의 조직이나 학교 기반 개입 방안에 중점을 두게 될 것이다. 이와 같이 비자살적 자해 이면의 이유와 이론에 대한 이해가 어떻게 치료에 영향을 미치는지 알 수 있다.

참고문헌

Adler, P. A., & Adler, P. (2007). The demedicalization of self-injury: From psychopathology to sociological deviance. *Journal of Contemporary Ethnography, 36,* 537-570.

American Psychiatric Association. (2000). *Diagnostic and statistical manual of mental disorders* (4th edition, text revised). Washington, DC: Author.

Bresin, K. (2014). Five indices of emotion regulation in participants with a history of nonsuicidal self-injury: A daily diary study. *Behavior Therapy, 45,* 56-66.

Brunner, R., Henze, R., Parzer, P., Kramer, J., Feigl, N., Lutz, K., & Stieltjes, B. (2010). Reduced prefrontal and orbitofrontal gray matter in female adolescents with borderline personality disorder: Is it disorder specific? *NeuroImage, 49*(1), 114-120.

Cerutti, R., Calabrese, M., & Valastro, C. (2013). Alexithymia and personality disorders in the adolescent non-suicidal self-injury: Preliminary results. *Procedia-Social and Behavioral Sciences, 21*, 372-376.

Chandler, A. (2013). Inviting pain? Pain, dualism and embodiment in narratives of selfinjury. *Sociology of Health & Illness, 35*(5), 716-730.

Chapman, A. L., Gratz, K. L., & Brown, M. Z. (2006). Solving the puzzle of deliberate selfharm: The experiential avoidance model. *Behaviour Research and Therapy, 44*, 371-394.

Crowell, S. E., Beauchaine, T. P., & Linehan, M. M. (2008). A biosocial developmental model of Borderline Personality: Elaborating and extending Linehan's Theory. *Psychological Bulletin, 135*, 495-510.

Eisenberger, N. I. (2012). The neural bases of social pain: Evidence for shared representations with physical pain. *Psychosomatic Medicine, 74*, 126-135.

Favazza, A. R. (1998). The coming of age of self-mutilation. *The Journal of Nervous and Mental Disease, 186*, 259-268.

Groschwitz, R. C., & Plener, P. L. (2012). The neurobiology of non-suicidal self-injury(NSSI): A review. *Suicidology Online, 3*, 24-31.

Gross, J. J. (Ed.). *Handbook of emotion regulation*. New York: Guilford Press.

Hodgson, S. (2004). Cutting through silence: A sociological construction of self-injury. *Sociological Inquiry, 74*, 162-179.

Jordan, J. V. (2010). *Relational-cultural therapy*. Washington, DC: American Psychological Association.

Jovev, M., Garner, B., Phillips, L., Velakoulis, D., Wood, S. J., Jackson, H. J., & Chanen, A. M. (2008). An MRI study of pituitary volume and parasuicidal behavior in teenagers with first-presentation borderline personality disorder. *Psychiatry Research, 162*(3), 273-277.

Kemperman, I., Russ, M. J., & Shearin, E. (1997). Self-injurious behavior and mood regulation in borderline patients. *Journal of Personality Disorders, 11*(2), 146-157.

Klausner, E., Rosenthal, R., Renzler, C., & Walesh, R. (1972). Wrist cutting syndrome: The meaning of a gesture. *American Journal of Psychiatry, 128*, 1363-1368.

Klonsky, E. D. (2011). Non-suicidal self-injury in United States adults: prevalence, sociodemographics, topography, and functions. *Psychological Medicine, 41*, 1981-1986.

Leder, D. (1990). *The Absent Body*. Chicago, IL: The University of Chicago Press.

Lupien, S. J., McEwen, B. S., Gunnar, M. R., & Heim, C. (2009). Effects of stress throughout the lifespan on the brain, behavior and cognition. *Nature Reviews Neuroscience, 10*, 434-445.

Muehlenkamp, J. J., Engle, S. G., Crosby, R. D., Wonderlich, S. A., Simonich, H., & Mitchell, J. E. (2009). Emotional states preceding and following acts of non-suicidal self-injury in bulimia nervosa patients. *Behavior Research and Therapy, 47*(1), 83-87.

Nock, M. K. (2009). Why do people hurt themselves? New insights into the nature and functions of self-injury. *Current Directions in Psychological Science, 18*, 78-83.

Nock, M. K., & Prinstein, M. J. (2004). A functional approach to the assessment of selfmutilative behavior. *Journal of Consulting and Clinical Psychology, 72*(5), 885-890.

Nock, M. K., Prinstein, M., & Sterba, S. (2009). Revealing the form and function of self-injurious thoughts and behaviors: A real-time ecological assessment study among adolescents and young adults. *Journal of Abnormal Psychology, 118*, 816-827.

Nock, M. K., Prinstein, M., & Sterba, S. (2010). Revealing the form and function of self-injurious thoughts and behaviors: A real-time ecological assessment study among adolescents and young adults. *Psychology of Violence, 1*, 36-52.

Paul, T., Schroeter, K., Dahme, B., & Nutzinger, D. O. (2002). Self-injurious behavior in women with eating disorders. *American Journal of Psychiatry, 159*, 408-411.

Rothschild, B. (2000). *The body remembers: The psychophysiology of trauma and trauma treatment*. New York, NY: W. W. Norton & Company, Inc.

Simpson, M. (1980). Self-mutilation is indirect self-destructive behavior. In N. L. Farberow (Ed.), *The many faces of suicide* (pp. 257-283). New York: McGraw-Hill.

Stewart, S. L., Baiden, P., & Theall-Honey, L. (2014). Examining non-suicidal self-injury among adolescents with mental health needs, in Ontario, Canada. *Archives of Suicide Research, 18*, 392-409.

Trepal, H. C. (2010). Exploring self-injury through a relational-cultural lens. *Journal of Counseling & Development, 88*(4), 494-499.

Trepal, H. C., Wester, K. L., & Merchant, E. (2015). A cross sectional matched sample study of non-suicidal self-injury among young adults: Support for interpersonal and intrapersonal factors, with implications for coping strategies. *Child and Adolescent Psychiatry and Mental Health, 9*, 36.

Walsh, B. (2006). *Treating self-injury: A practical guide*. New York: Guilford Press.

Wester, K. L., & McKibben, B. (2016). Participant's experiences of nonsuicidal self-injury: Supporting existing theory and emerging conceptual pathways. *Journal of Mental Health Counseling, 38*, 12-27.

Wester, K. L., & Trepal, H. C. (2010). Coping behaviors, abuse history, and counseling: Differentiating college students who self-injure. *Journal of College Counseling, 13*, 141-154.

Wester, K. L., Ivers, N., Villalba, J. A., & Trepal, H. C. (2016). The relationship between nonsuicidal self-injury and suicidal ideation. *Journal of Counseling & Development, 94*, 3-12.

Whittle S., Chanen, A. M., Fornito, A., McGorry, P. D., Pantelis, C., & Yücel, M. (2009). Anterior cingulate volume in adolescents with first-presentation borderline personality disorder. *Psychiatry Research, 172*(2), 155-160.

제3장

비자살적 자해와 자살

바자살적 자해는 종종 자살 시도로 오인되거나 혼동되고 이로 인해 치료하기가 어려워진다. 비자살적 자해를 자살로 오인하게 되면, 입원 환자 대상 행동치료 센터에 보내는 것과 같이, 부적절하고 비용이 많이 드는 치료를 적용하게 된다. 이는 또한 미성년 내담자들의 비밀 보장을 유지할 수 없다는 윤리적으로 곤란한 상황을 야기할 수 있다. 때로 이런 유형의 치료가 비자살적 자해에 도움이 되기도 하지만, 대부분의 경우는 필요치 않다. 그렇다고 비자살적 자해와 자살의 공통점이나 연관성을 완전히 무시한다면, 비자살적 자해가 자살행동의 예측 변인 중 하나라는 점에서 그 역시 문제가 있다.

비자살적 자해와 자살은 개념 정의에서 차이가 있다. 둘은 실행하는 행동에 있어서는 유사해 보이지만, 그 목적이 명백하게 다르다. 두 행동은 모두 자신을 향한 폭력(self-directed violence)이라는 보다 포괄적인 상위 개념 아래 속한다. 질병 통제 및 예방 센터는 자신을 향한 폭력을 물리적 폭력이나 힘을 자기 자신에 대해 의도적으로 사용하는 것으로, 상해, 사망, 심리적 위해, 발육 불능, 결핍을 초래하거나 초래할 가능성이 높은 행위라고 정의한다. 자신을 향한 폭력은 비자살적 자해와 자살행동을 포함한 광범위한 행동을 포괄한다. 자살행동은 죽음에 이르는 치명적인 자살 행위와 덜 치명적인 자살 행위 그리고 자살 사고(suicidal ideation)를 포함한다.

질병 통제 및 예방 센터는 자신을 향한 폭력을 국제적으로 중요한 공중 보건 문제로 규정했다. 자살은 (자신을 향한 폭력의 한 형태일 뿐인데도) 미국에서 열한 번째 주요 사망 원인이고 15세에서 24세에 이르는 연령대에서는 세 번째 주요 사망 원인이기 때문이다(Crosby, Ortega, & Melanson, 2011). 보다 더 많은 사람은 덜 치명적인 자살 기도와 비자살적 자해로 병원에 수용된다. 상담자들과 의료계 종사자들은 일부 비자살적 자해 행동을 자살 시도로 오진하기도 한다. 비록 많은 사람이 병원 응급실에서 의학적 치료를 받았다고 해도 자살 행위를 한 사람 중 50% 이상이 결코 의료 서비스를 찾지 않고(Crosby et al., 1999), 현재 비자살적 자해를 하는 사람 중 80%가 정신건강 서비스를 받고 있지 않다(Wester & Trepal, 2010). 따라서 자살행동과 비자살적 자해 행동 간의 미묘한 차이를 이해하는 것이 도움이 되지만 정신건강 전문가들이 자신을 향한 폭력에 관해 사회적 지원 노력에 참여하는 것도 중요하다(비자살적 자해에 대한 사회적 보호 노력에 대한 보다 자세한 내용은 제12장 참조).

자살적 자해 행동과 비자살적 자해 행동을 분리해 내기 어렵게 만드는 것은 두 행동이 보기에 유사하고(예: 자신의 팔을 면도날로 그은 상처), 둘 다 유사한 변인에 의해 예측된다는 것이다. 비자살적 자해와 자살행동을 예측하는 변인에는 우울, 불안, 외상 후 스트레스, 성적 또는 신체적 학대, 외현화 행동, 가족 문제가 있다. 자살과 비자살적 자해는 동반하여 나타나는 것으로 밝혀졌고 둘 사이의 연관성이 높다. 보다 구체적으로, 비자살적 자해를 하는 사람들로 사춘기 이전의 유소년들 중 10%, 청소년들 중 35%, 성인들 중 16~25%는 자살행동 역시 하는 것으로 나타났다(Hamza, Stewart, & Willoughby, 2012). 비자살적 자해와 자살이 동반해서 발생하는 비율은 성인들에게서 92%로 높았고, 이들 중 57%는 비자살적 자해와 자살 시도를 했고

35%는 비자살적 자해와 자살 사고를 함께하였다(Wester & McKibben, 2016). 이 둘의 동반 발생률이 이렇게 높기 때문에, 이 두 행동 간 차이를 구별할 수 있어야 한다.

비자살적 자해와 자살은 개념 정의에 있어서 다르다. 구체적으로 비자살적 자해는 자살을 목적으로 하지 않고 자신의 신체 조직에 즉각적인 손상을 일으키는 의도적인 자해라고 정의된다. 그러나 자살행동은 자기를 대상으로 한 행동으로 죽고 싶어 한다는 암묵적이거나 명시적인 증거가 있으며 의도적으로 자신에게 상해를 입히거나 상해를 입힐 가능성이 있는 행동이라고 정의된다. 비자살적 자해와 자살행동은 5개 차원에서 차이가 있는 것으로 나타났다. 이 5개 차원에는 유병률의 분포, 빈도, 방법, 심각성 그리고 기능/목적이 포함된다(〈표 3-1〉 참조).

[글상자 3-1] **자살과 비자살적 자해의 정의**

비자살적 자해

자살을 목적으로 하지 않고 자신의 신체 조직에 즉각적인 손상을 일으키는 의도적인 자해

자살행동

자기를 대상으로 한 행동으로 죽고 싶어 한다는 암묵적이거나 명시적인 증거가 있으며, 의도적으로 자신에게 상해를 입히거나 상해를 입힐 가능성이 있는 행동

〈표 3-1〉 자살과 비자살적 자해의 차이

	비자살적 자해	자살
유병률의 분포	널리 퍼져 있고 확산 정도가 높음	전체 인구 중 규모가 작은 하위 집단에 만연함
빈도	한 개인이 수십 번, 수백 번, 또는 수천 번에 걸쳐 실행함	한 개인이 한 번 또는 두세 번 실행함
방법	커팅이나 불에 지지는 것과 같은 다양한 방법이 사용되는데 모든 방법이 즉각적인 신체 조직의 손상을 초래함. 실행 방법의 유형은 목적이나 내성에 따라 달라질 수 있음	즉각적인 신체 조직의 손상을 초래할 수 있는 방법뿐만 아니라 약물 과다복용, 음독 등과 같은 비조직 손상 방법도 포함됨. 매 시도에 실행 방법의 유형은 거의 달라지지 않음
심각성	치명상에 이르거나 의학적 치료를 요하는 경우가 거의 없음	대개 의학적 치료가 필요하며 치명적인 상해를 초래할 수 있음
의도/목적	죽기 위함이 아니라 자신의 기능을 유지하거나 일시적으로 향상시키기 위하여	죽기 위해; 모든 경험을 끝내기 위하여

빈도와 유병률의 분포

자살이 주요 사망 요인이긴 하지만, 훨씬 더 많은 사람이 더 빈번하게 비자살적 자해를 한다. 자살행동과 비자살적 자해를 동시에 하는 사람의 경우를 생각해 보자. 이 사람은 정말 죽겠다는 생각으로 한 번의 자해 행위를 하기에 앞서, 자살 의도가 없는 열 번, 스무 번, 또는 아흔 번에 이르는 자해 행위를 할 수 있다. 한 사람이 자해 행위를 하는 빈도는 연간 평균 80회에 달하는 반면(Nock & Prinstein, 2004), 일생 동안 자살 시도를 하는 평균 횟수는 2.8회인 것으로 밝혀졌다(Nock, Joiner, & Gordon, 2006). 이처럼 자살행동에 비해 비자살적 자해가 더 빈번하게 행해진다. 또한 자살과 비자살적 자해의 동반 발생 비율이 높다고 해도 비자살적 자해를 하지만 자살 사고나 시도를 한 적은 전혀 없다고 말하는 사람들도 있다(Wester &

McKibben, 2016). 자살행동과 비자살적 자해 행동이 동반하여 발생하는 건 사실이지만, 비자살적 자해 사고와 자살 사고가 동반 발생하는 경우는 거의 없다. 따라서 바버라가 자신의 감정을 조절하고 생각을 통제하기 위해 커팅할 생각을 하고 있다면(비자살적 자해), 대개는 자살할 생각도 동시에 하고 있지는 않을 것이다(자살). 비자살적 자해 사고와 자살 사고가 동시에 발생하는 경우는 다 해야 5% 미만이다(Nock, Prinstein, & Sterba, 2010). 이 둘이 동시에 발생할 때는 비자살적 자해가 자살 시도를 저지하거나 지연시키는 데 사용되는 것으로 보인다.

방법

자살행동의 방법과 비자살적 자해가 종종 서로 동일해 보이지만 서로 다르기도 하다. 대부분의 사람은 비자살적 자해 행동을 하는 데 하나 이상의 방법을 사용한다. 청소년과 청년이 사용하는 자해 방법은 평균 두세 개이며 어떤 이들은 일생에 걸쳐 열한 개에 달하는 방법을 사용하기도 한다. 어떤 사람은 자살 의도 없이 커팅을 하거나 불에 지지는 자해를 하는 반면, 어떤 사람은 상처를 잡아 뜯고 머리카락을 잡아 뽑는 것에서 커팅하고 불로 지지는 것에 이르는 보다 다양한 방법을 사용한다고 말한다. 이렇게 자해 방법을 바꾸는 것은 각각의 방법이 사용되는 이유가 정해져 있어서일 것이다. 예컨대, 감정 조절을 위해서는 커팅을 하지만 자기처벌을 위해서는 불로 지지기를 하는 것이다. 또는 내성이 증가해서일 수도 있다. 즉, 동일한 결과(예: 감정 조절)를 얻기 위하여 더 강도 높은 형태의 비자살적 자해를 해야 한다는 것이다. 비자살적 자해를 하는 데 사용되는 방법이 몇 개가 되든 간에, 각 방법은 즉각적인 신체 조직의 손상을 야기한다(예: 머리카락을 잡아 뽑는 행위는 모낭에 조직 손상을 입히고, 커팅은 피부와 피하 조직에 손상을 입힌다).

한 번 이상 자살 시도를 한 사람들은 동일한 방법을 사용하는 경향이 있다. 즉,

자살 시도를 할 때마다 방법을 바꾸지는 않는다(Berman et al., 2006). 나아가 자살행동을 하는 데 사용하는 방법과 비자살적 자해를 하려고 선택하는 방법이 때로 다른 경우도 있다. 비록 종종 그 둘이 동일해 보이기도 하지만 말이다. 예를 들어, 자살 시도에 사용되는 방법은 즉각적인 조직 손상을 야기하는 방법(예: 면도날로 자기 몸을 커팅하기)과 그렇지 않은 방법(예: 음독, 약물 과용)을 모두 포함한다. 비자살적 자해와 자살을 목적으로 동일한 유형의 방법을 사용해서 자해를 하는 경우에도, 그 방법은 다소 차이가 날 수 있다. 팔뚝에 커팅을 가로로 하느냐 또는 세로로 하느냐, 다리에 커팅을 하느냐 또는 혈관에 커팅을 하느냐, 신체의 동일한 지점에 커팅을 하더라도 가위를 사용하느냐 또는 면도날을 사용하느냐와 같이 미묘한 차이 일지라도 말이다.

심각성과 의도

상해의 심각성은 목적과 관련이 있다. 즉, 비자살적 자해의 목적은 계속 살고 기능하며 삶과 사람들과 관계를 맺는 것이다. 반면, 자살의 목적은 삶을 완전히 끝내는 것, 살기를 멈추는 것이다. 따라서 자살을 시도할 때 가해진 위해의 심각성은 비자살적 자해의 경우보다 훨씬 더 심각하다. 비자살적 자해가 의도하지 않았지만 우발적으로 중증 상해나 치명상을 초래할 수 있다는 점도 유의해야 한다. 이런 일이 일어나는 것은 대개 충동적인 행동 때문인데, 너무 높은 수준의 불쾌 감정이나 생각에 휩싸인 나머지 통제력을 잃고 무모하고 생각 없는 행동을 하거나 마약이나 술 같은 약물에 취한 상태에서 일어난다. 따라서 내담자가 의도치 않은 사고사, 감염, 또는 중증 상해를 당하지 않도록 확실히 하기 위해서는 충동적 행동에 대해 내담자를 평가하는 것이 도움이 된다. 이와 더불어 비자살적 자해 방법의 심각성을 평가하고(예: 의학용 메스를 사용하느냐 또는 무딘 가위를 사용하느냐), 심각한 상처나 고의로 치유하지 않는 상처는 없는지 확인하며, 비자살적 자해가 본질적으로 만성적인지 여부(즉, 비자살적 자해를 지속해 온 시간의 길이)를 판단하고, 이전이나 현재 사용하는 자해 방법에 대한 내성의 발달 및 다른 약물의 영향하에서 비자살적 자해를 하는지 여부를 평가해야 한다. 비자살적 자해와 관련된 평가에 대한 보다 자세한 논의는 제4장에서 제시한다.

비록 비자살적 자해와 자살행동이 다르지만, 비자살적 자해가 자살행동에 대한 강력한 예측 변인이라는 것이 밝혀졌다. 비자살적 자해는 우울, 무망감, 외상 후 스트레스, 어린 시절의 학대를 포함한 다른 어떤 예측 변인들보다 더 강력한 예측 변인이다(Hamza et al., 2012). 비자살적 자해의 평생 및 현재 유병 여부는 둘 다 자살 사고와 자살 시도를 예측하는 것으로 밝혀졌다(Andover & Gibb, 2010; Glenn & Klonsky, 2009; Nock et al., 2006; Wester, Ivers, Villalba, & Trepal, 2016; Whitlock & Knox, 2007). 보다 최근에는 비자살적 자해의 현재 유병 여부가 평생 유병 여부보다 자살 사고를 더 강력하게 예측하는 변인이라고 밝혀졌다(Wester et al., 2016). 자살 사고를 예측하는 데는 비자살적 자해에 대한 현재 유병 여부뿐만 아니라 자해를 하는 데 사용하는 방법의 개수도 중요하다. 비자살적 자해를 하는 데 사용하는 방법이 많을수록, 자살 사고도 함께하고 있을 가능성이 높다. 이를 실제 상황을 바탕으로 생각해 보자. 이는 어떤 사람이 자신을 할퀴고 면도날로 커팅을 하고 피부를 불로 지져서 자해를 한다면 오직 커팅만 하는 사람보다는 자살 사고를 할 가능성이 더 높다는 것을 뜻한다. 여러 방법을 사용하는 것은 각각의 방법이 다른 목적을 가지고 있기 때문이거나 기존에 사용한 방법에 대한 내성이 증가한 데 따른 것일 수 있다.

제2장에서 논의한 감정 조절 모형을 고려해 본다면, 비자살적 자해는 원래 있던 걱정거리로부터 벗어나게 하여 일시적인 안도감을 제공해 준다. 그러나 결국에는 자해 방법에 대한 내성이 길러지고(Wester & McKibben, 2016), 그 결과 지금 방법의 강도를 높이거나 완전히 새로운 방법으로 바꿀 필요가 생긴다. 32세의 한 여성이 자신의 자해에 관해 들려 준 이야기는 시간이 지남에 따라 다양한 자해 방법에 대해 내성이 생긴다는 것을 보여 준다.

> 7학년이 되었을 때, 화를 다스리는 방법으로 몸을 향초나 촛농으로 지지기 시작했어요. …… 고통이 감정을 빠르게 둔화시킬 수 있다는 걸 알게 되었어요! 커팅으로 방법을 바꿨는데 처음에는 커터 칼로 긋다가 8학년이 되어서는 일회용 면도날을 사용했어요. 고등학교 2학년 때에는 어디를 가든 일회용 면도기를 가지고 다니면서 하루에도 여러 번 커팅을 했어요. 부정적인 감정을 다루기 위한 방법으로 시작한 것이 통제력을 느끼는 방법으로 빠르게 변화했어요. 카페테리아에 있다고 한 메뉴가 없다고? 그었어요. 숙제가 제대로 되지 않았어? 그었어요. 여동생이 시내 주차장에 나를 세 시간 동안 버려 두었다고? 긋고, 긋고, 또 그었어요. 고등학교를 마칠 때쯤에는 커팅을 너무 많이 해서 잠깐씩 정신을 잃곤 할 정도였어요. 나는 커팅에 관해 매우 비밀스럽고 영리했어요. 허벅지. 가슴. 몸통. 아무도 볼 수 없는 곳. 하지만 똑같은 효과를 얻기 위해 점점 더 많이, 더 깊게 커팅을 해야만 했어요.

그녀의 경험은 자해 방법이 어떻게 시간에 따라 변하고 바뀔 수 있는지, 하지만 처음 피부를 불로 지졌을 때와 동일한 효과의 통제감을 얻기 위해서는 더 빈번하고 더 심각하게 자해를 해야만 했다는 것을 보여 준다. 내성에 대한 또 다른 예로, 45세의 여성은 비자살적 자해에 관한 자신의 궤적을 이야기해 준다. "네 살 때 안전핀으로 자해를 시작했어요. 어린 시절 내내 문에 머리를 부딪치고 손바닥을 연필로 찌르는 것과 같은 무감정한 일들을 했어요. 열 살 때 …… 못으로 흔들리는 유치를 뽑아냈어요. 열두 살에는 면도날로 바꾸고 일종의 의식(동일한 면도날과 헝겊을 사용하기, 특정한 음악을 틀기, 거울을 보기, 비슷한 시간 동안 커팅하기)을 치름으로써 무아지경 상태에 머물도록 발전시켰어요." 이 사례에서 여성은 작은 조직 손상을 일으키는 가벼운 자해(즉, 안전핀)로 시작했지만 시간이 지남에 따라 면도날을 사용해서 커팅을 하는 보다 심각한 비자살적 자해로 점차 악화되었다는 것을 알 수 있다.

내성이 높아지면 선택한 자해 방법이 더 이상 효과가 없고, 더 이상 감정을 조절해 주지 못하며, 그 행위의 원래 목적이나 목표에 부응하지 못하기 때문에, 방법을 바꾸거나 보다 정도가 심한 비자살적 자해(예: 칼로 더 깊은 상처를 내기)를 하게 된다. 감정에 대처하거나 조절하기 위해 비자살적 자해를 사용하는 것인데, 이 방법이 더 이상 효과를 발휘하지 못한다면 무망감, 즉 아무것도 더 나아지지 않고 자신이 하는 일이 모두 쓸모없다는 감정이 자리 잡게 된다. 이는 자살 사고–생을 끝내고 싶다는 욕구–를 야기할 수 있는데, 그가 현재의 감정이나 처지에서 벗어날 수 있는 방법을 찾을 수 없기 때문이다. 자해 방법의 수는 자살행동과 정적 연관성을 가진 것으로 밝혀졌으며, 특정한 방법과도 연관성이 있는 것으로 밝혀졌다. 커팅, 불로 지지기, 피부 도려내기 등 보다 강도 높은 비자살적 자해 방법이 덜 심각하거나 온건한 형태의 비자살적 자해, 예를 들어 머리카락을 잡아 뜯거나 자신을 깨무는 등의 방법에 비해 자살행동에 대한 보다 강력한 예측 변인들이다(Favaro et al., 2008; Lloyd-Richardson, Perrine, Dierker, & Kelley, 2007; Tang et al., 2011).

흥미로운 사실은 비자살적 자해의 실행 여부 및 사용하는 방법의 개수와 유형이 자살행동의 강력한 예측 변인이라고 밝혀진 데 반해 비자살적 자해 실행의 빈도는 아무런 연관성을 보이지 않는다는 것이다(Nock et al., 2006; Wester et al., 2016). 즉, 자살 사고나 자살 시도는 그 사람이 비자살적 자해를 한 번 했든 천 번 했든 아무런 영향을 받지 않는 것으로 보인다. 중요한 것은 아마도 비자살적 자해를 몇 번 했느냐보다는 실행한 비자살적 자해가 실제로 효과가 있었느냐인 것 같다. 예를 들어, 샘이 자신이 제출한 보고서가 기대보다 낮은 성적을 받아서 커팅을 했고 이를 통해 안도감과 통제감을 느끼게 되었다면, 시험이나 과제물 점수가 기대보다 낮을 때마다 커팅을 계속 할 것이다. 그는 비자살적 자해를 다른 상황, 축구나 미식축구 등 자신의 수행이 완벽하지 못했다고 느끼는 상황으로 전이할 수도 있다. 따라서 그의 커팅 빈도는 늘어날 것이다. 그러나 커팅이 샘에게 효과가 있고 그래서 여전히 그를 진정시키고 통제감을 되찾는 데 도움이 된다면, 커팅을 계속하는 것이 무망감이나 자살 사고를 유발하지는 않을 것이다. 왜냐하면 그가 선택한 대처 방법(즉, 비자살적 자해)이 지금은 그에게 효과를 발휘하고 있기 때문이다. 만약 커팅이 샘에게 더 이상 효과를 발휘하지 못한다면, 즉 동일한 정도의 안정감을 얻기 위해서는 더 자주 긋고, 더 깊이 긋고, 나아가 불에 지지는 등의 다른 방법으로 바꿔야 한다면, 그의 원래 방법인 커팅 또는 비자살적 자해가 더 이상 그에게 효과를 발휘하지 못한다는 것을 뜻한다. 샘은 아마도 그가 선택한 원래의 커팅 행동에 대해 내성이 생겼을 것이다. 따라서 자살행동을 예측하는 데 있어, 비자살적 자해의 실행 빈도보다는 실제 실행 여부 또는 자해 방법의 개수가 보다 강력한 지표이다.

비자살적 자해와 자살을 연결하는 이론

비자살적 자해와 자살이 **왜** 연결되는가를 설명하기 위하여 다양한 이론이 제시되었다. 이 이론들을 충분히 고찰하는 것은 이 책의 범위를 넘어서기에, 세 개 이론—게이트웨이 이론, 자살에 관한 대인-심리학적 이론, 제3의 가변이론—에 대한 간략한 논의를 통하여 비자살적 자해와 자살이 어떻게 연결되어 있는지에 대한 몇 가지 핵심적인 주장을 제시하고자 한다.

게이트웨이 이론

게이트웨이 이론(gateway theory)은 Stanley, Winchell, Molcho와 Simeon(1992)이 처음 제안한 것으로, 비자살적 자해와 자살행동이 연속선상에 존재하고 두 행동이 비록 목적은 다르지만 행동적·경험적으로 유사한 자질을 공유하고 있다고 설명한다. 이 이론은 비자살적 자해가 자살행동의 발달을 선행하며, 자살행동은 실제로 빈도나 심각성을 포함하여 비자살적 자해 행동이 악화되거나 증가하는 데서 비롯된다고 주장한다. 이 이론 모형은 약물 남용을 포함한 여타의 자기훼손 모형에 기반을 두고 있다. 예를 들어, 연구자들은 마리화나가 더 극단적이고 심각한 마약 사용으로 가는 관문이 되는 마약이라고 설명한다. 게이트웨이 이론의 근거는 비자살적 자해의 평생 및 현재 유병 여부, 자해 방법의 개수, 방법의 유형이 자살행동을 예측한다는 점에서 찾을 수 있다.

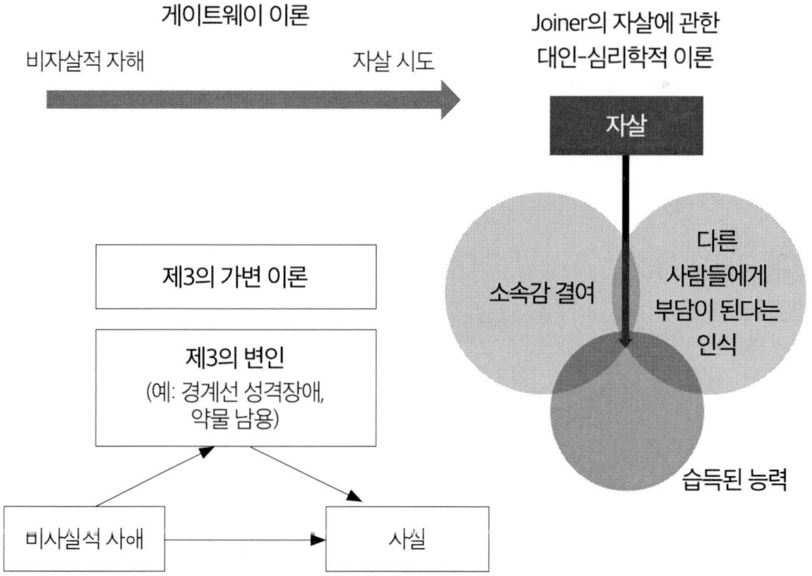

[그림 3-1] 자살 이론들에 대한 수정된 그림 모형

자살에 관한 대인-심리학적 이론

Joiner는 그의 자살에 관한 대인-심리학적 이론(interpersonal-psychological theory of suicide)에서 사람이 자살과 같이 의도적으로 자신을 해칠 수 있는 능력이 요구되는 행동을 실행에 옮기기 위해서는 자신에게 위해나 신체적 고통을 일으키는 것에 대한 두려움을 이겨 내야 한다고 말했다. 이런 점에서 그는 Stanley 등(1992)의 견해에 어느 정도는 동의한다고 할 수 있다. Joiner는 그런 두려움을 극복하고 자살행동을 하게 되는 과정을 **습득된 능력**(acquired capability)이라고 명명한다. 비자살적 자해는 개인이 자신에게 해를 입힐 능력을 습득할 수 있는 많은 방법 중 하나이다. 그가 언급한 다른 방법들로는 여러 번의 수술, 가정 폭력 및 다른 형태의 신체적 상해 등이 있다. 비자살적 자해는 사람이 자신의 신체에 해를 입히고 고통을 초래하는 데 따르는 공포에 무감각해질 수 있는 방법 중 하나이다. 일반적으로 이렇게 공포에 무감각해지는 과정이 자살행동을 하는 데 필요하다. 습득된 능력이 Joiner의 자살에 관한 대인-심리학적 이론의 유일한 구성 요인은 아니지만, Joiner가 자살 사고에서 자살 시도로 이행하는 데 필요한 조건으로 간주한 유일한 요인이다. 이 이론 역시 경험 연구에 의해 뒷받침되었다.

제3의 가변 이론

비자살적 자해와 자살을 연결하는 또 하나의 이론으로 제3의 가변 이론(third variable theory; Hamza et al., 2012)이 있다. 이 이론에 따르면, 자살과 비자살적 자해는 근본적으로 전혀 연관성이 없으며, 사실은 그럴듯해 보이는 외적 변인, 예를 들어 심리적 장애(예: 경계선 성격장애) 또는 행동(예: 약물 남용)을 통해서 연결되어 있다는 것이다. 이런 외적 변인은 비자살적 자해와 자살행동 둘 다에 대한 위험을 증가시켜서 그 결과 둘 간의 상관관계가 나타나게 되는데, 이는 단순히 그 둘이 함께 발생하기 때문이지 직접적인 연관성이 있기 때문은 아니라는 것이다. 이를 이해하기 위한 다른 예를 들어 보면, 연구자들은 아이스크림의 소비가 절도 및 강도 발생률과 정적 연관성을 보인다는 사실을 발견했다. 즉, 아이스크림의 판매와 소비가 늘어날수록 절도 및 강도가 발생하는 횟수도 늘어난다는 것이다. 이런 연관성은 상식적으로 전혀 말이 되지 않는다. 대부분의 사람이 아이스크림을 사 먹고는 빈집에 찾아가 뭔가 훔치려고 문을 따고 들어가지는 않을 테니 말이다. 이 두 행동 간의 연관성은 실제로는 기온, 즉 날씨로 인한 것이다. 구체적으로 말하자면, 날씨가 더 좋고 기온이 더 올라가는 여름 몇 달 동안 아이스크림이 더 많이 소비된다. 이때가 또한 여러 가족이 방학이나 휴가를 위해 집을 떠나고, 그래서 절도나 강도가 일어날 가능성이 더 높아지는 시기이기도 하다. 그러므로 아이스크림을 먹는 것과 강도 사건은 둘 다 날씨 및 높은 기온과 관련이 있지만, 그렇다고 그 둘이 반드시 서로 연관성이 있다고는 할 수 없다. 이러한 연관성은 겉으로 그럴듯해 보이지만 실재하지 않는 허구이다. 이와 똑같은 논리가 제3의 가변 이론의 바탕에 깔려 있다. 이 이론은 경계선 성격장애와 같은 심리적 장애에 대한 연구를 통해서도 뒷받침되었다. 경계선 성격장애를 가진 사람들은 비자살적 자해와 자살행동이 모두 증가하는 것처럼 보이는데(Jacobson, Muehlenkamp, Miller, & Turner, 2008; Nock et al., 2006), 이 두 행동이 서로 연결되어 있다기보다는 각자 경계선 성격장애와 연결되어 있다는 것이다.

Hamza와 동료들(2012)은 이 세 비자살적 자해 모형 모두 궁극적으로는 더 큰 통합 모형으로 결합되어야 한다고 주장한다. 이들 제3의 외적 변인이 실제 비자살적 자해와 자살이 함께 발생할 위험성을 증대시킨다는 것을 이해하고, 비자살적 자해와 자살행동에 대한 경험 연구와 임상 평가에서 경계선 성격장애와 같은 '제3의 변인들'을 고려하고 통제해야 한다는 것이다. Hamza와 동료들은 또한 매우 많은 연구에서 비자살적 자해가 자살행동을 예측하는 것으로 나타난 점을 들어, 이 둘의 연관성을 단순히 무시하거나 완전히 허구라고 간주할 수는 없다고 하였다. 어쩌면 사실은 비자살적 자해가 개인이 자살행동을 할 능력을 습득하도록 도와주는 관문이 되는 행동일 수 있다. 그래서 이들 세 모형이 모두 결합될 때 비로소 비자살적 자해가 자살행동으로 전이되거나 자살행동이라는 결과를 초래하는 데 완벽한 조건이 만들어지는 것일 수도 있다.

그러나 비자살적 자해가 사람을 공포에 무감각하게 만들어 자살행동에 이르게 할지라도, 그 자살행동이나 시도가 연속선의 끝은 아니라는 점을 유념할 필요가 있다. 대부분의 연구자가 비자살적 자해와 자살이 연속선상에 있다고 설명했지만, 그보다는 일종의 사이클로 이해되어야 한다. 처음에 사람들은 경미한 또는 온건한 형태의 비자살적 자해(예: 자신을 할퀴기, 머리 잡아 뽑기, 자신에게 주먹질하기)로 시작하지만 내성이 증가함에 따라 보다 강도가 높은 방법(예: 커팅하기, 불에 지지기)을 찾게 되고, 이는 자살 사고로 이어져서 이를 증가시킨다. 어떤 사람이 자살 시도를 하는 경우에도 강렬한 불쾌 감정을 완화하거나 사회적 상황을 통제하기 위해서 비자살적 자해를 계속할 수도 있다. 비록 과거의 자살 시도가 미래의 자살 시도를 예측하는 게 사실일지라도, 그들은 장기간에 걸쳐 혹은 그 이후로 아예 자살 시도를 하지 않을 수도 있다. 즉, 비자살적 자해와 자살은 연속선상에 있으면서 서로 관련되어 있다는 사실을 이해하는 것이 중요하다. 다만 이 관계를 이루는 맥락에는 다른 많은 요인이 있어서 이 관계에 영향을 미친다.

마지막으로, 비자살적 자해가 자살과 관련되어 있고 자살행동을 예측하지만, 다른 한편으로는 실제 자살 시도를 막고 보호하는 것으로 밝혀진 점도 유념해야 한다. 보다 구체적으로, 37%의 사람이 자살 시도 욕구를 지연시킬 수 있다면 죽음으로써 생을 끝내고 싶다는 열망이 사라질 거라는 걸 알기 때문에 자신의 자살 시도를 멈추거나 미루기 위해 비자살적 자해를 한다고 하였다. 18세의 한 소녀가 말하기를, "때로는 자해가 내가 자살하는 걸 막아 주는 유일한 방법이었어요. 그건 일종의 타협이나 중간 지점 같은 것이었죠. 내가 실제로 나 자신을 죽일 수 없다면, 당분간은 나에게 상처를 입히는 것으로 충분하다 같은 거였어요." 21세의 남성은 직접적으로 언급하기를, "자해를 하는 것이 여러 번 자살하지 않도록 나를 막아 줬어요." 그러므로 내담자가 먼저 다른 대처 기술을 습득하기에 앞서 비자살적 자해 행동을 제거해서는 안 된다.

자살과 비자살적 자해를 구별하기

이제 문제는 내담자와 치료 작업을 할 때 자살과 비자살적 자해를 어떻게 구별해 내는가이다. 비자살적 자해와 자살은 둘 다 자해 행동이라는 유사성 외에도, 몇몇 동일한 변인에 의해 예측되는데, 공통적인 예측 변인들로는 신체적 또는 성적 학대와 같은 과거의 트라우마, 우울, 대인관계나 가족 간 불화, 충동성, 고립, 즉 혼자라는 느낌, 또는 다양한 심리적 장애나 증상이 있다. 이로 인해 심리평가를 하는 과정에서 이 둘을 구별하기 어려워진다. 또한 각각의 자해 에피소드를 개별적으로 평가해야 하는데, 한 에피소드는 비자살적 자해인 반면 다른 에피소드는 자살일 수도 있기 때문이다. 그리고 또 다른 에피소드는 이 두 형태의 자신을 향한 폭력이 혼합된 경우로서 의도적으로 자살을 하려고 시작했다가 자해만 하고 계속 살기로 하거나 그 반대의 경우도 있어 상황은 더 혼란스러워진다.

심리평가의 첫 번째 과정은 내담자나 환자 자신에게 그가 한 행동과 그 행동의 이면에 있는 의도에 대해 물어보는 것이다. 그들은 자해의 형태를 어떻게 묘사하는가? 그 행동이 의도적으로 자살하기 위한 것인가, 아니면 계속 살아가기 위한 것인가? 따라서 다음과 같이 질문을 분리해서 하는 것이 중요하다. "당신 자신에게 상해를 입히고 싶거나 입혔던 적이 있습니까?"와 "자살하고 싶은가요? 자살 시도를 해 본 적이 있습니까?" 이렇게 질문을 분리하면 두 가지 목적에 도움이 된다. 하나는 내담자가 자살을 시도한 적이 있거나 자살 시도를 현재 고려하고 있는지를 명료화하는 것으로, 이는 상담자인 당신에게 매우 중요한 정보를 제공해 준다. 두 번째로는 당신이 자살과 비자살적 자해 행동이 다르다는 것을 잘 알고 있다는 것을 내담자에게 보여 주는 것으로, 이는 내담자가 당신에게 비자살적 자해에 대해 이야기 할 가능성을 높여 준다. 상담자와 내담자 간에 이런 의사소통의 통로를 열 수 있어야만 내담자가 자신의 자해 행동에 대하여 목적, 이유, 기능, 방법 등을 포함하여 더 많은 정보를 기꺼이 공유하려고 할 것이다. 한 내담자는 이 책의 제1저자에게 보다 기분이 좋아지고 안정감을 느끼기 위해 비자살적 자해를 한다고 말하였다. 그녀는 커팅과 불에 지지기를 둘 다 사용해서 극심한 분노와 불안감을 완화하려고 자해를 했고, 엄마에게 버림받았다고 느낄 때도 자해를 했다. 또한 그녀가 비자살적 자해를 하는 또래와 데이트하기 시작했을 때 비자살적 자해 행동이 증가했고, 그 관계가 끝났을 때 여전히 자해를 하고 있긴 해도 그 빈도가 함께 줄어들었다고 말했다. 그런데 자해 방법, 빈도, 목적, 기능 그리고 상황적 연관성에 관한 이러한 논의를 통해서 그녀가 자해 도구를 어디에 숨기는지도 드러났다. 예를 들어, 더 자주 자해하기 시작했을 때, 그녀는 휴대폰 배터리에 면도날을 숨겨서 학교에 가져갈 수 있었고 부모님도 쉽게 찾지 못했다고 말했다. 여러 차례 상담 회기를 가진 후, 이러한 대화를 통해서 이 내담자는 비자살적 자해에 대한 생각이 언제 자살 사고로 변화하는지도 밝혀졌다. 이렇게 내담자들과 의사소통의 통로를 열게 되면, 비자살적 자해가 어떤 기능을 하는지 이해하고 무엇이 비자살적 자해이고 무엇이 자살인지 구별하는 데 도움이 된다.

실제 자살 행동과 비자살적 자해 행동에 관해 질문하는 데 더해서, 자살 사고에 대해서도 별도로 질문할 필요가 있다. 즉, 비자살적 자해의 실제 실행, 자살 시도 그리고 자살 사고 또는 자해 사고를 분리해서 질문해야 한다. 자살 사고는 비자살적 자해와 자살 시도에 모두 관련이 있다(Mehlenkamp & Gutierrez, 2004). 이 둘을 정말 명백하게 구별하는 유일한 요인은 삶에 대한 전망이나 인식이다. 구체적으로 삶에 대해 염증을 보다 많이 느끼는 사람들이 자살 시도를 했을 가능성이 더 높다. 삶에 대한 염증은 삶에 대한 부정적인 태도이고, 각자의 인식에 따라 개인이 삶에서 겪은 부정적인 경험의 양을 설명해 준다. 따라서 보다 부정적인 경험을 많이 겪었다고 말하는 사람일수록 삶에 대해 혐오감을 느끼고 잠재적으로 자살 시도를 할 가능성이 더 높다. 반면, 삶에 대해 보다 긍정적인 인식을 가진 사람이라면 비자살적 자해 행동만 할 가능성이 더 높을 것이다.

자살과 비자살적 자해의 예측 변인들이 유사하지만, 비자살적 자해와 자살 시도를 모두 하는 사람들은 과거에 자살 시도를 한 적이 없고 비자살적 자해만 하는 사람들보다 한결같이 높은 수준의 우울, 무망감, 충동성 그리고 자살 사고를 보인다(Dougherty et al., 2009; Muehlenkamp & Gutierrez, 2004). 그러므로 자살 사고 및 내담자의 자기보고 외에도, 우울, 충동성, 무망감의 수준을 평가하는 것은 자살이냐 또는 비자살적 자해냐를 파악하는 데 있어 중요한 고려 사항이다. 앞서 언급한 바와 같이 자해 방법을 평가하는 것도 중요하다. 자살 시도에 사용되는 방법은 여러 번의 시도에도 거의 바뀌지 않지만, 비자살적 자해에 사용되는 방법들과는 다소 차이가 있을 수 있기 때문이다. 비자살적 자해 평가에 대한 보다 세부적인 정보는 제4장에서 다룬다.

결론

비자살적 자해와 자살은 그 개념 정의상 차이가 있지만, 예측 변인과 자기 훼손에 사용되는 일부 행동에 있어 유사하다. 비자살적 자해가 자살행동으로 귀결된다는 이론적 입장이 있으며 궁극적으로는 자살행동의 매우 강력한 예측 변인 가운데 하나라는 점이 경험 연구를 통해 입증되었다. 그러나 그 둘은 동일한 것이 아니며, 때로 비자살적 자해가 자살행동의 실행을 막는 데 사용되는 경우도 있다. 그러므로 상담자들은 반드시 철저한 평가를 통해 내담자의 행동을 정확하게 이해하고 각각의 내담자에게 있어 자살과 비자살적 자해가 어떻게 연결될 수 있는지 이해해야 한다.

참고문헌

Andover, M. S., & Gibb, B. E. (2010). Non-suicidal self-injury, attempted suicide, and suicidal intent among psychiatric inpatients. *Psychiatry Research, 178*, 101-105.

Berman, A. L., Jobes, D. A., & Silverman, M. M. (2006). *Adolescent suicide: Assessment and intervention* (2nd edition). Washington, DC: American Psychological Association.

Crosby, A. E., Cheltenham, M. P., & Sacks, J. J. (1999). Incidence of suicidal ideation and behavior in the United States. *Suicide and Life-Threatening Behavior, 29*, 131-140.

Crosby, A. E., Ortega, L., & Melanson, C. (2011). *Self-directed violence surveillance: Uniform definitions and recommended data elements*. Atlanta, GA: Center for Disease Control and Prevention, National Center for Injury Prevention and Control.

Dougherty, D. M., Mathias, C. W., Marsh-Richard, D. M., Prevette, K. N., Dawes, M. A., Hatzis, E. S., Palmes, G., & Nouvion, S. O. (2009). Impulsivity and clinical symptoms among adolescents with non-suicidal self-injury with or without attempted suicide. *Psychiatry Residency, 30*, 22-27.

Favaro, A., Santonastaso, P., Monteleone, P., Bellodi, L., Mauri, M., Rotondo, A., Erzegovesi, S., & Maj, M. (2008). Self-injurious behavior and attempted suicide in purging and bulimia nervosa: Associations with psychiatric comorbidity. *Journal of Affective Disorders, 105*, 285-289.

Glenn, C. R., & Klonsky, E. D. (2009). Social context during nonsuicidal self-injury indicates suicide risk. *Personality and Individual Differences, 46*, 25-29.

Hamza, C. A., Stewart, S. L., & Willoughby, T. (2012). Examining the link between nonsuicidal self-injury and suicidal behavior: A review of the literature and an integrated model. *Clinical Psychology Review, 32*, 482-495.

Jacobson, C. M., Muehlenkamp, J. J., Miller, A. L., & Turner, J. B. (2008). Psychiatric impairment among adolescents engaging in different types of deliberate self-harm. *Journal of Child and Adolescent Psychology, 37*, 363-375.

Lloyd-Richardson, E. E., Perrine, N., Dierker, L., & Kelley, M. L. (2007). Characteristics and functions of non-suicidal self-injury in a community sample of adolescents. *Psychological Medicine, 37*, 1183-1192.

Muehlenkamp, J. J., & Gutierrez, P. M. (2004). An investigation of differences between selfinjurious behavior and suicide attempts in a sample of adolescents. *Suicide and Life- Threatening Behavior, 34*, 12-23.

Nock, M. K., Joiner, E. E., Gordon, K. H., Lloyd-Richardson, E., & Prinstein, M. J. (2006). Nonsuicidal self-injury among adolescents: Diagnostic correlates and relation to suicide attempts. *Psychiatry Research, 144*, 65-72.

Nock, M. K., & Prinstein, M. J. (2004). A functional approach to the assessment of selfmutilative behavior. *Journal of Consulting and Clinical Psychology, 72*, 885-890.

Nock, M. K., Prinstein, M. J., & Sterba, S. K. (2010). Revealing the form and function of self-injurious thoughts and behaviors: A real-time ecological assessment study among adolescents and young adults. *Psychology of Violence, 1*, 36-52.

Stanley, B., Winchell, R., Molcho, A., Simeon, D., & Stanley, M. (1992). Suicide and the selfharm continuum: Phenomenological and biochemical evidence. *International Review of Psychiatry, 4,* 149-155.

Tang, J., Yu, Y., Wu, Y., Du, Y., Ma, Y., Zhu, H., et al. (2011). Associations between nonsuicidal self-injuries and suicide attempts in Chinese adolescents and college students: A cross sectional study. *PLoS One, 6*(4), e17977. Retrieved from http://dx.doi.org/10.1371/ journal.pone.0017977.

Wester, K. L., Ivers, N., Villalba, J. A., & Trepal, H. C. (2016). The relationship between nonsuicidal self-injury and suicidal ideation. *Journal of Counseling & Development, 94,* 3-12.

Wester, K. L., & McKibben, B. (2016). Participant's experiences of nonsuicidal self-injury: Supporting existing theory and emerging conceptual pathways. *Journal of Mental Health Counseling, 38,* 12-27.

Wester, K. L., & Trepal, H. C. (2010). Coping behaviors, abuse history, and counseling: Differentiating college students who self-injure. *Journal of College Counseling, 13,* 141-154.

Whitlock, J., & Knox, K. L. (2007). The relationship between self-injurious behavior and suicide in a young adult population. *Archives of Pediatric Adolescent Medicine, 161,* 634-640.

제2부

평가와 진단상의
고려 사항

제4장

접수면접, 1차 평가 그리고 치료적 관계

매우 많은 사람이 비자살적 자해(NSSI)를 하고 있다고 말하는 데 반해, 그중 약 20%만이 정신건강 서비스를 받고 있고, 또 그중 오직 절반만이 상담자에게 자해를 한다고 밝힌다는 사실에 유의해야 한다(Wester, Downs, & Trepal, 2016; Wester & Trepal, 2015). 그래서 다음과 같은 질문이 필요하다. '자해를 하는 사람들은 왜 치료를 받으려 하지 않는가?' 그리고 '그들은 치료를 받을 때, 왜 자해를 한다는 사실을 상담자에게 말하지 않는가?'

불행히도 답은 간단하다. 대부분의 내담자는 다음과 같은 다양한 이유로 상담자나 다른 의료 서비스 제공자들에게 비자살적 자해에 대해 말하지 않는다. 예컨대, 비자살적 자해는 혼자서 비밀리에 행해진다. 내담자는 그 행동에 대한 타인의 평가를 두려워하거나 이미 자기 자신이 죄책감을 느낄 수 있다. 이전에 다른 사람들이 비자살적 자해에 대해 알게 되었을 때 그들로부터 부정적인 반응과 평가를 받았을 수도 있다. 비자살적 자해가 자살행동으로 오인될지 모른다는 두려움이나 비자살적 자해를 할 선택권에 있어 자율성을 잃어버릴 거라는 두려움도 있을 수 있다. 그 이유가 무엇이든지 간에, 정신건강 전문가는 내담자가 자신의 자해 행동을 잘 밝히지 않는다는 점을 인식하고 내담자가 비자살적 자해에 대해 이야기하고 치료 회기에서 다루고자 하는 마음이 커지는 데 도움이 되는 활동들을 해야 한다.

도움을 청하는 대상이 반드시 정신건강 전문가와 의사에 국한되는 것은 아니다. 교사, 교수, 성직자, 가족, 친구 등 다른 많은 이에게 도움을 구할 수도 있다. 그러나 모든 사람이 자신의 비자살적 자해 행동에 대해 다른 사람에게 도움을 구하는 것은 아니다. 구체적으로 23%의 사람은 자해에 관해 도움을 구해 본 적이 전혀 없다고 했고, 다른 사람들은 최소한도로(평균적으로 단 두 사람에게; Wester & McKibben, 2016) 도움을 구했다. 가장 많이 찾은 사람은…… 친구였다. 친구가 도움이 될 수도 있다. 친구는 대개 우리가 비밀을 털어놓고, (상담자를 포함해서) 남들은 알아줄 것 같지 않은 우리에 대한 진실을 알고 있다고 믿는 사람들이다. 그러나 친구들 역시 비자살적 자해를 하는 사람일 수 있어, 잠재적으로 그 행동을 증가시키거나 자해의 사회적 전염성을 확산시킬 가능성이 있다. 치료 상황에서 비자살적 자해를 둘러싼 이 모든 관계와 양상이 보다 잘 이해되고 평가되어야 한다. 그렇지만 강력한 치료 동맹이 느껴지지 않는 한, 내담자는 자신의 비자살적 자해에 대해 세부적이거나 내밀한 정보를 상담자에게 털어놓으려 하지 않을 것이다.

비자살적 자해에 관한 논의가 아니더라도, 내담자와의 치료적 관계와 동맹은 상담에서 보다 나은 결과를 얻게 해 주는 열쇠이다. 강력한 치료 동맹이 만들어지면, 내담자는 일생 동안 다른 사람에게는 결코 말하지 않았을 일들을 상담자에게 말할 수 있다는 신뢰가 생긴다. 이러한 동맹을 통해 상담자는 치료에 필요한 경우 힘든 대화를 나누고 내담자를 직면시킬 수 있게 된다.

정신건강 전문가는 비자살적 자해 행동에 대해 다양한 반응을 보일 수 있다. 여기에는 혐오, 두려움, 공포, 혼란, 저항감, 분노 및 호기심 등 다양한 반응이 포함된다. 이런 반응 중 일부는 비자살적 자해에 대한 지식의 결여, 즉 그 행동의 형태, 기능, 궁극적 목적을 모르는 데서 기인한 것일 수 있다. 다른 반응들은 비자살적 자해를 자살행동의 한 형태로, 물론 그렇지 않은데(비록 비자살적 자해가 자살행동의 강력한 예측 변인이긴 하지만) 그렇게 오해한 데서 비롯된 것일 수 있다. 그리고 본질적으로 비자살적 자해 사고와 실행은 자기보존이라는 우리의 내적 믿음에 위배된다. 누군가 목적의식을 갖고 의도적으로 자신의 신체에 즉각적인 상해를 입히는 행위를 하려 한다는 것이 언제나 상식에 부합하는 건 아니다. 그러나 비자살적 자해가 사실은 비자살적 자해를 하는 대부분의 사람에게 있어 자기보존적 대처 행동이라는 것을 상기하는 것이 중요하며 이는 부정적인 평가와 반응을 다소 진정시킬 수 있을 것이다.

정신건강 전문가들이 이런 부정적인 반응을 보이는 것은 내담자에게나 치료 동맹에 도움이 되지 않는다. 일반적으로, 비자살적 자해를 하는 내담자는 정서적인 고통을 겪고 있다. 따라서 애초의 고통에 더해서 다른 사람의 부정적인 평가까지 경험하게 된다면 그 감정을 견디기 어려울 것이다. 이로 인해 자기 자신 속으로 숨어 들어가 비자살적 자해 행동을 더 감추고 상담자를 너무 놀라게 할까 두려워서 이야기를 하려 하지 않을 것이다. 혹은 이와 반대로 자기가 상담자에게 그렇게 강한 반응을 불러일으켰다는 것에 기쁨을 느끼는 긍정적인 반응을 촉발해서 비자살적 자해를 계속 하거나 오로지 충격을 주려는 목적으로 극단적인 형태의 비자살적 자해에 대해 이야기하며 추가적으로 부정적인 반응을 불러일으킬 수도 있다. 후자의 경우는 드물기는 하지만 일어날 수 있다.

제1저자의 경우, 상담 경력의 초반에 자해를 한다는 10대 소년을 내담자로 만났다. 저자가 비자살적 자해를 한다는 내담자의 말에 엄청난 충격이나 부정적인 반응을 드러내지 않았는데도 그의 이야기는 계속 정도를 더해 갔다. 처음에 그는 자해에 대해 이야기를 하고 손톱과 돌멩이로 팔을 긁어서 생긴 흉터와 최근에 난 상처를 보여 주었다. 저자가 (부정적이든, 긍정적이든) 감정을 크게 드러내지는 않았지만 호기심을 보이자 내담자는 자해에 관해 더 많이 이야기했다. 그리고 그의 이야기는 (그의 현재 행동에 그치지 않고) 점점 더 확장되어 더 깊은 자상, 면도날로 커팅하기, 나아가 성적 관계를 하는 동안 자해하기 등 그가 이제껏 했던 비자살적 자해를 모두 이야기하는 데 이르렀다. 지금까지도 상담자는 어디까지가 진실이고 어디까지가 내담자가 꾸며 낸 이야기인지 확실히 알지 못한다. 하지만 이 시점에서(그리고 이 내담자와 함께한 이후의 치료 작업 및 질문을 통해서) 명백해진 사실은 이 내담자가 다른 사람들로부터 충격과 공포 반응을 많이 경험해 왔다는 것이다. 직계가족을 포함해 이 소년의 삶에 있는 일부 어른은 그를 거부하고 정신병자라고 부르며 더 이상 그가 곁에 있거나 가족의 일원이 되길 원치 않았다. 따라서 비자살적 자해에 대한 그의 거창한 표현의 일부는 (실제 행동뿐만 아니라 비자살적 자해 행동에 대한 그의 언어적 묘사 모두) 대개는 다른 사람들의 거절을 돕기 위한 것이었다. 그의 목표는 상대방이(자신의 상담자를 포함해서) 자신을 먼저 거절하기를 기다리기보다 자기 방식대로 자신을 고립시키는 것이었다. 비자살적 자해에 대한 그의 이야기와 실제 행동이 과장되고 거창할수록 상대방이 자신과 엮이고 싶어 하지 않을 거라는 게 그의 믿음이었다. 그간의 경험으로 볼 때, 이 내담자에게는 이런 방식이 실제로 효과를 발휘했다. 그러나 그가 상담자가 그를 거부하지 않고 공포에 찬 반응을 보이지 않을 거라는 걸 깨닫자, 극단적인 비자살적 자해에 대한 예시와 이야기가 멈추고 비자살적 자해를 실행하는 것도(비록 소멸하지는 않았지만) 줄어들었다.

물론 이 사례가 당신이 상담에서 만나게 될 내담자의 가장 전형적인 예는 아니지만 이 사례를 이해하는 것이 중요하다. 이 사례는 이 내담자가 거부당하기, 부정적인 반응, 자신의 비자살적 자해에 대한 평가를 두려워했다는 사실에서 다른 사례들과 유사하다. 그의 두려움은 자신의 행동을 이야기하면 사람들에게 거부되고 혼자 남겨질 거라는 것이었다. 이러한 두려움이 이 특정한 내담자의 경우에는 더 화려한 이야기를 풀어놓도록 만들었지만, 대부분의 내담자는 두려움 때문에 비자살적 자해 행동을 아예 털어놓으려 하지 않거나 최소한으로 이야기한다. 따라서 보다 일반적인 경우라면 내담자들은 비자살적 자해 행동에 대해 이야기한다 해도 축소해서 이야기한다.

내담자들은 자발적으로 치료를 받으러 오거나 다른 사람들(예: 부모, 다른 전문가, 법원)이 시켜서 치료에 온다. 상담을 받으러 오는 이유가 반드시 비자살적 자해에 대해 보다 적극적으로 말할지 그렇지 않을지를 나타내는 것은 아니다. 그러나 타의에 의해 상담에 오는 경우는 그들이 아직 다른 사람에게 자기 행동에 대해 털어놓을 준비가 되지 않았을지라도(예: 걱정이 된 부모가 비자살적 자해에 대해 당신과 이야기하라고 보냈다, 교사가 학생이 수업 시간에 비자살적 자해를 한다는 걸 알게 되어 당신에게 데려왔다), 비자살적 자해에 대해 이야기하도록 강제되고 있다는 걸 뜻할 수 있다. 자발적으로 치료를 받으러 왔다고 해도 그것이 내담자가 비자살적 자해 행동을 상담자에게 털어놓을 준비가 되었다는 걸 뜻하는 건 아니다. 다시 말하지만, 치료적 관계의 발전, 신뢰 형성 그리고 초기 접수면접과 평가가 여기에서 중요한 관건이다. 상담실 안에서 이런 측면들이 결합되면 비자살적 자해를 한다는 걸 감추기보다는 털어놓도록 내담자를 격려할 만한 환경이 만들어질 것이다.

치료적 관계

자해 내담자와 치료적 관계를 형성하는 것은 여느 내담자와 관계를 형성하는 것과 다르지 않다. 차이가 있다면 그것은 대개 자해에 대한 상담자의 반응에 있다. 그러니 상담자들은 자해에 대한 자신의 반응과 믿음에 대해 내적으로 성찰하고, 일반적인 자해의 목적과 기능을 제대로 이해하기 위해 자해에 관한 교육을 받을 필요가 있다. 또한 내담자와 협력하여 내담자 고유의 자해 목적을 이해해야 한다.

특히 내담자가 자해에 관해 이야기하는 걸 주저할 때 자해를 하는 내담자와 치료적 관계를 형성하는 방법은 비자살적 자해 행동을 인정하는 것이다. 인정한다는 것은 당신이 그 행동을 찬성한다는 것이 아니라 단순히 이 특정한 내담자의 삶에서 비자살적 자해가 필요했다는 것을 이해하고 공감한다는 것을 의미한다. 그리고 당신이 내담자가 자해를 할 수밖에 없게 만든 환경을 이해하거나 이해하고 싶어 한다는 것을 의미한다. 또한 당신이 비자살적 자해가 현재 내담자가 이러한 어려운 상황에 대처하고 헤쳐 나갈 수 있도록 해 주는, 비록 유일한 방법은 아니라고 해도 소수의 방법 가운데 하나라는 것을 인정한다는 것을 의미한다.

내담자가 현재 처한 환경을 인정하고 공감하는 데 더하여 내담자의 자율성을 허용하는 것도 중요하다. 자율성에 관해서는 제6장에서 자해 내담자와 치료 작업을 하는 데 있어서의 윤리적 고려 사항을 다루면서 보다 상세하게 논의할 것이다. 다만 치료적 관계라는 목적에서 볼 때, 상담자가 내담자와의 관계를 즉각적으로 틀어지게 만드는 한 가지 일을 한다면, 그것은 내담자에게 비자살적 자해 행위를 중단하라고 요구하거나 비자살적 자해를 줄이거나 소거하는 것을 반드시 치료 목표로 삼아야 한다고 주장하는 것이다.

일반적으로 정신건강 서비스 제공자로서 우리는 상담의 장기적인 목표는 대개 내담자가 결정하거나 상담자와 내담자가 협력해서 결정한다고 배운다. 내담자들에게 물어보면, 실제로 대부분은 비자살적 자해 행동을 줄이거나 없애고 싶어 한다(Nafisi & Stanley, 2007). 따라서 이러한 상황에서는 치료 과정에서 비자살적 자해를 다루거나 줄이는 것이 내담자의 목표이다. 그러나 비자살적 자해 행동을 줄이거나 그만두는 것이 내담자의 목표가 아니거나 내담자가 자해 행동을 그만두지 않겠다고 단호하게 거부하는 때가 있다. 이럴 때 상담자가 먼저 나서서 내담자에게 비자살적 자해에 대해 작업을 하자고 요구한다면, 적어도 치료가 효과적이지는 않을 것이고 잠재적으로 내담자에게 해가 될 수도 있다. 즉, 상담자가 내담자에게 자신의 의제와 가치관을 강요한 결과, 내담자가 치료를 일찍 종료하고 향후 정신건강 치료를 받으려 하지 않을 가능성이 있다는 점에서 해가 될 수 있다는 것이다.

이 장에서 논의하고 있는 주제로서, 평가 과정에서 목표는 각 내담자의 비자살적 자해 행동을 이해하는 것이다. 때로는 자해 행동이 생명에 위협이 되기 때문에 상담자가 비자살적 자해 행동의 감소를 치료 목표로 하자고 그야말로 요구해야만 하는 경우도 있다. 비록 개념 정의상 비자살적 자해에 자살하겠다는 의도가 없다고 해도, 심각한 방법을 사용하고 상처가 깊거나 상처가 감염되는 바람에 우발적으로 사망에 이를 수 있다. 만약 내담자의 자해 행동 유형에 비추어 비자살적 자해가 실제로 생명에 위협이 되는 경우라면, 상담자는 비자살적 자해의 사용과 필요성을 인정한 후 내담자에게 교육을 제공하고 걱정하는 마음을 보여 주는 대화를 나누는 게 윤리적이다. 이러한 대화가 비자살적 자해를 그만둬야 한다는 걸 강조하지는 못하겠지만, 최소한 더 이상 생명에는 위협이 없는 행동으로 줄여야 한다고 말해 줄 수는 있다. Nafisi와 Stanley(2007)는 어떻게 하면 이러한 대화를 공감적이고 평가적이지 않은 방식으로 이끌 수 있는지 이야기한다. 그들에 따르면, 일반적으로 내담자가 비자살적 자해를 줄이거나 그만두는 데 대해 두려움을 느끼는 이유는 자해를 하는 것 외의 다른 어떤 것도 감정이나 무감각함을 조절하는 데 있어 내담자에게 효과가 없었고 자신의 내적 생각과 감정을 소통할 능력은 어렵거나 효과적이지 못했기 때문이다. 상담자가 심각한 상처가 초래할 결과에 대해 교육하고, 현재 행동의 심각성에 대한 우려를 공감적으로 토론하며, 더 이상 생명에 위협이 되는 비자살적 자해 행동이 아니라고 판단되는 범위 내에서라면 내담자가 하고자 하는 바에 대해 협력하고 타협함으로써 이러한 협력 관계가 이뤄질 수 있다.

접수면접과 평가

비자살적 자해에 대한 평가는 두 단계로 이루어진다. 첫 번째 단계는 일반적인 질문이나 전형적인 접수면접이라는 점에서 보다 비공식적이거나 자연스럽다. 이 단계에서는 대개 행동 판별 질문(behavioral screening questions)을 통해 내담자에게 예/아니요로 답하게 한다. 내담자가 자해를 한다고 판명되면 두 번째 단계에서는 보다 공식적이고 세부적인 평가가 이루어진다.

비공식적 또는 초기 접수면접

외래 환자와 때로 입원 환자를 진료하는 정신건강 기관에서 접수면접은 대부분 여러 가지 질문으로 구성된다. 여기에는 특징적으로 자해 및/또는 자살행동에 관한 질문이 포함된다. 그러나 비자살적 자해와 자살에 관한 질문이 적절하게 분리되어 있지 않은 경우가 빈번하다. 따라서 자해 내담자와 신뢰를 형성하는 데 있어 첫걸음은 자살과 비자살적 자해 행동에 관해 묻는 접수면접 질문을 분리해서 당신이 이 둘이 서로 다르다는 걸 알고 있다는 사실을 내담자에게 알려 주는 것이다. 저자들이 일했던 대부분의 외래병원 환경에서는 접수면접 서식에 일반적으로 "자살이나 자해를 하고 싶었던 적이 있나요?"와 같은 질문이 들어 있다. 어떤 사람들은 자신의 비자살적 자해 행동이 본질적으로 자살행동이라고 간주되고 그 결과 부정적인 평가나 훨씬 더 집중적인 치료(즉, 위기 환자들 대상 입원 기관으로 보내짐)를 받을지 모른다는 두려움을 느낄 수 있다. 그런 점에서 '자해'와 '자살'이 동일한 문항으로 제시되면, 내담자들은 비자살적 자해 행동을 한다는 걸 밝히려 하지 않을 것이다. 이 두 행동을 분리하는 것은 내담자들이 자해에 대해 정직해지도록 하는 데 중요하다. 내담자가 접수면접에서 자해 또는 비자살적 자해 질문에 대해 '아니요'라고 답한다고 해도, 상담자는 자신이 자살과 비자살적 자해 행동 간의 본질적 차이를 이해하고 있다는 점을 드러냄으로써 내담자에게 의사소통의 문을 열어 둔 것이다. [글상자 4-1]은 접수면접에서 이 질문들을 자연스럽게 배열하거나 분리할 수 있는 방법을 보여 준다.

내담자가 실제로는 자살과 비자살적 자해 행동을 **둘 다** 동시에 실행할 수도 있다는 점을 유념하라. 그러니 이러한 질문에 있어서, 그리고 이후의 공식적이고 세부적인 비자살적 자해 평가에서, 자살행동과 비자살적 자해에만 특정한 행동을 구별하는 것이 중요하다. 마지막으로, 비자살적 자해에 대해 질문할 때 어떤 내담자들에게는 설명이 좀 더 필요한 경우도 있다는 점을 유의해야 한다. 상담자가 내담자에게 자살하고자 하는 의도 없이 자신에게 상해를 입힌 적이 있느냐고 묻고 내담자가 "그게 무슨 뜻이에요?"라고 묻는다면, 상담자는 후속 설명(예: 커팅하기, 불에 지지기, 피부 잡아 뜯기 등)을 할 준비가 되어 있어야 한다.

[글상자 4-1] **초기 접수면접과 후속 평가 과정에서 자살행동과 비자살적 자해 행동 질문을 분리하는 예**

자살을 시도해 본 적이 있습니까?

자해를 통해 자살하려는 의도 없이 자신에게 상해를 입히려는 시도를 한 적이 있습니까?

초기 접수면접이나 질문 과정에서 내담자가 실제로 비자살적 자해를 정말 하고 있다고 밝힌다면, 상담자는 (앞서 언급한 바와 같이) 자신의 반응을 인식하고 가능한 한 드러내지 않도록 자제할 필요가 있다. 내담자들은 백만분의 1초 사이 말로 표현되지 않은 충격이나 혐오 반응을 알아채고 이를 상담자가 부정적인 평가를 내린 거라고 판단해 버릴 수 있다. Caroline Kettlewell은 그녀의 자서전『Skin Game』에서 상담자들이 '공손한 호기심(respectful curiosity)'으로 '예'라는 응답에 접근해야 한다고 말한다.

내담자(또는 학생)가 비자살적 자해 행동을 스스로 밝히는 자기 보고(self-report)가 이상적이지만, 때로 상담자는 다른 경로를 통해 이런 자해 행동들에 대해 알게 된다. 어쩌면 상담자 자신의 의심을 통해서일 수도 있고, 부모, 친구나 동료들, 교사, 또는 의사의 보고를 통해서일 수도 있다. '예'라고 응답한 자기보고의 경우와 마찬가지로, 공손한 호기심은 상담자가 비자살적 자해의 가능성을 찾거나 보다 세부적인 정보를 구하려고 내담자에게 비자살적 자해에 관해 탐문하는 데에도 효과를 발휘한다. 비자살적 자해의 지표는 여러 개지만, 오직 비자살적 자해 하나만을 가리키는 지표는 없다. 〈표 4-1〉에 제시된 비자살적 자해의 징후들은 자살행동, 우울, 섭식장애, 약물 남용, 반항성 장애 등과 같은 다른 행동들의 징후이기도 하기 때문이다. 그러나 이러한 징후들이 나타난다면, 그 사람에게 호기심을 가지고 다가가서 비자살적 자해와 자살 질문을 (분리하여) 구체적으로 물어보는 게 도움이 될 수 있다.

내담자나 어떤 개인이 비자살적 자해를 하고 있다고 말한다면 안정되고 절제된, 감정을 드러내지 않은 차분한 태도로 반응하는 것이 목표이다(Walsh, 2007). 우리는 비자살적 자해 행동을 보고하는 내담자들에게 부정적이거나 평가적인 반응을 보이는 데 따르는 결과를 논의한 바 있다. 그런데 Barent Walsh는 또한 흥분되고 지나치게 관심 있는 태도로 반응하면, 그 행동에 보인 관심으로 인해 무심코 비자살적 자해 행동을 강화할 수 있다고 말한다. 그래서 내담자가 대인관계에서의 연결과 인정을 추구하는 사람이라면, 상담자가 비자살적 자해에 대해 보인 관심을 치료 과정에서 주목을 끌 수 있는 행동이라고 해석할 것이다. 따라서 비자살적 자해 행

〈표 4-1〉 비자살적 자해의 징후와 지표

신체적	행동적
• 흉터 • 새로 생긴 상처들(커팅 자국, 할퀴어서 낸 상처들, 멍) • 화상 자국 또는 피부 상피를 벗겨낸 상처 딱지 • "고양이가 할퀸 자국"에 대한 기록 • 탈모 또는 부분 탈모 (예: 두피, 팔, 다리, 눈썹, 또는 속눈썹)	• 대인관계에서의 어려움 • 날카로운 물건을 가까이 둠 • 숨어서 하는 또는 비밀스러운 행동 • 자신을 사회적으로 고립시킴 • 한 사람이나 한 친구에게 지나치게 의존적임 • 빈번하게 사고를 당했다고 주장함
옷차림과 액세서리	**정서적**
• 계절에 비해 너무 따뜻한 옷을 입고 있음(예: 더운 날씨에 긴팔옷, 긴바지) • 똑같은 위치에 팔찌, 스카프, 또는 다른 액세서리를 계속 착용함 • 팔이나 다리가 노출될 수 있는 활동을 피함(예: 수영) • 남들 앞에서 옷 벗기를 거부함	• 감정을 인지하거나 명명하지 못함 • 하나의 감정에 지나치게 집중함(예: 인식할 수 있는 감정은 유일하게 화 또는 불안) • 지속적인 감정 변화나 지속적으로 저조한 기분 • 짜증을 잘 냄

동에 대해 과도하게 관심을 표현하지 않으면서도 그 행동을 인정하고, 내담자의 상황이나 감정에 공감하며, 비자살적 자해 행동에 대해 공식적이고 세부적인 평가를 수행해서 내담자의 고유한 특성을 보다 잘 이해하는 것이 중요하다.

공식적이고 세부적인 비자살적 자해 평가

내담자가 비자살적 자해를 (그리고 어쩌면 자살행동도 함께) 한다고 밝혀지면, 보다 세부적인 평가가 필요하다. 이러한 세부적인 평가는 치료 계획의 향후 단계를 결정하고 비자살적 행동이 얼마나 심각하고 뿌리 깊은지, 그리고 내담자가 우발적으로 중대한 상해를 입거나 죽음에 처할 위험은 없는지를 판단하는 데 도움이 된다.

몇몇 공식적인 비자살적 자해 평가가 있으며 그중 일부는 아래에서 논의될 것이다. 일부 공식적인 평가가 가진 난점은 그것이 자살 시도, 자살 사고, 섭식장애 행동, 약물 남용, 또는 다른 고위험 행동과 같은 비자살적 자해가 아닌 다른 행동들을 포함하고 있다는 것이다. 내담자나 상황에 따라서 어떤 상담자들에게 있어서는 다른 자해 행동들에 대한 이러한 평가나 측정 도구가 비자살적 자해를 다른 자해 행동으로부터 구별하는 유용한 수단이 될 수도 있다. 하지만 특별히 비자살적 자해 행동에 초점을 둔 평가를 한다면, 다른 자해 행동들에 관한 질문은 그다지 중요하지 않을 것이다. 이러한 측정 도구 중 일부가 아래에서 논의된다. 그러나 이 장에서는 오직 비자살적 자해 행동에 대한 평가만 다룰 것이다(필요하다면 비자살적 자해와 자살 행동을 구별하는 데 사용될 수도 있다). 이는 다른 평가들, 연구 보고서, 다른 연구자와 상담자들의 제안과 임상 경험을 종합한 것이다. 먼저, 기존의 몇몇 측정 도구에 대해 잠시 논의한다. 이들 도구는 공개되거나 또는 무상으로 접근이 가능한 것도 있고 그렇지 않은 것도 있다.

비자살적 자해 측정 도구 및 평가

의도적인 자해, 자기폭력 그리고 비자살적 자해를 측정하기 위한 다양한 도구가 지난 30여 년에 걸쳐 개발되었다. 여기에는 자해에 관한 진술문 검사(Inventory of Statements about Self-Injury), 비자살적 자해 평가 도구(Non-Suicidal Self-Injury Assessment Tool), 자기훼손 검사(Self-Harm Inventory), 자기 신체 절단에 대한 기능적 평가(Functional Assessment of Self-Mutilation), 의도적 자기훼손 검사(Deliberate Self-Harm Inventory), 자기훼손 행동 설문지(Self-Harm Behavior Questionnaire), 자해 설문지(Self-Injury Questionnaire), 자해 사고와 행동 인터뷰(Self-Injurious Thoughts and Behaviors Interview) 그리고 자살 시도로서의 자해 인터뷰(Suicide Attempt Self-Injury Interview)가 포함된다. 이 도구 각각에 대해 아래에 간략한 논의가 제공된다. 이어서 내담자의 비

자살적 자해 행동에 대해 보다 상세한 관점을 얻기 위하여 상담자가 물어볼 만한 구체적인 질문들을 제시한다.

자기 신체 절단에 대한 기능적 평가(FASM)

자기 신체 절단에 대한 기능적 평가(Functional Assessment of Self-Mutilation)는 Lloy와 동료들(1997)이 개발한 것으로 비자살적 자해의 방법, 빈도, 기능을 평가하기 위해 설계된 자기보고(self-report) 도구이다. FASM은 두 영역으로 이루어져 있으며, 첫 번째 영역에서는 사람들에게 지난 한 해 동안 12개의 서로 다른 비자살적 자해 행동을 해 본 적이 있는지, 했다면 얼마나 자주 했는지에 대해 응답하도록 한다. 응답자가 최소한 한 개 유형의 자해를 한 적이 있다고 답하면, 비자살적 자해 행동의 기능을 평가하는 22개의 추가 문항에 답하라는 지시문이 주어진다. 이들 문항은 참여자들이 비자살적 자해를 하는 목적이 정적 강화에 있는지 또는 부적 강화에 있는지, 그리고 정서적/자동적 이유로 인한 것인지 또는 사회적 이유로 인한 것인지(즉, 제2장에서 논의된 Nock과 Prinstein이 논의한 4기능 모형)를 리커트 척도(0 = 전혀 아니다; 3=자주 그렇다)로 평가한다. 그러므로 FASM은 최근의 비자살적 자해 행동, 최근 비자살적 자해 에피소드의 빈도 및 비자살적 자해의 전반적인 기능에 대한 정보를 제공한다. Nock과 Prinstein(2004)은 정신과 입원 시설에 입소한 일군의 청소년을 대상으로 FASM을 타당화하였다.

자기훼손검사(SHI)

자기훼손 검사(Self-Harm Inventory)는 비자살적 자해를 포함해서 일반적인 자기훼손 행동을 측정하도록 설계되었다. 이 도구는 자기보고 설문지로서 약물 남용(예: 처방약의 남용, 알코올 남용), 자살행동(예: 약물 과용), 고위험 행동(예: 의도적인 난폭 운전), 섭식장애, 과도한 운동 및 기타 자기훼손 행동을 평가한다. 응답자들은 각각의 문항에 대해 예/아니요로 응답하고 이를 모두 합산하여 총점을 도출한다. Randy Sansone와 동료들(1998)은 별개의 연구들(예: 비만에 대한 연구, 다른 자해 폭력 행동을 보이는 경계선 성격장애 환자들에 대한 연구 그리고 경계선 성격장애를 가진 엄마들에 대한 연구)에서 주로 경계선 성격장애 환자들을 대상으로 SHI를 타당화하였다.

의도적 자기훼손 검사(DSHI)

의도적 자기훼손 검사(Deliberate Self-Harm Inventory)는 특히 비자살적 자해에 대한 평생 유병 경험과 빈도를 측정하기 위해 개발되었다. Kim Gratz(2001)는 DSHI를 대학생 표본을 대상으로 타당화하였다. 이 자기보고 설문지는 17문항으로 이루어져 있는데, 그중 16문항이 특정한 비자살적 자해 행동에 대한 것으로 응답자들은 그 방법을 사용해서 자살 의사 없이 의도적인 자해를 했는지 여부에 대해 예 또는 아니요로 응답한다. 열일곱 번째 문항은 자해를 하기 위해 그 밖의 다른 방법을 사용한 적이 있는지를 묻고 응답자가 자신이 어떤 행동을 했는지 적도록 빈칸을 제공한다. 이 마지막 문항에 대해 때로 사람들은 자기가 자살 시도를 했다, 약물을 과용했다, 자신을 질식 상태에 빠뜨렸다, 일부러 구토를 하거나 관장약을 사용했다, 일부러 차를 망가뜨렸다고 응답한다. 따라서 상담자들이 그 행동이 실제 비자살적 자해로 간주되는지 여부를 판단하는 것이 중요하다. 응답자가 말하는 행동들은 그들이 자해 폭력, 자살행동 그리고 다른 고위험 행동을 할 현재적 위험에 관해 알려주는 것이기 때문에 중요하게 평가되어야 한다. 반면, 응답자가 말하는 행동들이 실제 비자살적 자해에만 특정한 것인지를 판단하는 것도 중요하다. 만약 어떤 사람이 어떤 자해 행동을 한 적이 있다고 응답하면, 그들은 일생에 걸쳐 얼마나 자주 그 특정한 행동을 했느냐는 질문을 받게 되는데, 이 응답이 비자살적 자해의 평생 빈도수를 나타낸다. DSHI의 결과는 응답자가 비자살적 자해를 한 적이 있는지 여부에 대한 이분법적 응답(설문지에 제시된 비자살적 자해 행동들 중 어느 하나에라도 응답자가 예라고 응답한 경우에 바탕을 둔 예/아니요), 일생 동안 비자살적 자해를 하는 데 사용해 본 방법의 개수와 일생 동안 발생한 비자살적 자해 에피소드의 개수에 대한 빈도수를 포함한다.

저자들은 여러 연구에서 각기 다른 인구 집단을 대상으로 DSHI를 수정해서 사용하였다. 특히 원래의 17개 문항 중 일부는 합쳐졌는데 이들은 도구만 다를 뿐 동일한 행동을 나타내는 문항들이었기 때문이다[예: '담뱃불로 지지다'와 '라이터나 성냥불로 지지다'는 '물건(예: 라이터, 성냥, 담배)을 사용해서 자신을 불로 지지다'로 합쳐졌다]. 이렇게 해서 총 11문항이 되었는데, 그중 10문항은 특정한 비자살적 자해 행동을 나타내고 마지막 한 문항은 응답자들에게 비자살적 자해를 하기 위해 그 밖의 다른 방법을 사용한 적이 있는지 묻는 개방형 문항이다. 또한 이 수정판에서는 평생 유병 경험에 대해 물으면서 긴 기간에 관한 기억 회상의 문제점을 감안하여 에피소드의 빈도를 최근(즉, 지난 3개월 동안)의 비자살적 자해 행동에 대한 보고로 바꾸었다. 우리는 축약되고 수정된 DSHI 도구(즉, DSHI 수정판)를 대학생, 외래 정신건강 시설의 내담자들, 입원 시설의 청소년들 그리고 일반 대중을 대상으로 타당화하였다.

자기훼손 행동 설문지(SHBQ)

Peter Guierrez, Osman, Barros와 Kopper(2001)는 자기보고 설문지인 자기훼손 행동 설문지(Self-Harm Behavior Questionnaire: SHBQ)를 개발했다. 이 설문지는 응답자들의 비자살적 자해, 자살행동, 자살 위협 그리고 자살 사고를 묻는 질문으로 이루어져 있다. 이 설문지의 문항 수는 분명하지 않지만 SHBQ는 4개 영역으로 나뉘어 있고 영역별로 앞서 언급한 각 유형의 관념, 생각, 행동을 다룬다. 그리고 각각의 긍정 응답에 대해(예: 자살 사고를 경험한 적이 있느냐는 질문에 예라고 답한다면) 그 영역에서 추가 질문이 주어지는데, 사용한 방법, 행동의 의도, 실행 빈도, 의학적 치료가 필요했는지 여부, 시작 연령, 가장 최근 에피소드가 발생한 때의 연령, 다른 누군가가 그 행동을 알고 있었는지 여부를 묻는다. 설문지 저자들은 각 영역별로 점수를 매기고 전체 점수로 순위를 매김으로써 행동의 심각성이나 위험성이 드러나도록 만들었다. SHBQ는 대학생들을 대상으로 타당화되었다.

자살 시도로서의 자해 인터뷰(SASII)

2006년 (Linehan과 동료들에 의해) 개발된 자살 시도로서의 자해 인터뷰(Suicide Attempt Self-Injury Interview: SASII)는 자해 행동에 대한 심층적인 정보를 묻는 42개의 문항으로 이루어져 있다. 이 평가는 공식적인 구조화 인터뷰(structured interview)를 통해 수행된다. 인터뷰는 응답자들이 밝힌 자해 행동의 이면에 어떤 기능과 의도가 있는지 물어봄으로써 비자살적 자해인지 자살인지를 평가한다. 여기에는 응답자가 의도적으로 자해를 했는지 여부와 이런 자해를 한 기간을 묻는 4개의 판별 질문(screening questions)이 포함된다. 이들 판별 질문은 또한 응답자가 자해를 한 에피소드, 즉 동떨어진 시간대에 이뤄진 자해의 횟수가 몇 번인가를 물어보며, 나머지 질문에서 각각의 에피소드를 상세하게 다룬다. 즉, 내담자에게 비자살적 자해나 자살행동을 한 에피소드가 두 번 있다면, 인터뷰 양식은 각 에피소드에 대해 한 번씩, 두 번에 걸쳐 진행될 것이다. SASII의 질문은 자해에 사용한 방법, 의도와 결과에 대한 기대(비자살적 자해인지 또는 자살인지 결정하기 위하여), 방법의 치사율, 상해 후 신체 상태, 의학적 치료를 받았거나 필요로 했는지, 자해를 실행하기 전 준비 그리고 자해 행동에 대한 기능적 결과에 대해 설명해 달라고 요청한다. 질문의 형식은 매우 다양한데, 평정자의 채점이 필요한 개방형 질문, 체크리스트 질문, 리커트 형식, 강제 선택형(forced-choice) 문항, 예/아니요 응답 문항 등이 포함된다. 질문에 대한 응답은 자살 의도, 구조 가능성(자해를 했을 때 누군가에 의해 발견되거나 구조될 가능성), 자살 의사소통(자살 실행에 앞서 자살행동에 대해 이야기하는 정도) 그리고 치사율이라는 4개의 척도 점수로 환산된다. SASII는 자살을 시도한 정신과 입원병동의 환자들, 자살 시도로 응급실에 실려 온 사람들 그리고 경계선 성격장애 기준에 부합하는 여성 임상 시험 환자들을 대상으로 타당화되었다. SASII 및 채점 방법은 워싱턴 대학의 웹사이트(http://blogs.uw.edu/brtc/publications-assessment-instruments/)에서 찾을 수 있다.

자해 설문지(SIQ)

Santa Mina와 동료들(2006)이 개발한 자해 설문지(Self-Injury Questionnaire: SIQ)는 자해 전반에 초점을 둔 30개 문항으로 이루어져 있다. 따라서 SIQ는 비자살적 자해에만 특정되지 않고 약물 남용, 의도적인 고위험 행동, 비자살적 자해 및 자살행동을 포함해서 자해 폭력 스펙트럼 전반에 걸친 행동을 평가한다. 응답자들에게는 특정한 자해 행동을 한 적이 있는지, 자해 행동을 한 빈도와 자해의 의도를 묻는 질문이 주어진다. 자해 행동의 의도는 감정 조절, 대처, 자기보호, 자극(stimulation), 해리(dissociation)를 포함하는 6개 요인에 걸쳐 있다. Sata Mina와 동료들은 자해 행동으로 위기 시설에 입원한 환자들을 대상으로 SIQ를 타당화하였다.

자해 사고와 행동 인터뷰(SITBI)

자해 사고와 행동 인터뷰(Self-Injury Thoughts and Behavior Interview: SITBI)는 공식적인 구조화 인터뷰 형식으로 수행되는 169개 문항으로 구성되어 있다. 총 5개 영역으로 이루어져 있으며, 여기에는 자살 계획, 자살 표시(suicide gestures), 자살 시도, 자살 사고 그리고 비자살적 자해가 포함된다. 따라서 평가 질문 중 대부분은 자살행동에 대해 물어보고 일부만 비자살적 자해에 초점을 둔다. 각 영역은 판별 질문을 포함하며 응답자가 '예'라고 답하면, 자살 또는 비자살적 자해 행동의 빈도, 특징, 각 자해 행동의 기능, 그 행동을 일으키는 요인(예: 일, 학교, 가족, 친구), 자해의 환경(예: 신체적 고통의 경험, 자해 에피소드가 일어나기 전이나 일어나는 동안의 약물 사용)을 묻는 질문이 이어진다. 이 인터뷰는 청소년이나 성인을 대상으로 사용될 수 있다. 청소년과 작업할 경우, 인터뷰에는 부모님 버전이 포함되는데, 부모님은 다른 방에서 자녀에 대해 유사한 질문을 받게 된다. Nock, Holmberg, Photos와 Michel(2007)은 SITBI를 정신과 입원병동 환자들뿐만 아니라 신문, 지역사회 게시판, 소셜 미디어 게시판을 통해 모집한 일반인들에 대해서도 타당화하였다.

자해에 대한 진술문 검사(ISAS)

Klonsky와 Glenn(2009)이 개발한 자해에 대한 진술문 검사(Inventory of Statement about Self-Injury: ISAS)는 비자살적 자해 행동에 대한 평생 유병 경험 및 자해 행동의 기능을 평가하는 두 개의 영역으로 구성된다. 자해 행동의 기능은 제2장에서 논의한 Nock의 통합 이론 모형과 Nock과 Prinstein의 4기능 모형에 바탕으로 두고 만들어진 것으로 보인다. ISAS는 자기보고식 도구로서 응답자에게 12개의 비자살적 자해 행동을 제시하고, 그들이 자살 의사 없이 의도적으로 그 행동을 한 적이 있는지 묻는다. 따라서 자살행동은 특히 이 도구의 평가 대상이 아니다. 응답자가 '예'라고 응답하고 12개 비자살적 자해 행동 중 어떤 것을 한 적이 있다면, 평생 동안 그 행동을 몇 번이나 했는지 빈도를 표시하도록 한다. 이 영역에서 추가 질문으로 시작 연령, 비자살적 자해 에피소드가 발생하는 동안 경험한 고통, 비자살적 자해를 혼자 했는지 또는 다른 사람들과 함께 했는지, 자해 충동과 실제 실행 간의 시간적 간격, 비자살적 자해 행동을 그만두고 싶은지 여부를 묻는 문항이 주어진다. 이들 문항은 다지선다형 형식으로 제시된다. ISAS의 두 번째 영역에서는 (응답자가 첫 번째 영역에서 최소한 하나의 비자살적 자해 행동을 한다고 응답했다면) 응답자가 비자살적 자해 행동을 하는 이유를 조사한다. 이 영역은 39개의 문항으로 구성되며 비자살적 자해의 13개 기능을 0(전혀 관련없음)에서 3(매우 관련이 높음)의 리커트 척도로 평가한다. 이 13개 기능은 (각각 개별적인 기능으로서도 검토될 수 있긴 하지만) 대인관계 기능과 개인 내적 기능이라는 두 개 상위 범주로 묶인다. 대인관계 기능 척도에는 자율성, 대인관계에서의 경계, 대인관계에서의 영향력, 또래 집단의 유대감, 복수, 자기관리, 감각 추구 그리고 강인함이라는 개별 기능이 포함된다. 개인 내적 기능 척도에는 정서 조절, 해리 방지(anti-dissociation), 자살 방지(anti-suicide), 고통 표현 그리고 자기처벌 기능이 포함된다. ISAS는 심리학과 학부생들을 대상으로 타당화되었다.

비자살적 자해 평가 도구(NSSI-AT)

가장 최근에 개발된 비자살적 자해 평가 도구는 Whitlock과 동료들(2014)의 비자살적 자해 평가 도구(Non-Suicidal Self-Injury Assessment Tool: NSSI-AT)이다. 이 도구는 자해와 회복에 대한 코넬 연구 프로그램(Cornell Research Program on Self-Injury and Recovery)의 웹사이트(http://www.selfinjury.bctr.cornell.edu/perch/resources/fnssi.pdf)에서 온라인으로 무료로 사용할 수 있다. NSSI-AT는 공립대학 및 사립대학 학생들을 대상으로 타당화되었다. NSSI-AT는 12개의 모듈에 걸쳐 제공되는 39개 문항으로 구성된 구조화 인터뷰로 설계되어 있다. 이들 모듈은 15개의 자해 유형 또는 방법에 관해 조사하는 판별 질문을 포함해서 기능, 시작 연령, 최근의 비자살적 자해 행동, 응답자가 언제라도 비자살적 자해 행동을 멈출 수 있었는지 여부, 상처 위치, 비자살적 자해의 동기 및 기능, 실행 빈도, 실행 유형(예: 혼자 비자살적 자해를 하는지, 선호하는 장소, 우발적인 위험성의 정도), 치료 경험 그리고 다른 사람들이 그들의 비자살적 자해 행동을 인지하고 있는지에 대한 질문들로 구성되어 있다.

공식적인 비자살적 자해 평가에 대한 요약

이상의 고찰에서 보이듯, 자해 행동을 평가하기 위해 많은 측정 도구가 개발되었다. 그 도구들이 모두 비자살적 자해 행동에만 특별히 초점을 맞춘 것은 아니며, 대부분 수많은 형태의 자해폭력에 관해 탐색한다. 모두 다 중요하지만, 모든 도구가 비자살적 자해 행동을 완전히 분리하고 있는 것은 아니다. 또한 대부분의 측정 도구는 비자살적 자해에 대한 평생 유병 경험에 대해 질문한다. 이는 상담자에게 자해 행동의 발달, 내담자가 자해를 해 온 기간, 행동의 잠재적 진행 방향(예: 내성이 증가해서 비자살적 자해가 더 심각해졌거나 방법이 바뀌었다)에 대해 알려 줄 수 있기 때문에 중요한 정보가 될 수 있다. 나아가 일 년도 넘은 과거에 발생한 비자살적 자해는 지난 몇 주 또는 몇 달 내에 일어난 비자살적 자해에 비해 치료에 있어 중요성이 덜할 수 있다. 따라서 비자살적 자해와 다른 형태의 자해 폭력을 구별하고 기타 임상적으로 중요한 비자살적 자해 요소들, 예를 들면 시작 연령, 현재 사용하는 방법의 총 개수, 시간에 따른 방법의 진화(즉, 내성), 심각성, 자해 에피소드의 빈도, 비자살적 자해의 기능, 비자살적 자해를 촉발하는 사건 등을 알아내는 것이 중요하다. 또한 자살과 비자살적 자해가 동시에 일어나는지, 그 내담자에게 있어 자살과 비자살적 자해가 어떻게 연결되거나 그렇지 않은지(예: 비자살적 자해가 자살행동을 방지하는 보호 요인인가, 아니면 자살행동으로 이끌고 가는 서곡인가?)를 이해하는 것이 중요하다.

앞서 제시한 평가 도구들 중 소수는 사실 이와 같이 비자살적 자해에 관해 임상적으로 중요한 모든 측면에 초점을 두고 있고, 그중 일부는 무료로 사용이 가능하다(이 도구들은 앞서 웹사이트 주소와 함께 기술되어 있다). 이제 우리는 여러분이 비자살적 자해 행동을 탐색하는 데 사용할 수 있는 구체적인 질문에 대해 논의할 것이다. 또한 여러분이 일하는 환경에 따라서 다른 기관에 환자를 의뢰하거나 치료 계획을 세우는 데 도움이 될 중요한 임상 정보를 얻는 데 사용할 수 있는 질문에 대해서도 논의할 것이다. 또한 우리가 중요하게 제시하는 질문이나 주제에 대해서 이 질문을 내담자나 학생에게 물어보는 게 왜 그리고 어떻게 중요한지, 그 정보로 무엇을 할 수 있는지에 대해 아래에 상세하게 설명한다.

[글상자 4-2]에 제시된 질문은 여러분이 사용할 수 있는 질문들에 대한 개략과 예시를 제공한다. 이 질문들은 어떤 환경(예: 학교에서 학생을 평가하기)에서는 필요 이상으로 심층적이고 상세한 반면, 다른 환경(예: 입원 치료를 위해 수용된 환자)의 요구에

비해서는 상세하지 못할 수 있다는 점을 유의할 필요가 있다. 여하튼 환경에 상관없이 사용할 수 있을 만한 예시 질문 및 특정 상황별 질문 그리고 치료 계획을 세우는 데 도움이 될 수 있는 질문들을 제공한다.

[글상자 4-2] **비자살적 자해 후속 평가**

판별 질문

자살을 시도한 적이 있습니까?

자살을 하고 싶다는 생각을 한 적이 있습니까?

의도적으로, 일부러 자해를 했지만 죽을 생각은 아니었던 적이 있습니까?

비자살적 자해 후속 평가

비자살적 자해 방법, 빈도, 심각성 및 내성

몇 살에 자해를 하기 시작했나요?

어떻게 시작했나요? (예: 자해에 대해 어떻게 알게 되었나요?)

일생 동안, 12개월/년 동안, 또는 보다 최근에 어떤 방법이나 행동으로 자해를 했나요? [활동지 4-1]을 사용하거나 개별 면접을 통해 질문한다.]

- 기술된 각각의 방법에 대해 그 방법을 사용한 구체적인 의도를 반드시 질문하라. 그 행동이 실제로 비자살적 자해이고 자살행동이 아니라는 것을 명백하게 하기 위하여 그 행동의 결과로 죽음에 이르겠다는 의도 없이 그 방법이 사용되었던/사용되는 것인가? (예: 그리고 커팅할 때 자살하려는 의도를 조금이라도 가진 적이 있나요?)

• 기술된 각각의 방법에 대해 다음의 질문을 포함하여 자해의 정도에 대해 탐색하라.

-내담자는 이 형태의 자해를 하는 데 어떤 도구를 사용했는가? (예: 커팅을 할 때 대개는 무엇을 가지고 커팅을 하나요?)

-내담자는 몸의 어디에 그 형태의 비자살적 자해를 하는가? (예: 몸의 어디를 불에 지지나요? 또는 어디를 불에 지졌나요?)

-그 형태의 비자살적 자해가 시간이 지남에 따라 어떻게 변화했는가? [예: 당신은 때때로 핀으로 자기 몸을 찌른다고 말했어요. 그 행동은 처음 시작한 이후로 그대로 하고 있나요? 만약 달라졌다면 어떻게 달라졌나요?(에피소드의 빈도에서, 상처의 심각성에서)]

-의학적 치료를 할 필요가 있는가? [예: 커팅으로 인해 의학적 치료가 필요했던 적이 있나요? 의학적 치료가 필요했지만 받지 않은 적이 있나요? 전에 의학적 치료가 필요한 적이 있었다면, 몇 번이나 필요했나요?(치료를 요청해 받았거나 필요했지만 받으려고 하지 않았거나)]

• 비자살적 자해를 하는 구체적인 방법에 관하여 추가적으로 물어볼 문제와 질문은 시간이 지남에 따라 사용된 자해 방법의 개수에 관한 것이다. (예: 당신의 일생에 걸쳐 자해 방법의 개수가 증가/감소했군요. 그 점에 대해 이야기해 줄 수 있나요? 어떤 이유로 그 개수가 증가/감소되었나요? 비자살적 자해를 하는 빈도나 필요성이 증가/감소했나요? 방법이 변함에 따라 상해나 방법의 심각성 정도가 증가/감소했나요?)

비자살적 자해 상황 맥락

자해하기에 앞서 마약, 처방약 또는 술과 같은 약물을 사용한 적이 있나요?

자해를 하고 있는 동안 마약, 처방약, 또는 술과 같은 약물을 사용한 적이 있나요?

- 만약 그렇다면, 자해를 하는 동안 마약, 술, 처방약, 또는 다른 물질을 사용한 적이 자해 에피소드 중 대략 몇 퍼센트에 해당한다고 생각하나요?
- 이런 경우 중 몇몇에 대해 설명하세요.

상처 입힌 기억이 없는데 몸에서 최근에 생긴 상처를 발견한 적이 있나요? 최소한 한 번의 경우에 대해 설명하세요. 다른 경우도 있나요?

자해의 충동이나 필요성을 느끼면 실제 실행을 할 때까지(예: 커팅을 하거나 불에 지지기), 얼마나 오랫동안 기다리거나 지연시킬 수 있나요?

- 만약 아니라면, 비자살적 자해 실행을 지연시키고 싶었지만 그럴 수 없었던 적이 있나요?
- 만약 그렇다면, 비자살적 자해를 하고 싶은데도 실행을 지연시킬 수 있었던 시간 동안 무엇을 했나요?
- 어떤 다른 대처 전략을 사용하거나 다른 방식으로 문제를 해결해 보려고 시도한 적이 있나요? 그런 적이 있다면 무엇을 시도해 보았나요?

당신이 자해를 할 때 자해에 사용한다고 말한 방법이나 선호하는 특정 장소(예: 침실, 집, 현재 있는 장소)들 가운데 하나를 선택하는 데 거치는 과정이 있나요?

당신이 자해를 할 때 누군가 주변에 있나요, 아니면 대개 혼자 있나요?

- 다른 누군가가 주변에 있다면 대개 누가 당신과 함께 있나요?

비자살적 자해를 중단할 능력

비자살적 자해 실행을 중단할 수 있었던 적이 있나요? 만약 그렇다면 무엇이 중단하도록 이끌었나요? 무엇이 도움이 되었나요? 무엇이 비자살적 자해를 다시 하도록 만들었나요?

자해하는 걸 중단하고 싶은가요?

자해를 하는 동안 이만하면 됐다는 걸 어떻게 아나요? 그 순간에 언제 멈춰야 할지를 어떻게 알지요? 어떤 표식(예: 감각, 피나 상처가 난 모습)을 찾나요?

비자살적 자해의 기능

일반적으로 당신이 자해를 하는 이유는 무엇인가요? [내담자에게 [활동지 4-2]를 제공하라.]

비자살적 자해와 자살을 판별하는 질문

첫째, 비자살적 자해와 자살 행동을 구별하는 판별 질문으로 평가를 시작하는 것이 중요하다. 자해 평가 도구 중 일부는 판별 질문을 포함하고 내담자가 어떤 형태의 자해 행동을 한다고 응답하면 보다 상세한 질문이 뒤따른다. 이 판별 질문들이 분리되어야 한다. 즉, 내담자가 각 행동에 대해 개별적으로 예/아니요로 응답할 수 있도록 자살행동과 비자살적 자해 질문을 분리해야 한다는 것이다. 이는 앞서 언급한 바와 같이 여러분과 여러분의 내담자가 이 행동들이 사실 별개이고 다르다는 것을 이해하는 데 도움이 된다.

만약 내담자나 학생이 자기가 사실 자살 경향성이 있고 자살 시도를 한 적이 있거나 현재 자살 사고를 하고 있다고 응답한다면, 상담자는 자살 평가(여기에서는 제공되지 않음)를 계속해야 한다. 만약 내담자가 비자살적 자해를 한다고 응답하면, [글상자 4-2]에 기술하고 아래에서 논의되는 후속 질문을 계속하면 된다. 만약 내담자가 자살 시도를 했거나 자살 사고를 한 적이 있고 현재 비자살적 자해를 하고 있다고 응답한다면, 다음 과업의 일부는 어떤 행동이 사실상 본질적으로 자살행동인지, 내담자의 자살과 비자살적 자해 행동이 어느 정도 겹치고 구별되는지, 두 행동이 어떻게 연결되는지(만약 그 둘이 조금이라도 연결된다면 [그림 4-1] 참조)를 구별해 내는 것이다. 예를 들어, 내담자가 현재 자살 사고와 비자살적 자해를 모두 경험하고 있는가? 비자살적 자해와 자살 욕구가 동시에 생긴 적이 있는가? 내담자는 비자살적 자해와 자살을 자신의 삶에서 얼마나 유사한 것으로 또는 다른 것으로 여기는가? 내

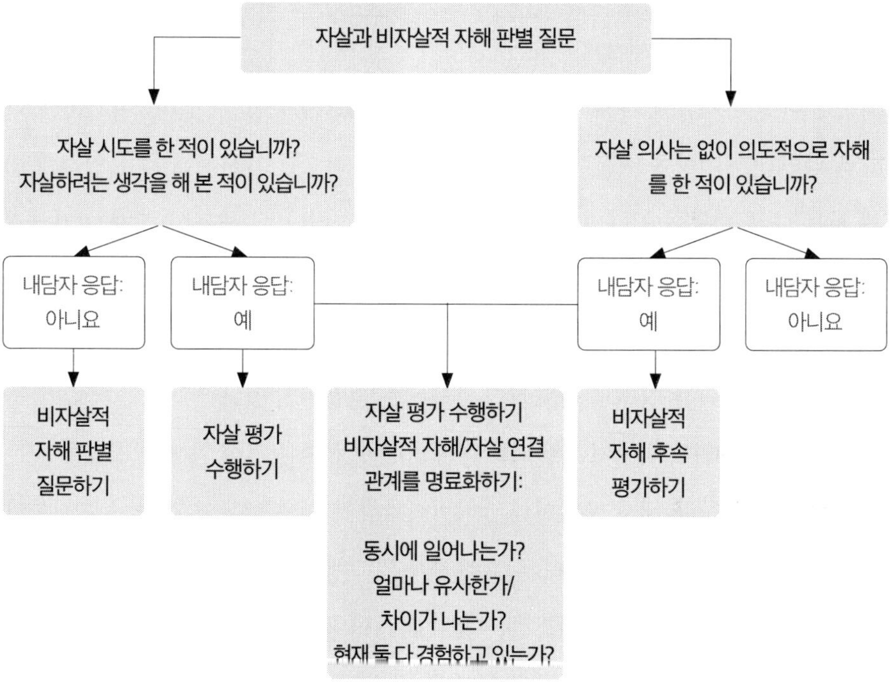

[그림 4-1] 비자살적 자해/자살행동 판별 질문에 대한 흐름도

담자는 자살 시도를 미루거나 피하기 위해 비자살적 자해에 의존한 적이 있는가? 내담자가 비자살적 자해로 시작했는데 비자살적 자해가 자살 시도로 발전하였는가?

비자살적 자해에 대한 후속 평가

비자살적 자해의 방법, 빈도, 심각성 및 내성

내담자가 자해를 한다고 응답하면, 첫 번째 과업은 내담자가 실제 어떤 행동을 했는지 파악하는 것이다. 보다 구체적으로 내담자가 어떤 방법을 사용했는지, 그 방법이 비자살적 자해를 하는 데만 사용되는 것인지, 아니면 약물 남용이나 섭식장애와 같은 다른 형태의 자해 폭력을 나타내는 징후인지 알아내는 것이다. [활동지 4-1]을 복사해서 내담자에게 주고 내담자가 일생 동안, 지난 1년 동안 그리고 보다 최근에 어떤 비자살적 자해 방법을 사용했는지 체크하게 할 수 있다. 여기에는 '기타'를 나타내는 개방형 질문이 있어 내담자가 의도적으로 자신에게 해를 입히기 위해 하는 다른 행동이 있다면 적어 넣을 수 있다. 그러나 이 행동이 실제 비자살적 자해의 한 형태이고 다른 자해 행동(예: 섭식장애, 약물 남용, 고위험 활동)이 아닌지 확인하라. 다른 형태의 자해에 대해서도 후속 질문이 필요하지만, 비자살적 자해 평가의 후속 질문은 다른 형태의 의도적인 자해에는 적합하지 않다.

비자살적 자해를 하는 데 사용되는 구체적인 방법에 관하여 자세한 정보를 얻는 것은 여러 가지 이유에서 중요하다. 이는 비자살적 자해 행동의 심각성을 정확하게 알아내고 비자살적 자해와 다른 자해 행동을 구별하는 데 도움이 된다. 또한, 자해 방법의 수가 자살 사고를 예측하는 것으로 나타난 바 있다(사용된 개수가 많을수록 자살 사고의 가능성이 더 높은 것으로 나타남). 면도날, 수술용 메스, 또는 칼로 커팅하기와 같은 몇몇 비자살적 자해 방법은 보다 심각한 손상을 초래한다. 반면, 다른 비자살적

[활동지 4-1] 자해에 사용되는 방법

죽음, 즉 자살의 의도 없이 자해를 하는 데 구체적으로 어떤 방법을 사용하였나요? 당신의 일생 동안, 지난 한 해 동안, 그리고 보다 최근에 사용한 적이 있는 방법을 각각 표시해 주세요. '예'라면 √를 하세요('아니요'라면 빈칸으로 남겨 두세요.). 당신이 지난 한 해 동안 그리고 보다 최근에 해당 방법을 사용한 빈도를 각각 표시하세요.

당신은 자살 의도 없이, 의도적으로, 즉 고의로 …… 을 한 적이 있습니까?	당신의 일생 동안	지난 한 해 동안		지난 석 달 동안	
	예라면, √	예라면, √	예라면, 몇 번이나	예라면, √	예라면, 몇 번이나
도구를 사용해서 자기 몸을 커팅했나요?					
뭔가를 사용해서 자신에게 화상을 입혔나요?					
머리카락을 잡아 뽑았나요?					
뭔가로 피부를 문질러서 생살이 드러나도록 했나요?					
피부를 칼로 도려내거나 상피를 벗겨냈나요?					
핀이나 날카로운 도구로 자기 몸을 찔렀나요?					
손톱이나 다른 도구를 사용해서 자신을 심하게 긁었나요?					
자기 몸을 물어서 자국이 남거나 상처가 생겼나요?					
멍이 들거나 다른 부상을 입을 때까지 어딘가에 부딪치거나 자신을 구타했나요?					
도구를 사용해서 멍이 들거나 다른 부상을 입을 때까지 자신을 구타했나요?					
자기 뼈를 부러뜨렸나요?					
상처가 낫지 못하도록 했나요?					
오직 상해를 입고자 하는 목적에서 싸움이나 다른 고위험 행동에 가담했나요?					
이 목록에 없는 다른 행동을 했나요? 그렇다면 그것이 무엇인지 쓰세요.					

출처: © 2017, *Non-Suicidal Self-Injury*, Kelly L. Wester and Heather C. Trepal, Taylor & Francis

자해 방법으로 핀이나 바늘 같은 것은 보다 국부적인 조직 손상을 유발한다. 그러므로 구체적인 자해 방법이 무엇인지 평가하면, 해당 자해 행동의 **심각성**을 이해하고, 필요한 경우 비자살적 자해에 즉시 초점을 맞춰야 할지 여부를 판단하기에 용이하다.

자해를 하는 데는 평균 두 개의 방법을 사용하는 것이 보통이다. 그러나 어떤 사람들은 열 한개에 달하는 방법을 사용한다고 밝힌 경우도 있다(Wester et al., 2016). 자해 방법을 평가하는 데 있어서 방법의 개수(방법의 개수와 자살 사고 간 연관성 때문에)뿐만 아니라 시간이 지남에 따라 **방법이 어떻게 변화했는가**를 알아내는 것도 중요하다. 예를 들어, 내담자가 자해를 시작했을 때 어떤 방법을 사용했는가? 내담자는 처음 시작했을 때보다 더 많은 방법을 선택해서 자해를 하고 있는가? 이 방법들이 상해의 심각성을 증가시켰는가? 예를 들어, 한 연구 참여자는 핀으로 찌르거나 할퀴는 걸로 시작해서 면도날로 커팅하는 걸로 발전했고, 나중에는 다치고 뼈를 부러뜨리려고 계단에서 굴렀다고 말했다. 그녀는 이처럼 여러 해에 걸쳐 비자살적 자해가 진전되고 심각성이 높아진 데 대해 이야기했다. 이 사례는 비자살적 자해가 처음 시작된 이후 어떻게 진전되었는지, 특히 그녀가 행한 비자살적 자해의 심각성이 어떻게 증가했는지를 보여 준다. 이는 부분적으로는 [활동지 4-1]에 대한 응답을 통해 평가할 수 있지만 시간이 지남에 따라 상황이 어떻게 변화했는지 파악하려면 추가 질문이 필요하다. 특히 이러한 추가 질문 중 일부는 비자살적 자해 행동에 대한 **내성**을 평가한다. 바라는 동일한 효과를 얻기 위해서 (실행 방법 또는 상처의 심각성/깊이에 있어서) 보다 심각한 행동이 필요한가?

비자살적 자해의 평생 유병 경험을 평가하면 상담자는 각 내담자의 자해 행동이 어떻게 진행되었는지에 대한 전체적인 그림을 이해하기에 용이해진다. 12개월 동안의 비자살적 자해 행동에 대해 조사하면, 그것을 DSM-5의 추가 연구가 필요한 진단적 상태(비자살적 자해 진단에 대한 상세한 내용은 제5장 참조)와 연관 짓는 데 도움이 된다. 그리고 보다 최근(예: 3개월 이내)의 비자살적 자해 행동에 대해 탐색하면, 내담자에게 현재 무슨 일이 일어나고 있는지, 잠재적으로 비자살적 자해가 감정에 대처하거나 조절하는 데 얼마나 즉각적으로 효과를 발휘하는지 이해할 수 있다.

때로 비자살적 자해에 대한 판별 질문에 내담자가 어떻게 응답했는지와 상관없이, 내담자에게 [활동지 4-1]을 주는 게 도움이 될 수 있다. 판별 질문이 도움이 되기는 하지만, 개괄적인 판별 질문은 대개 구체적인 행동에 대해 질문을 받는 경우에 비해 더 보수적인 응답을 도출하는 것으로 나타났다. 즉, 응답자가 비자살적 자해를 인정할 가능성이 더 낮다는 것이다. 이는 어쩌면 비자살적 자해가 사실 '커팅'에만 해당된다는 근거 없는 믿음 때문일 수 있다. '커팅'이 일반 대중과 소셜 미디어에서 비자살적 자해로 언급되는 전형적인 형태이니 말이다. 따라서 특정한 행동에 대해서 물어보는 것이 상담자가 보다 정확한 이해에 도달하는 데 도움이 된다. 그러나 [활동지 4-1]을 비자살적 자해 판별 질문을 대신해서 사용한다면 생각 없이 그냥 한 행동, 즉 고의로 자해를 하려는 의도가 아닌 강박 행동의 결과로 나타난 행동을 배제하기 위하여 행동 이면의 의도를 반드시 후속적으로 탐색해야 한다.

몸의 어디에 자해를 하는지에 대해 물어보면, 상담자가 자해 행동이 우발적인 사망을 초래할 가능성이 있는지, 사망 위험성은 없는지, 그 행동이 얼마나 비밀스럽게 실행되는지, 비자살적 자해가 다른 사람들이나 과거의 트라우마와 관련이 있는지에 대한 정보를 얻을 수 있어 도움이 된다. 예를 들어, 내담자가 면도날을 사용해서 손목에 커팅을 한다면, 이는 우발적인 사망을 초래할 가능성이 있다. 특히 내담자가 충동적이거나 자해를 할 때 자의식이 낮은 상태, 즉 해리(disassociation)가 발생하거나 커팅으로 깊은 상처를 남기는 경향이 있다면 우발적인 사망에 이를 가능성이 있다. 그러나 내담자가 눈썹을 잡아 뽑는다면, 이는 국소적인 조직 손상을 초래할 뿐 즉각적이거나 우발적인 사망 위협이 되지는 않는다. 만약 그녀가 가슴이나 생식기와 같이 다른 사람들의 눈에 띄지 않을 곳을 할퀴거나 커팅을 한다면, 비자살적 자해를 다른 사람들에게 숨기고 있거나 그 행동을 어떤 다른 사건과 연관 짓고 있는 것이다. 내담자는 신체적 또는 성적 학대를 당한 부분에 비자살적 자해를 하는 경우가 있는데, 이는 일종의 자신에 대한 처벌이거나 자신의 신체를 소유하거나 되찾으려는 시도에서, 또는 신체의 일부를 망가뜨림으로써 누구도 자신을 학대하거나 자기 몸의 해당 부분을 탐내지 않도록 만들려는 노력에서 비롯되는 것일 수 있다. 또한 진단의 관점에서, 특히 머리카락 잡아 뽑기, 피부 벗겨내기와 머리 부딪치기와 같은 행동은 특정한 질환(예: 모발뽑기장애, 피부벗기기장애, 상동증적 운동장애)으로 인해 생길 수 있기 때문에 추가적인 평가를 하는 것이 중요하다. 이러한 질환을 나타내는 특정 신체 부위로는 머리, 얼굴, 눈썹과 속눈썹이 포함될 수 있다.

비자살적 자해의 상황 맥락

상담자가 자해 행동의 심각성과 이면에 숨은 의도를 보다 정확하게 이해하고 나면, 자해가 발생하는 상황 맥락을 잘 이해해야 한다. 이를 위해 특히 약물 남용, 장소(예: 방, 건물)와 다른 사람들과 같은 인접 환경, 상해의 유형에 관한 질문이 필요하다. 약물 남용에 대한 질문은 내담자가 자해를 할 때 얼마나 통제력을 발휘할 수 있는지를 이해하는 데 도움이 되기 때문에 중요하다. 내담자가 오직 약물의 영향을 받는 경우에만 자해를 하는가? 그렇다면 아마도 그가 약물을 사용할 때 억제력과 통제력이 저하되고 그 결과로 비자살적 자해를 하는 것일 수 있다. 이는 또한 그 순간에는 자해에 대한 통제력이 낮아서 원래 의도한 것보다 더 심각한 상해를 초래할 수 있다는 것을 나타내기도 한다. 약물의 영향을 받는 동안 비자살적 자해를 하면 우발적인 사망 위험이 높아질 수 있다.

자신의 자해 행동을 기억하지 못한 채 몸에 상처를 발견하는 내담자는 약물 사용과 관련이 있을 수 있다. 약물에 극도로 취하거나 기억이 끊긴 상태에서 비자살적 자해가 발생했을 수 있기 때문이다. 다른 이유로 비자살적 자해를 하고 기억하지 못하는 것은 내담자가 해리 현상을 겪는 동안 자해를 해서일 수도 있다. 기억 끊김, 해리, 또는 약물에 취해서 비자살적 자해를 하면, 비자살적 자해를 하는 순간에 무슨 일이 있었는지 기억할 수 없기 때문에 사망 위험이 높아지는 경향이 있다.

내담자의 자해 충동 및 자해 실행을 지연할 수 있는 능력을 이해하면, 자기통제력, 내담자가 자해를 중단할 수 있는 능력 그리고 다른 대처 기제를 시도해 본 적이 있는지 여부를 이해하는 데 도움이 된다. 내담자가 자해 실행을 지연시킬 수 있었다면 계속 자해 실행을 지연시키고 대안적 문제 해결 전략을 사용할 수 있다는 가능성을 보여 준다. 이는 또한 내담자가 비자살적 자해 행동을 중단하고 싶어 한다는 것을 나타내는 것일 수 있다. 내담자가 다른 어떤 문제 해결 전략을 시도해 보았고, 그것이 성공적이거나 성공적이지 못했는지 이해하는 것이 중요하다. 왜냐하면 그들이 무엇을 시도했고 다른 어떤 방법도 소용이 없었을 때 얼마나 절망적이라고 느낄지를 들여다볼 수 있는 창을 제공해 주기 때문이다. 치료에 대한 장(제7장과 제8장)에서 논의되겠지만, 자해를 하는 사람들은 적응적인 대처 전략과 비적응적 대처 전략을 둘 다 많이 사용한다고 말한다. 여기에서 드러나는 사실은 이들 대처 전략이 어쩌면 비효과적으로 사용되고 있거나 내담자가 자신이 느끼는 감정을 다루는 데 부적합한 대처 전략을 사용하고 있을 가능성이 있다는 것이다(예: 사실은 슬픔을 느끼는데 운동을 통해서 화를 태워 없애고자 시도함).

자해 행동에 대한 충동성과 통제력을 이해하는 것도 중요하다. 이는 자해 실행 지연에 관해 앞서 기술한 질문을 사용해서 알아낼 수 있지만, 상담자가 내담자에게 비자살적 자해를 하는 의식(rituals)이나 장소에 대해 물어봄으로써 정보를 얻을 수도 있다. 예를 들어, 다음의 시나리오를 생각해 보자. 한 청소년이 학교에서 친한 친구와 싸움을 벌인다. 그녀는 불안과 분노의 감정이 일시에 상승해서 참을 수 없는 정도에 이른다. 수학 시간에 앉아 있는 동안, 그녀는 계속 그 싸움을 되새겨보며 자신의 감정에 휩싸여 있다. 문제는 그녀가 학교가 끝나고 집에 가서 자신의 침실에서 자해를 할 만큼 오랫동안 버틸 수 있느냐, 아니면 그 감정에 너무 압도된 나머지 견디지 못하고 화장실에 가겠다고 하고 나가서 학교에서 자해를 하느냐이다. 이 시나리오는 내담자가 비자살적 자해에 대해 충분한 통제력이 있는지 여부 및 내담자의 고통에 대한 내성 수준에 관해 알려 준다. 이제 똑같은 시나리오에서 이 청소년이 수학 교실을 나가지도 않고 자기 책상에 앉아서 자해를 한다고 생각해 보라. 그녀는 여전히 자해 행동을 숨길 수 있을지 모른다(예: 손톱으로 손바닥을 파내고 있거나, 셔츠 소매 아래를 할퀴고 있거나, 책상 밑에서 팔에 커팅을 함). 어쩌면 그녀는 다른 사람들 눈에도 드러내 놓고 자해를 할지도 모른다. 이는 그녀가 비자살적 자해를 하는 목적(예: 사회적 이유인가, 아니면 정서적 이유인가)에 따라 다를 것이다.

비자살적 자해는 보다 비밀스러운 행동인 경향이 있어서 다른 사람들이 주변에 있을 때는 자해 행동을 할 가능성이 낮다. 하지만 Glenn과 Klonsky(2009)는 혼자 있을 때 자해하는 사람들이 자살행동을 할 위험성이 더 높다고 하였다. 나아가 또래들 주변에서 자해를 하는 것은 비자살적 자해의 사회적 기능(즉, 사회적 전염, 또래 집단의 승인, 관심의 필요, 다른 사람들을 도망가게 하기)을 나타내는 것일 수 있다.

비자살적 자해를 중단할 능력

내담자가 비자살적 자해 실행을 지연시킬 능력이 있는지 아는 것이 중요한 한편, 내담자가 비자살적 자해 행동을 멈추거나 그만둘 수 있었는지를 파악하는 것도 중요하다. 이는 내담자에게 자해를 중단하고 싶어 하는 마음이 있는지 및 자해를 중단할 수 있는 힘이 있는지를 이해할 수 있게 해 준다. 비록 내담자가 비자살적 자해를 다시 하기 시작했다고 해도, 어떤 한 시점에 그 행동을 멈출 수 있었다. 그들은 며칠, 몇 달, 또는 여러 해에 걸쳐 자해를 중단했을 수도 있다. 마찬가지로, 내담자에게 비자살적 자해를 중단하고 싶은 마음이 있는지 물어보는 게 중요한데, 이는 비자살적 자해 중단을 그 내담자의 치료 목표로 할지를 결정하는 데 도움이 되기 때문이다.

비자살적 자해를 완전히 중단할 마음이나 능력 외에도 개별 자해 에피소드가 일어나는 동안 내담자가 자해를 멈출 능력이 있는지를 이해하는 것도 중요하다. 내담자가 고통을 느껴서 그 순간에 멈추는가? 그녀가 팔에 정확하게 다섯 번 커팅을 했기 때문에? 아니면 피를 눈으로 보아서? 각 에피소드에서 자해를 멈춘 지점을 이해하면 상담자가 어떻게 개입해서 내담자가 비자살적 자해 실행을 지연하도록 도울지 파악하는 데 도움이 된다. 보다 구체적으로 제8장에서 다양한 주의 분산 방법을 사용하여 비자살적 자해 실행을 지연시키는 방법에 대해 설명한다. 그러나 이런 주의 분산 방법은 개별 내담자에 따라 비자살적 자해의 목적이나 중단 지점과 일치해야 할 것이다.

비자살적 자해의 기능

앞서 논의한 FASM의 유일한 목적과 마찬가지로 다른 많은 평가도 각 내담자에게 있어 비자살적 자해의 기능이나 목적이 무엇인지를 이해하는 것이 중요하다는 것을 나타낸다. 내담자가 비자살적 자해를 하는 목적을 이해하면 효과적인 치료 계획을 세우는 데 도움이 된다. 예를 들어, 내담자가 자신의 내적 고통을 다른 사람들에게 표현하기 위해 자해를 한다면, 효과적인 의사소통 기술을 훈련하고 대인관계를 개선하는 것이 도움이 될 것이다. 만약 내담자가 감정을 조절하거나 반추하는 생각을 멈추기 위해 비자살적 자해를 한다면, 다양한 대처 기술과 감정 조절 전략이 비자살적 자해를 줄이거나 없애는 데 가장 도움이 될 것이다. 자기가 완전하게 기능하기 위해서 비자살적 자해가 필요하거나 갈망한다고 말하는 내담자는 비

[활동지 4-2] 자해를 하는 이유

잠시 시간을 내서 당신이 자해를 하는 이유를 표시하세요. 사람들이 자해를 하는 이유는 많으니 당신도 하나 이상의 이유가 있을 수 있습니다.

다음에 제시된 이유가 당신이 자해를 하는 이유에 얼마나 부합하는지 표시해 주세요. 당신이 자해를 하는 이유가 이 목록에 없다면 그 이유를 표 하단에 자유롭게 적어 주세요.

나는 ……(이유) 때로 자해를 한다.	전혀 아니다	다소 그렇다	매우 그렇다
……기분이 나아지기 위해서			
……내가 경험하고 있는 감정(예: 화, 슬픔, 불안)을 줄이기 위해서			
……마음속에서 끊임없이 떠오르는 생각을 멈추기 위해서			
……내가 내 몸과 연결되어 있다고 느끼거나 실재한다고 느끼기 위하여			
……그게 나에게 마땅하다고 생각하기 때문에			
……벌을 받아야 하기 때문에			
……다른 사람들이 나에게 관심을 가지도록 하려고			
……다른 사람과의 다툼이나 다른 상호작용을 멈추기 위하여			
……(사람들로부터) 벗어나거나 혼자 있기 위해서			
……의사소통하기 위하여			
……그걸 갈망하고 필요로 하기 때문에			

출처: © 2017, *Non-Suicidal Self-Injury*, Kelly L. Wester and Heather C. Trepal, Taylor & Francis

자살적 자해에 대한 행동 중독일 가능성이 있다. 행동 중독의 가능성을 보이는 내담자는 다른 사람들과 의사소통하는 데 어려움이 있는 내담자와는 다른 상담 치료 계획이 필요하다. [활동지 4-2]를 내담자에게 주고 그가 일반적으로 비자살적 자해를 하는 이유를 표시하도록 할 수 있다. 내담자가 단 한 가지 이유로 비자살적 자해를 하는 경우는 거의 없다는 점을 유념하라. 그러나 비자살적 자해를 하는 주요한 이유들에 주목해야 한다.

모든 내담자는 개별적으로 고려되어야 한다. 따라서 이 비자살적 자해 후속 평가는 앞서 논의했던 다른 자기훼손 및 자해 평가와 마찬가지로 일종의 템플릿을 제공하는 것이다. 이 템플릿은 상담자가 각 내담자에 대해서 상황이나 비자살적 자해 행동의 맥락을 이해하고, 자해 행동의 심각성에 대한 정보를 얻으며 비자살적 자해와 자살이 연관되는지 여부를 이해하는 데 도움이 된다. 이러한 질문에 대한 내담자의 응답은 추가 정보가 필요한 후속 질문을 결정하고 내담자에게 효과적인 치료 계획을 세우는 데도 도움이 된다.

평가를 할 때 고려해야 할 다른 사항도 있다. 여러분이 청소년과 치료 작업을 하는데 상담실에 부모, 법적 보호자, 또는 다른 가족 구성원이 있다면, 청소년은 정직한 답변을 하지 못할 수 있다. 어쩌면 가족이 자해 사실을 모르고 있어서 청소년은 가족에게 알리고 싶어 하지 않을 수 있다. 또는 가족이 이 청소년의 비자살적 자해 사실을 알고는 있지만 그 빈도나 심각성은 모를 수도 있다. 또는 가족이 청소년이 비자살적 자해를 하는 주된 원인 중 하나일 수 있고 그걸 가족 앞에서 이야기하는 건 이 청소년이 피하려고 애쓰고 있는 비자살적 자해를 더 자주, 더 심각한 강도로 하게 만드는 결과를 초래할 것이다. 따라서 가족이 곁에 있을 때와 없을 때 비자살적 자해를 평가하는 것이 중요하다.

이는 가족을 참석시키지 말고 비자살적 자해를 평가해야만 한다는 말은 아니다. 가족이 청소년 내담자가 제공하지 않는 정보를 가지고 있을 수 있기 때문에 가족을 함께 참석하게 하고서도 평가해야 한다. 따라서 비자살적 자해에 대해 가장 잘 이해하기 위해서는 가족이 함께 있을 때와 없을 때 모두 평가하는 것이 중요하다.

입원병동이나 기타 거주 시설(예: 거주형 치료·교정 시설)에 있으면, 사람들은 무슨 말을 해야 할지에 대한 요령을 터득한다. 그래서 실제로는 자살 경향성이 있지만,

자살행동보다는 비자살적 자해에 따르는 결과나 요구되는 치료가 강도가 약할 거라는 것을 알기 때문에 자살 의도 없이 특정 자해 행동을 했다고 말할 수 있다. 또한 내담자는 자기가 여전히 자해를 하고 있다는 것을 상담자와 가족이 눈치채지 못하도록 하기 위해 비자살적 자해를 사실상 더 비밀스러운 방식으로 행할 수도 있다. 제1저자가 소년 교정 시설에서 일하고 있을 때, 한 소년은 더 이상 자해를 하지 않는다고 저자에게 말했다. 사실 그는 계속해서 커팅을 하고 있었지만 대부분의 교정 요원이 볼 수 없는 더 사적인 부위(예: 사타구니와 겨드랑이)에 하고 있었다. 커팅을 하는 그의 비밀스러운 방식은 실제 자살 시도로 인해 응급실에 실려 갔을 때 밝혀졌다. 응급 입원병동에 입소해 있는 동안, 그는 더 비밀스러운 방식으로 계속 커팅을 하고 있었던 것으로 드러났다.

마지막으로, 왜 비자살적 자해를 하는지 또는 비자살적 자해 실행의 전조가 되는 사건이나 상황에 대해 물어보면, 대부분의 내담자는 잘 알지 못한다. 이는 제대로 의식하고 집중하지 않기 때문이기도 하고 감정표현불능증(alexithymia: 감정을 인지하고 이름 붙일 능력이 없는 상태) 때문이기도 하다. 따라서 비자살적 자해 행동 일지를 사용하면 내담자가 일정 기간 동안 비자살적 자해를 실행했거나 하고 싶은 충동을 느꼈던 때를 적고 목록을 만드는 데 도움이 된다. 또한 상담자가 비자살적 자해의 상황 맥락을 이해하고 내담자가 자신의 비자살적 행동에 대해 자각하는 데 도움이 된다. 비자살적 자해 행동 일지의 예로 [활동지 4-3]을 참조하라.

[활동지 4-3] 비자살적 자해 행동 일지

	에피소드 1	에피소드 2	에피소드 3	에피소드 4	에피소드 5
비자살적 자해에 대한 설명					
어떤 방법이 사용되었는가?					
몸에 어떤 신체적 상처가 발생했는가?					
어떻게 알았는가? 또는 언제 멈추었는가?					
누군가 함께 있었는가?					
비자살적 자해가 일어난 환경					
무엇이 자해의 충동 또는 필요성을 촉발시켰는가?					
어떤 기분을 느꼈는가?					
이 상황에 누가 가담되었는가?					
이 상황이 어디에서(예: 집, 학교) 발생했는가?					
자해를 지연시킬 수 있었는가?					

출처: © 2017, *Non-Suicidal Self-Injury*, Kelly L. Wester & Heather C. Trepal, Taylor & Francis

결론

비자살적 자해 행동을 평가하고 탐색하는 데는 다양한 방식이 있다. 특히 정신 건강 전문가는 자살과 비자살적 자해 행동을 분리하고 자신이 이 둘의 유사점과 차이점을 인식하고 있다는 것을 내담자들에게 확실히 이해시켜야 한다. 또한 비자살적 자해 행동에 대한 매우 상세한 후속 질문은 특히 내담자가 심각한 상해를 입거나 우발적인 사망에 이를 위험성을 파악하는 데 도움이 되고, 치료 계획을 세우거나 어떤 치료적 개입이 보다 적합한지 결정하는 데 도움이 된다. 마지막으로, 치료적 관계를 발전시키는 데 관심을 기울이는 것이 자해 내담자와 작업하는 데 있어 핵심적인 요소이다.

참고문헌

Glenn, C. R., & Klonsky, E. D. (2009). Social context during nonsuicidal self-injury indicates suicide risk. *Personality and Individual Differences, 46*, 25-29.

Gratz, K. L. (2001). Measurement of deliberate self-harm: Preliminary data on the deliberate self-harm inventory. *Journal of Psychopathology and Behavioral Assessment, 23*(4), 253-263.

Gutierrez, P. M., Osman, A., Barrios, F. X., & Kopper, B. A. (2001). Development and initial validation of the self-harm behavior questionnaire. *Journal of Personality Assessment, 77*(3), 475-490.

Klonsky, E. D., & Glenn, C. R. (2009). Assessing the functions of nonsuicidal self-injury: Psychometric properties of the inventory of statements about self-injury (ISAS). *Journal of Psychopathological and Behavioral Assessment, 31*, 215-219.

Linehan, M. M., Comtois, K. A., Brown, M. Z., Heard, H. L., & Wagner, A. (2006). Suicide attempt self-injury interview (SASII): Development, reliability, and validity of a scale to assess suicide attempts and intentional self-injury. *Psychological Assessment, 18*(3), 303-312.

Lloyd, E. E., Kelley, M. L., & Hope, T. (1997, April). *Self-mutilation in a community sample of adolescents: Descriptive characteristics and provisional prevalence rates.* Poster session presented at the annual meeting of the Society for Behavioral Medicine, New Orleans, LA.

Nafi si, N., & Stanley, B. (2007). Developing and maintaining the therapeutic alliance with self-injuring patients. *Journal of Clinical Psychology: In Session,*

63 (11), 1069-1079.

Nock, M. K., Holmberg, E. B., Photos, V. I., & Michel, B. D. (2007). Self-injurious thoughts and behaviors interview: Development, reliability, and validity in an adolescent sample. *Psychological Assessments, 19*(3), 309-317.

Nock, M. K., & Prinstein, M. J. (2004). A functional approach to the assessment of selfmutilative behavior. *Journal of Consulting and Clinical Psychology, 72*(5), 885-890.

Sansone, R. A., Wiederman, M. W., & Sansone, L. A. (1998). The self-harm inventory (SHI): Development of a scale for identifying self-destructive behaviors and borderline personality disorder. *Journal of Clinical Psychology, 54*(7), 973-983.

Santa Mina, E. E., Gallop, R., Links, P., Heslegrave, R., Pringle, D., Wekerle, C., & Grewal, P. (2006). The self-injury questionnaire: Evaluation of the psychometric properties in a clinical population. *Journal of Psychiatric and Mental Health Nursing, 13*(2), 221-227.

Walsh, B. (2007). Clinical assessment of self-injury: A practical guide. *Journal of Clinical Psychology: In Session, 63*(11), 1057-1068.

Wester, K. L., Downs, H., & Trepal, H. C. (2016). Counseling outcomes of non-suicidal selfinjury for eight clients in outpatient treatment: A retrospective case study. *Counseling Outcome Research and Evaluation, 5*, 1-18.

Wester, K. L., Ivers, N., Villalba, J. A., & Trepal, H. C. (2016). The relationship between nonsuicidal self-injury and suicidal ideation. *Journal of Counseling & Development, 94*(1), 3-12.

Wester, K. L., & McKibben, B. (2016). Participant's experiences of nonsuicidal self-injury: Supporting existing theory and emerging conceptual pathways. *Journal of Mental Health Counseling, 38,* 12-27.

Wester, K. L., & Trepal, H. C. (2015). Non-suicidal self-injury: Exploring the correlation among race, ethnic identity, and ethnic belonging. *Journal of College Student Development, 56*(2), 127-139.

Whitlock, J., Exner-Cortens, D., & Purington, A. (2014). Assessment of nonsuicidal selfinjury: Development and initial validation of the Nonsuicidal Self-Injury—Assessment Tool (NSSI-AT). *Psychological Assessment, 26*(3), 935-946.

제5장

진단에서 고려해야 할 문제

이름이 뭐가 중요하냐고? 제1장에서 **자해**(self-injury), **자기훼손**(self-harm), **자기절단**(self-mutilation), **자살행동**(suicidal behavior) 그리고 **준자살행동**(parasuicidal behavior)이 모두 때로 유동적으로 상호 교체해서 비자살적 자해를 나타내는 데 사용되는 용어라는 걸 설명한 바 있다. 공통적인 학술 명칭의 결여는 연구자들과 상담자들이 자해 행동을 이해하고 분류하는 데 어려움을 겪어왔다는 점에서 상황을 복잡하게 만드는 요인이 된다. 최근 들어서 **비자살적 자해**(non-suicidal self-injury)가 보다 널리 받아들여지는 용어가 되었다(미국과 캐나다에서는 널리 받아들여지지만, 영국이나 호주에서는 별로 그렇지 않다). 이러한 변화의 이유는 부분적으로 『정신질환의 진단 및 통계 편람(Diagnostic Statistical Manual of Mental Disorders, 5th Edition: DSM-5)』(American Psychiatric Association, 2013, p. 783)의 제3부에 비자살적 자해가 "추가 연구가 필요한 진단적 상태"로 포함된 덕분이다.

Zetterqvist(2015)에 따르면, DSM의 이전 판들에서 독자적인 비자살적 자해 진단명을 정의하려는 노력이 1980년대 이후 지속적으로 이루어졌다. 비자살적 자해를 독자적인 진단 범주로 보았던 초기 옹호자들은 충동이 하는 역할의 중요성, 자해에 대한 집착, 예기(anticipation)-자해(harm)-안도(relief)의 사이클, 반복성 그리고 자살행동과의 차이점을 인정했다.

비자살적 자해가 독자적인 진단 범주를 구성한다면 몇 가지 목표를 달성하게 될 것이다. 무엇보다도 독자적인 진단명이 되면 비자살적 자해는 자살행동과 분리되고, 유일하게 진단 기준에서 연결성을 가지고 있는 경계선 성격장애(BPD)와도 분리될 것이다. 비자살적 자해의 진단 범주에 명확한 기술어들이 있으니, 상담자, 내담자, 연구자는 말하자면 같은 언어로 이야기할 수 있을 것이다. 둘째, 하나의 정의가 제시되면 관련 연구 결과를 수집할 가능성이 확실히 높아질 것이다. 보다 구체적으로, 경계선 성격장애로 진단받은 내담자들로 국한되지 않는 비자살적 자해 행동을 다루는 증거기반 치료에 대한 연구를 이끌어 낼 것이다. 이는 결국 내담자 돌봄과 치료 효과의 개선으로 이어질 것이다. DSM-5 현재 판에 150개가 넘는 진단명이 있고 편람의 향후 개정판에서 진단 기준을 계속 더 명료화하고 연구하고 목적에 맞게 만들고자 한다는 점에서, 비자살적 자해를 독자적인 진단 범주로 개발한다는 것은 매우 어려운 과제가 될 것이다.

DSM-5 비자살적 자해 진단, 추가 연구가 필요한 진단적 상태

DSM-5(2013) 현재 판에서 제안되는 비자살적 자해의 기준은 다음과 같다(p. 803).

- 지난 1년 동안 5일 이상 비자살적 자해를 했다.
- 다음 중 적어도 하나의 기대를 품고 자해 행동을 한다. 부정적인 감정이나 인지 상태로부터 안도감을 구하기, 대인관계의 어려움을 해소하기, 또는 긍정적인 상태를 이끌어 내기

- 해당 행동이 반드시 다음 중 하나와 연관성이 있어야 한다. 대인관계의 어려움 또는 부정적인 감정 및 생각(예: 우울, 불안), 사전 계획 그리고/또는 비자살적 자해에 대한 반복적 생각
- 상처 딱지 뜯기, 손톱 물어뜯기, 피어싱이나 문신과 같은 사회적으로 용인된 행동은 이 진단명에 해당되지 않는다.
- 그 행동이나 그로 인한 결과가 임상적으로 심각한 정신적 고통이나 기능 장애를 초래한다.
- 그 행동이 정신병 상태에서 또는 약물에 취하거나 금단 증상을 겪는 동안 일어나지 않으며, 다른 종류의 장애나 증상으로는 이를 더 잘 설명할 수 없다(다음의 감별 진단 참조).

[그림 5-1]은 이들 제안 기준에 내포되어 있는 비자살적 자해의 기능(functions), 동기(motivations), 감정(emotions)이라는 주제에 대한 개요를 제시한다. 제안 기준은 **빈도**(특정한 기간 동안; 평생 동안), **기능**(이러한 행동이 기여하는 목적) 그리고 **동기**(느낌, 생각, 또는 이러한 행동의 사이클과 연관된)라는 개념을 포함한다. 이들 세 핵심 개념을 각각 살펴보자.

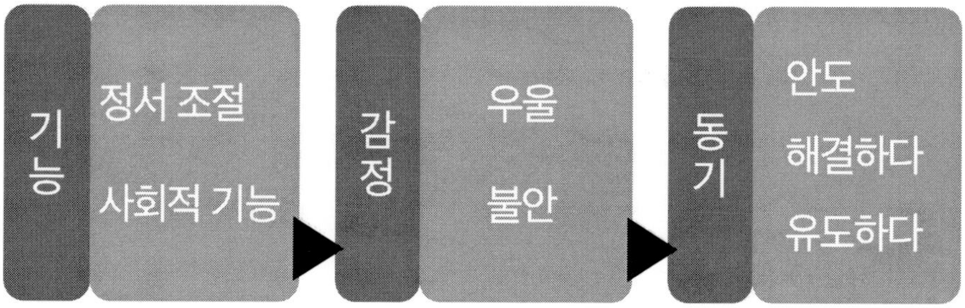

[그림 5-1] 비자살적 자해의 기능, 동기, 감정

빈도

DSM-5에 제안된 비자살적 자해 질환을 판단하는 기준에는 지난 1년 동안 5일 또는 그 이상에 걸쳐 비자살적 자해를 했다는 요건이 포함된다. 빈도는 중요한 개념이다. 상담자가 추수감사절 식사에서 과식한 사람을 폭식장애로 진단하고 싶지는 않을 테니 말이다. 마찬가지로 상담자들은 지난 1년 동안 단 한 번 비자살적 자해를 한 내담자를 정신질환으로 진단하고 싶지 않을 것이다. 빈도는 어떤 행동에 있어 임상적으로 중요한 패턴을 보여 주며, 기능 장애와 함께 진단 과정의 한 전형적인 요소이다.

기능

비자살적 자해 행동이 수행하는 기능이 있다는 것은 일반적으로 잘 알려진 사실이다. 주된 기능은 정서 조절이다. 이는 자해 행동이 부정적인 정서나 강렬한 부정적인 감정(예: 화, 분노, 공포, 슬픔 등)을 경감시킨다는 것을 의미한다. 비자살적 자해가 수행하는 또 다른 일반적 기능은 사회적 조절이다. 이는 자해 행동이 사회적 목적(예: 의사소통, 연결)에 기여한다는 것을 의미한다. 다른 기능으로 해리에서 벗어나기, 안도감이나 기쁨을 느끼기, 지루함을 덜기, 자기처벌하기, 자살 사고를 멈추기 등을 들 수 있다. Lloyd-Richardson, Perrine, Dierker와 Kelley(2007)는 대부분의 자해 내담자는 자해 행동이 수행하는 기능을 적어도 둘 이상 인식하고 있다고 말한다. 감정이 각각 고립된 채 존재하는 게 아니라는 점에서 이는 논리적으로 타당하다. 사람은 분노를 느끼면서 그와 동시에 안도감을 얻고자 할 수도 있다.

동기

동기 개념에는 자해의 사이클로서의 특성이 포함되어 있다. 부정적인 생각과 감정(우울과 같은)이 존재하고, 내담자가 사전 계획을 세우며, 자해를 행동에 옮기기 한

참 전부터 자해 행동에 관해 반복적으로 생각할 수 있다. 그에게는 자해 행동과 연관된 특정한 의식(ritual)이 있을 수도 있고 의식적으로는 그다지 많은 사전 생각 없이 자해를 하겠다고 재빨리 결정해 버릴 수도 있다. 또한 일부 내담자는 자해 행동과 약물 사용 또는 남용을 함께할 것이고 그 결과 기능과 동기 모두 모호해질 수도 있다는 걸 유념해야 한다. 마지막으로, 제1장에서 언급했듯이 제안된 진단 기준은 사회적으로 용인된 비자살적 자해 행동(예: 문신 새기기와 피어싱)을 구별하는데, 이는 보다 전 세계적으로 허용되는 조직 손상 형태이기 때문이다.

2013년 이전 DSM의 개정 작업이 진행 중일 때 비자살적 자해가 독자적인 진단 범주가 되어야 하는지에 대한 논쟁이 있었다. Muehlenkamp(2005)는 비자살적 자해 행동이 자살행동의 연속선상에 존재하며 다른 명칭의 질환들(예: 섭식장애, 경계선 성격장애)과의 동반 발병률이 높다는 점이 사람들이 비자살적 자해가 독립적인 진단명으로서의 독자성을 갖추었다고 보기에 근거가 충분치 않다고 생각한 가장 일반적인 이유라고 밝혔다. 따라서 DSM-5에 비자살적 자해를 새로 등재할 때, 빈도, 기능, 동기에 대해 분명한 기준을 작성함으로써 이런 우려를 일부 해결하고, 경계선 성격장애, 자살행동장애, 모발뽑기장애, 상동증적 자해(stereotypic self-injury), 피부뜯기장애(피부벗기기장애)를 감별 질환(differential diagnoses)으로 등재하였다. DSM-5에서 제안된 비자살적 자해 진단 기준에 대해서는 기능, 감정, 행동, 동기로 이루어진 이 구성체의 실재를 검증하는 연구가 필요하다는 점을 감안할 때, 정신건강 전문가들은 자해 환자들과 작업할 때 여전히 진단과 관련한 문제들과 씨름해야만 한다. 상담자들이 자해를 포착하는 데 사용한 진단상의 사안들을 검토하기에 앞서 진단을 구성하는 여러 차원에 대해 논의할 필요가 있다.

진단상의 딜레마

비자살적 자해가 현재 DSM-5에서 정신**질환**으로 분류되어 있지 않고 ICD 코드에 등재되어 있지도 않기 때문에, 상담자들이 이 행동 구성체를 분류할 최상의 방법을 찾아내려고 할 때 다소 딜레마에 빠지게 된다. 이 책의 다른 곳에서 언급했듯이, 자해를 하는 사람은 각기 고유한 특성을 보인다. 따라서 누구에게나 다 적용되는 진단 접근법은 소용이 없을 것이다.

왜 진단을 내리는가

정신건강 전문가들은 진단명을 통해 내담자의 행동을 개념화하고 증상을 기술한다. 진단명은 종종 상담자들이 치료 계획을 세우는 데 지침이 되어 준다([그림 5-2] 참조). 진단명에는 긍정적인 측면과 제한적인 측면이 모두 있다.

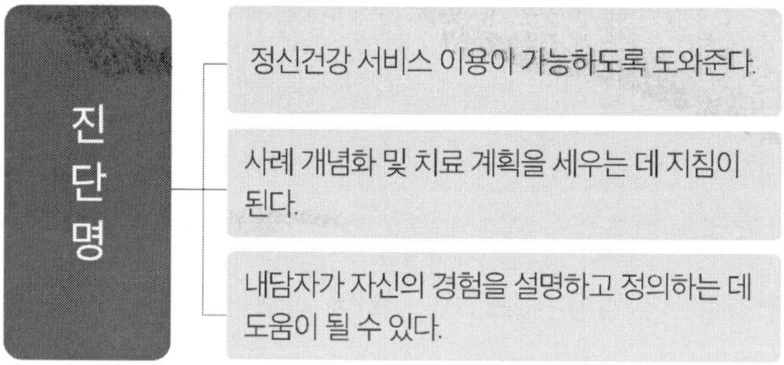

[그림 5-2] 진단명의 중요성

명명하기

새로운 신체적 또는 정신적 증상을 경험하는 데 무엇이 잘못되었는지 알지 못했고, 그래서 즉시 구글을 열고 답을 찾으려 해 본 적이 있는가? 아마도 이런 시도는 여러분의 걱정을 악화시키거나 더 긴장하고 염려하게 만들기만 했을 것이다. 긍정적인 측면을 본다면, 여러분은 몇 가지 정보를 찾아냈고 의사나 정신건강 전문가와 상담할 준비가 보다 잘 갖춰졌을 수도 있다.

명명하기라는 개념을 생각해 보자. 누군가 '커터(cutter)'라는 명칭을 사용하면, 이는 긍정적인 측면(정체성, 악명)과 부정적인 측면(사람이 그 명칭으로 축소됨, 낙인)이 있을 수 있다. 여배우 브룩 쉴즈는 그녀의 책 『비가 내리고: 나의 산후우울증 경험기(Down Came the Rain: My Journey Through Postpartum Depression)』에서 자신이 느끼고 겪었던 것(그녀는 산후우울증 진단을 받았음)이 이름이 있다는 사실을 알게 되는 게 어떤 것인지 묘사한다. 그녀는 그동안 자신이 안고 있었던 자책감으로부터 어느 정도 해방될 수 있었다. 그녀는 자신이 겪고 있던 질환의 이름을 아는 것이 도움이 된다는 것을 깨달았다. 이 예에서 명칭은 긍정적이었고 정보를 제공하고 내담자가 정서적 고통으로부터 자유로워지는 데 도움이 되었다.

명칭의 부정적 측면이 두드러지면, 사람들은 자해 환자에게서 그 명칭 이외의 다른 측면을 볼 수 없다. 이야기치료사(narrative therapists)들은 이를 지배적 이야기(예: 그녀는 다른 사람을 교묘하게 속이는 사람이다, 그는 경계선 장애자이다)라고 부른다. 명칭과 그에 동반하는 이야기는 내담자나 내담자의 삶에 속한 사람들로 하여금 내담자의 문제(또는 명칭)에 대해 예외를 허용할 수 없도록 만든다. 이렇게 예외를 경험하거나 기대할 수 없게 되면 희망과 자기주도성이 감소될 수 있다. 따라서 일부 정신건강 전문가가 왜 명명하기 게임을 우려해서 진단명을 조심스럽게 제공하거나 가능하면 아예 진단명을 사용하지 않으려고 하는지 쉽게 이해할 수 있다. 때로 특정한 진단이 내려지면 내담자의 기회(예: 군대나 특정 직종에 진입하기)를 제한하게 될 수 있다.

어떤 경우에는 진단명을 사용하지 않는 게 항상 가능하거나 개연성이 있는 것도 아니고 꼭 도움이 되는 것도 아니다. 정신건강 전문가들은 종종 자신의 치료 작업에 대해 보험회사로부터 환급을 받는다. 보험회사들은 정신건강 서비스 비용의 산출 근거로서 몇 회기를 또는 얼마의 돈을 할당해야 할지 알기 위하여 코드를 요구한다. 다른 경우로는 내담자들이 보조금이나 정부 출연 기관에서 도움을 받고자 하거나 특정한 문제로 진단받은 사람들만 재정 지원을 받을 수 있는 프로그램에 지원할 자격이 되기를 바라기도 한다.

의료 모형은 발달적·다문화주의적·사회적 영향과 같은 환경 맥락적 요인들을 통합시키기보다는, 본질적으로 환원주의적(내담자를 그들의 증상으로 축소하는)이라고 여겨져 왔다(Eriksen & Kress, 2006). 강점중심 및 웰니스 접근법에서 정신건강 전문가들은 환경 맥락적 요인들을 고려한다. 내담자들의 문제를 이해하기 위해 그들을 일군의 증상으로 축소하는 대신 총체적·생물심리사회적 프로필(biopsychosocial profile)이라는 관점에서 바라본다.

윤리적으로, 정신건강 전문가들은 내담자의 치료에 있어서 진단의 역할을 논의할 의무가 있다. 제6장에서 논의되는 바와 같이, 사전 동의 절차를 통해 내담자에게 치료에 참여할지 여부를 결정하는 데 필요한 정보를 제공하게 된다. 진단에서도 마찬가지이다. 정신건강 서비스 제공자들은 진단의 역할—진단이 무엇이고, 어떤 진단명이 보험이나 제3자 지급인에 의해 보장되고 되지 않는지, 누가 내담자의 정신건강 및 진단 기록에 접근할 수 있는지(보험회사, 법원 등을 포함), 그리고 진단명이 어떤 면에서 긍정적이고 어떤 면에서 제한적인지—에 대해 내담자와 논의해야 한다(Kress, Hoffman, Adamson, & Erikson, 2013).

진단과 분류에 대해 또 하나 유념할 점은 2015년 10월에, HIPAA(건강보험 이동성과 책무에 관한 법령)의 적용을 받는 기관과 공급자들은 『국제 질병 분류(International Classsification of Diseases, 10th Edition: ICD-10)』의 분류 체계를 사용하도록 의무화되었다는 것이다. 세계보건기구(WHO)는 전 세계적으로 정신건강 장애를 분류하는 데 도움을 주기 위하여 ICD 코드를 만들고 지원한다. ICD 코드는 정신건강 서비스 공급자들이 그들의 질병 분류 방식에 구체성을 더할 수 있도록 해 준다. 그렇다고

DSM-5가 쓸모없는 구식이라는 것은 아니다! DSM에는 ICD 코드와 오래된 코드북보다 훨씬 더 자세한 진단 정보가 포함되어 있다. DSM-5에 DSM 진단명들과 함께 ICD-9 및 ICD-10 코드가 모두 포함되어 있기 때문에, 대부분의 정신건강 전문가들에게는 ICD 코드로의 전환이 쉬운 일이다. ICD-10에는 특히 자해를 반영하는 코드(Z91.5 개인의 자해 이력)가 하나 포함되어 있다.

비자살적 자해 분류의 역사

성서 시대부터도 자해 행동에 대한 기록을 찾아볼 수 있지만 이에 대한 분류는 분명히 현재 진행형의 작업이다. Favazza(1998)는 일찍이 초기 분류 체계를 개발했다(〈표 5-1〉 참조). 그는 상담자들이 치료 방법을 차별화할 수 있도록 자해 행동을 세 개의 범주—심각한, 상동증적(stereotypic), 표피적/온건한—로 나누어 설명하였다.

거의 10년 전, Trepal과 Wester(2007)는 정신건강 전문가들에게 자해 환자를 어떻게 진단하는지 물어보았다. 그들의 답변을 보면, 대부분의 전문가는 비자살적 자해가 하나 이상의 진단명과 연관될 수 있다고 보았다. 가장 많이 언급된 진단명은 경계선 성격장애, 우울증[심각한 우울과 기분부전장애(dysthymia)를 포함], 외상 후 스트레스 장애, 불안장애, 양극성 장애 그리고 물질 남용이었다. 이들 장애만큼 높은 빈도는 아니지만 섭식장애, 품행장애 그리고 자폐증과 같은 기타 유년기 장애도 언급되었다.

〈표 5-1〉 Favazza(1998)의 비자살적 자해 분류 체계

분류	설명	연관된 진단명/증상
심각한 비자살적 자해	심각한 (예: 자가 안구 제거-자신의 눈을 제거)	정신병
상동증적 비자살적 자해	반복적; 감정이나 의미가 결여됨; 신경학적 문제나 발달장애와 관련이 있음	자폐 상동증적 운동장애
표피적/온건한 비자살적 자해	표피 조직 훼손; 감정이나 사회적 기능과 연관됨; *가장 일반적	충동조절장애 모발뽑기장애

앞서 언급한 바와 같이, DSM-5에서 제안된 비자살적 자해 기준에는 경계선 성격장애, 자살행동장애, 모발뽑기장애, 상동증적 자해 그리고 피부뜯기장애(피부벗기기장애)가 감별 질환으로 포함된다. 여러 연구자와 상담자 역시 중독(특히 과정 중독), 섭식장애, 불안장애, 강박 및 관련 장애 등과 같은 기존의 질환을 통하여 자해 행동을 분류하고 진단하려는 노력을 보였다. 이러한 진단 틀을 각각 자세히 살펴볼 것이다.

DSM-5에 등재된 감별 질환

감별 질환은 상담자들이 내담자가 보이는 증상을 가장 잘 설명하는 진단명이 어떤 것인지 고려하는 데 사용된다. DSM-5에는 다음의 진단명이 비자살적 자해를 분류하고자 할 때 감별 질환으로서(또한 심사숙고해야 할 질환으로서) 등재되어 있다.

경계선 성격장애(DSM-5에 등재된 감별 질환)

경계선 성격장애(BPD)는 "대인관계, 자아상, 정서의 불안정성 및 현저한 충동성"

이라고 정의된다(DSM-5, 2013, p. 645). 성격장애는 또한 자기 자신 및 세상과 관계를 맺는데 있어 오랜 기간 지속된 문제성 있는 양상이라고 여겨진다. 비자살적 자해에 대해 진단을 내릴 때 가장 연관성이 많은 질환이 이 성격장애일 것이다. 이는 많은 이유에서 그러하다. 주요하게는 DSM의 이전 판에서 자해 행동은 '자기절단'이라고 용어로 표현되었고, 경계선 성격장애의 진단 기준 가운데 하나로 등재되어 있었다. 이러한 제한적 기술은 도움이 되기도 하고 동시에 제한적이기도 한 방식으로 비자살적 자해와 경계선 성격장애를 연결해 주었다. 예를 들어, 비자살적 자해가 경계선 성격장애라는 걸 뒷받침하는 기준 중 하나일 수 있기 때문에, 자해 내담자들은 종종 경계선 성격장애를 가진 것으로 인식되었다. 분명 경계선 성격장애로 진단된 내담자들이 모두 자해를 하는 것도 아니고 자해를 하는 내담자들이 모두 경계선 성격장애의 진단 기준을 충족하는 것도 아니지만 말이다. 사실 DSM의 가장 최근 판(5판) 이전에 자해가 DSM에서 언급된 것은 여기에서 딱 한 번이었다.

경계선 성격장애에 대한 진단은 이 질환을 나타내는 9개 기준 중 5개 이상을 충족한다. 그 기준에는 정서 불안정, 유기 불안, 정체성 불안, 충동성, 분노, 대인관계에서의 문제적 양상, 편집증적 사고/해리 그리고 자해가 있다. 사실, 기준 5인 "반복적인 자살행동, 제스처, 위협, 또는 자기절단 행동"은 구체적으로 비자살적 자해와 관련된다(DSM-5, 2013, p. 663). 그러나 이런 행동은 '자기절단' 이라는 용어로 표현되고 자살행동(들)과 동일한 기준안에 속해 있다. 경계선 성격장애의 진단 기준에는 또한 버림받는 걸 피하려는 노력과 관련이 있거나 충동적으로 행한 자기절단 행동은 해당되지 않는다고 명시하고 있다—이런 행동들은 해당되는 기준이 따로 있다. 따라서 자해 내담자에 대한 경계선 성격장애 진단은 매우 복잡할 수 있고, 신중하게 여러 차원에 걸쳐 평가되어야 한다.

과거에 제2저자는 경계선 성격장애로 진단받은 자해 내담자와 치료 작업을 한 적이 있다. 이 내담자는 특히 무언가에 대해 자신을 처벌할 때 빈번하게 자해를 했다. 예를 들어, 시험에서 몇 문제 틀리면, 틀린 문제의 개수와 관련된 문양으로 반복해서 커팅을 했다. 가령 세 문제를 틀렸다면 3의 문양으로 커팅을 했다. 그녀는 자신이 완벽하게 하지 못할 때마다, 자신이 '못돼먹었거나' 대학에서 쫓겨날 거라는 생각이 든다고 했다. 그녀는 대단히 높은 반응성 감정을 가지고 있었다. 또한 자신이 친구를 사귈 수 없을 것 같다며, 기숙사에서 혼자 살았고, 항상 공허감을 느끼고 '자아 감각(sense of self)'이 없다고 말했다. 그녀는 제2저자와 작업하기에 앞서 대학의 상담 센터에서 대여섯 명의 상담자를 만난 적이 있다. 그녀가 조금씩 진전을 보이거나 센터가 문을 닫는 여름방학이 될 때마다 그녀는 상담자를 '해고'해 버리곤 했는데, 이메일을 보내서 다른 상담자와 만나고 싶다고 말하는 식이었다. 이 내담자에게는 버림받을 거라는 느낌이 너무 만연했고, 이별이나 거부당했다는 느낌을 통제하기 위하여 종종 커팅을 하거나 불로 지지는 자해를 했다.

DSM-5(2013)의 용어 정의에서, 부정적 정서(negative affectivity)는 "높은 수준에서 빈번하고 강렬하게 경험되는 넓은 범위에 걸친 부정적인 감정(예: 불안, 우울, 죄책감/수치심, 걱정, 분노) 그리고 그들의 행동(예: 자해) 및 대인관계(예: 의존성)에 나타나는 징후" (p. 825)라고 정의된다. 부정적인 정서성(emotionality)과 감정 조절 장애(emotion dysregulation)가 자해를 하는 사람들과 경계선 성격장애로 진단된 사람들에게서 공통적으로 나타나는 점에서 보면, 이 둘이 때때로 연결되어 있는 것이 논리적으로 이해가 된다. 상담자들에게 있어 내담자들이 이러한 증상과 문제를 보인다면, 내담자의 자해를 분류하고자 할 때 성격장애를 확실하게 배제하는 것이 중요할 것이다.

모발뽑기장애(DSM-5에 등재된 감별 질환)

모발뽑기장애는 DSM-5 진단명으로 머리카락을 잡아 뽑고자 하는 반복적 욕구가 특징이다. 또한 머리카락을 잡아 뽑기에 앞서 긴장감이 존재하고 사이클이 완성되면 안도감이 생긴다. 따라서 모발뽑기장애가 어떻게 비자살적 자해에 대해 제안된 진단 기준의 일부를 충족하는지 쉽게 이해할 수 있다. 또한 내담자가 체모를 잡아 뜯는다면 피부 조직이 손상된다. 모발뽑기장애에 대한 진단은 특히 체모와 관련이 있다. 그러나 이 장애는 (강박장애와 같은) 불안장애 등과 함께 나타날 수 있다.

제2저자는 한때 봄방학에 플로리다로 여행을 가는 동안 한쪽 눈썹의 털을 모조리 뽑아 버린 내담자를 만난 적이 있다. 내담자가 상담에 돌아왔을 때, 그녀는 그 여행을 생생하게 자세히 묘사하였다. 그녀는 다른 세 친구와 차 안에 있었다. 그녀가 기억하기로, 호텔에 가기 위한 긴 시간의 운전에 지루하고 짜증나고 불쾌해졌다. 그녀는 (전에 그랬던 대로) 눈썹을 잡아 뽑기 시작했다. 그녀의 방법은 매우 강렬한 것이었다. 그녀는 눈썹을 잡아 올려서, 엄지손가락과 집게손가락 사이에 서너 번 꼬아서 뽑고는 뿌리를 보고 먹어 버렸다. 그녀는 자신이 뽑은 눈썹 하나하나에 대해 그렇게 했다고 설명했다. 여러분도 상상할 수 있듯이, 눈썹을 모조리 뽑아내고 이러한 강렬한 과정을 거치는 데는 분명 꽤 시간이 소요되었을 것이다. 내담자 역시 그러고 있을 때 친구들이 자기가 뭘 하고 있는지 알아차리기 시작했다고 말했다. 친구들은 "으으, 자기 눈썹을 먹고 있다니 너무 끔찍해!"와 같은 말들을 하면서 자신들이 얼마나 충격을 받았는지 말하기 시작했다. 내담자는 점점 더 부끄러워졌지만, 이로 인해 오히려 불안이 증폭되어서 계속 눈썹을 뽑을 수밖에 없었다고 말했다.

피부뜯기장애(피부벗기기장애, DSM-5에 등재된 감별 질환)

피부뜯기장애는 반복적으로 자신의 피부를 벗겨내는 행동으로 그 행동을 멈추거나 줄이려는 시도에도 불구하고 계속되는 걸 말한다. 청소년기에 흔히 나타나고 여드름 같은 피부의 변화에서 시작되기도 한다. 피부뜯기장애는 다른 형태의 자해[예: 의식(ritual), 부정적인 감정을 경감하거나 감정 상태를 바꾸기 위해 수행됨, 혼자 있을 때 함, 강박장애와도 연관됨; DSM-5, 2013, pp. 254-255]와 일부 공통 요소를 공유할 수 있다. 내담자가 일반적으로 피부를 벗기고 상처(즉, 딱지)가 낫지 않게 방해하는 데 집중하고 다른 형태의 자해(예: 커팅, 불로 지지기 등)는 하지 않는다면, 피부뜯기장애라고 진단될 수 있다. 그러나 이 행동의 이면에 의학적 증상이나 약물 사용이 있는지 항상 조사해야 한다(Lester, 2012).

자살행동장애(DSM-5에 등재된 감별 질환)

자살행동장애 역시 DSM-5의 3부 '추가 연구가 필요한 진단적 상태' 편에 올라 있다. 이 책 전반에 걸쳐 언급했듯이, 비자살적 자해와 자살은 복잡한 관계로 연결되어 있다. 사고, 의도, 행동, 결과에 있어 이 복잡성은 증상(내담자의 경우)과 진단(상담자의 경우)을 어렵게 만든다. 자살행동장애에 대해 제안된 진단 기준은 다음과 같다. 지난 24개월 동안의 자살 시도[그 사람의 의도가 자신의 죽음을 야기하려는 것으로 비자살적 자해(기분 상태를 바꾸기 위하여)와는 다른 의도였음]로서 자살 사고나 준비와 다르고, 정치적·종교적 이유에서 또는 섬망(delirium) 상태에서 시도된 것이 아니었다(DSM-5, 2013, p. 801). 이 추가 연구가 필요한 진단적 상태는 자살행동과 비자살적 자해를 보다 분명하게 구별하는 데 실제로 도움이 될 수 있다. 본질적으로, 자살행동장애에 대해 제안된 기준은 특정한 행동(예: 커팅, 불로 지지기)이나 자살 방법(예: 총기 자살, 익사, 약물 과용)에 초점을 두기 보다 의도(자신의 삶을 끝내기 위함)를 기준으로 자살 시도를 명료화하고 구별하려고 한다. 이 책 전반에서 언급했듯이, 비자살적 자해와 자살행동 간 관계는 복잡할 수 있다. 내담자들은 (죽으려는 의도 없이) 비자살적 자해를 하면서 동시에 자살 사고를 하거나 자살을 시도했을 수도 있다. 제3장에서 보다 자세한 내용이 제시된 바 있다.

상동증적 운동장애(DSM-5에 등재된 감별 질환)

상동증적 운동장애(stereotypic movement disorder)는 DSM-5의 신경발달장애(Neurodevelopmental Disorders) 영역에 속해 있다. 이 영역에 속하는 질환의 전형적인 특징은 지적 능력, 의사소통, 사회적 기능, 주의, 학습 그리고 운동 기술 영역에서의 발달 불일치와 관련이 있다. 따라서 비자살적 자해와 관련해서 상동증적 행동장애 진단을 고려하는 상담자들은 분명하게 내담자의 발달적 기능에 초점을 맞춘 것이다. 이러한 질환은 대개 아동에게서 처음 진단된다. 상동증적 운동장애의 기준은 기능에 방해가 되고 일찍이 발현되며, 다른 장애나 상태로는 더 잘 설명되지 않는 "반복적이고, 충동적인 듯 보이고, 명백히 목적 없는 운동 행동"을 포함한다(DSM-5, 2013, p. 77).

상동증적 운동장애의 진단 기준에는 이 장애가 자해 행동과 함께 나타나는지 그렇지 않은지에 대한 중요한 세부 정의가 포함되어 있다. 비자해적 상동증적 운동장애의 예로는, 어린아이가 목적 없이 반복적으로 몸을 흔드는 걸 들 수 있다. 자해적 상동증적 운동장애의 예는 반복적으로 머리를 부딪치거나 눈을 쿡쿡 찌르는 행동이 포함될 수 있다. 또는 결합된 유형이 나타날 수도 있다(예: 동일한 한 에피소드에서 몸을 흔들고 머리를 부딪치기). 일부 상동증적 운동은 유년기에 흔히 나타나는 것이지만, 이 장애로 진단받은 사람들의 경우 기능 손상을 겪는다. 다른 두 개의 세부 정의가 있다. ① 이 장애가 의학적·유전적·신경 발달적 장애나 상태 또는 환경적 요인과 연관되는지 여부와 ② 현재의 심각성이다(DSM-5, 2013, pp. 77-78).

기타 연관성이 있는 진단명

동반 질환

진단에 있어 매우 중요한 고려 사항은 문제가 종종 단독으로 존재하지 않는다는 사실이다. 따라서 정신건강 전문가들은 항상 함께 나타나는 동반 증상과 진단명을 찾아봄으로써 가장 정확한 진단을 내려서 내담자들이 가장 적절한 치료를 받을 수 있도록 해야 한다. 동반 질환(cormorbidity)이란 두 개의 질환이나 상태가 동시에 존재한다는 걸 의미한다. 적절한 치료 결정을 내리기 위해 상담자는 두 진단명/질환의 존재를 정확하게 평가할 수 있어야 한다.

[글상자 5-1] **비자살적 자해의 동반 질환**

연구에 따르면, 비자살적 자해는 다음의 진단명들과 동반하여 나타난다.

- 섭식장애
- 불안장애
- 우울장애
- 경계선 성격장애
- 물질남용장애

[글상자 5-2] **비자살적 자해의 동반 요인**

연구에 따르면, 비자살적 자해는 다음의 요인과 동반하여 나타난다.

• 신체적/성적 학대

• 방임

• 가정 불화

부정적인 정서성과 감정 조절 장애가 몇몇 진단명의 기저에 공통적으로 존재하는 특징이라는 점을 감안할 때, 자해를 하는 사람들 역시 [글상자 5-1]에 기술된 질환들에 대한 기준을 충족할 수 있다.

[글상자 5-2]에 기술된 요인들은 진단 범주는 아니지만, 정신건강 전문가들이 비자살적 자해에 대한 정확한 진단과 치료 계획을 세우는 데 도움이 되는 정말 중요한 정보이다. 이러한 요인들이 하나라도 나타난다면, 상담자는 내담자의 부정적인 유년기 경험과 트라우마 이력을 평가해야 한다.

다음의 진단명들은 비자살적 자해에 동반해서 나타난다고 밝혀졌거나 상담자들이 자해 행동을 진단하고 설명하는 데 사용해 온 것들이다.

중독

중독의 요소에는 ① 강박 또는 통제 장애 ② 내성과 금단, ③ 사회적 기능 손상, ④ 부정적인 결과에도 불구하고 특정 물질이나 행동에 대한 지속적인 의존이 있다(DSM-5, 2013). DSM-5에서 물질사용장애(substance use disorder)는 특정한 물질 사용(예:

알코올, 대마초, 오피오이드 등)과 관련하여 정의되고 진단된다. 자해 행위가 분명 약물의 영향으로 일어나기도 하지만, 일반적으로 내성과 금단의 사이클에 따른 강박적 약물 사용을 수반하지는 않는다. 비자살적 자해와 약물 사용에 나타나는 행동 사이클에는 일부 공통적인 요인이 있을 수 있다. DSM-5는 "행동 중독(behavioral addictions"(p. 481)이 정신질환(예: 독립적인 진단명)의 요건을 충족하기에는 연구 근거가 부족하기 때문에 물질사용장애 진단 범주에 포함되지 않는다고 기술한다. 이에 대한 주목할 만한 예외가 도박장애이다.

Hagedorn(2009)은 과정 중독(process addictions)—또는 일부 사람은 행동 중독이라고도 일컫는다—이 물질 섭취를 수반하지 않는 일종의 중독적 행동(예: 도박 중독, 음식 중독, 운동 중독, 인터넷 중독, 성적 중독)이라는 걸 보여 준다(p. 110). 과정 중독은 과정, 또는 무언가를 **하는 것**에 대한 중독이다. 사실, 예전에 소위 과정 중독이라고 불리던 몇몇(섭식 중독, 도박)은 DSM 최신 판에서 새로운 진단명으로 진화하였다. 인터넷게임장애 역시 지금은 추가 연구가 필요한 진단적 상태(DSM-5)에 포함되어 있다. 폭식장애는 DSM-5(APA, 2013)에서 독자적인 진단 범주를 얻었다. DSM의 이전 판에서 폭식장애는 추가 연구가 필요한 진단적 상태로 등재되어 있었다. 정신건강 전문가들은 그 기준에 부합하는 사람들을 '달리 분류되지 않는 섭식장애(eating disorder not otherwise specified)'로 분류할 수 있었다. 하지만 폭식장애에 대해 새로운 진단 범주가 생겼기 때문에 이제 보다 구체적인 진단과 후속 치료 계획이 가능해질 것이고, 바라건대 전반적으로 내담자의 치료 결과가 향상될 것이다.

Buser와 Buser(2013)는 비자살적 자해가 정말 과정 중독의 한 형태일 수 있다고 주장한다. 그들의 연구에 따르면, 자해를 하는 일부 사람에게는 다음과 같은 중독 특징이 나타난다. 강박, 통제력 상실, 부정적인 결과에도 불구하고 지속적인 의존 그리고 내성(Buser & Buser, 2013)이다. 그러나 자해를 하는 일부 사람에게 이러한 중독성 요소가 나타난다는 연구 결과가 곧 모든 경우에 다 적용되는 비자살적 자해 모형이 있다는 것을 의미하지는 않는다. 여러분도 알다시피, 일부 정신건강 전문가가 중독 프레임에 기초해서 비자살적 자해를 개념화하고 치료하려는 것은 이해할 만하다. 보다 많은 연구가 필요하지만, 비자살적 자해가 과정 중독인지 아닌지를 임상적으로 판단할 수 있는 한 가지 방법은 내담자가 묵시적으로 자신을 자해자(self-injurer)로 인지하는지(나는 자해쟁이예요), 촉발 사건이나 상황과 상관없이 자해를 할 필요나 충동을 지속적으로 느끼는지, 비자살적 자해 행동에 대한 내성이 계속 증가한다고 말하는지, 또한 비자살적 자해를 하지 않을 때 나타나는 결과(예: 금단 효과)에 대해 이야기하는지를 평가하는 것이다. 이를 통해 비자살적 자해가 과정 중독이냐 아니냐가 결정되는 것은 아니지만 상담자가 중독기반 치료 모형에 기초해서 치료 작업을 하는 것이 정서적 및 문제 초점 치료 모형에 비해 내담자에게 보다 효과적일지 여부를 결정하는 데 도움이 된다.

섭식장애

섭식장애는 생명에 가장 치명적인 정신건강 문제에 속한다. 섭식장애에는 거식증(음식 섭취를 제한함)에서 대식증(음식을 먹고 위 속의 내용물을 모두 토해 냄) 그리고 몇 가지 하위 유형으로 나뉘는 폭식증(점점 더 많이 먹음)이 있다.

Svirko와 Hawton(2007)은 자해와 섭식장애 간에 강한 연관성이 있다고 주장한다. 그들은 두 질환에 관한 당시의 연구들을 검토하고 두 질환이 많은 요인을 공유한다는 결론에 도달했다. 공통 요인에는 통제력에 대한 욕구, 충동성의 증가, 부정적 정서성, 감정 조절 장애, 강박적 특징이 포함된다. Svirko와 Hawton은 또한 비자살적 자해 및/또는 섭식장애로 고통받는 사람들은 가족 내 역학 관계나 배경 경험에서 공통점이 있을 거라고 말한다.

제2저자는 바로 이 문제를 가진 내담자와 치료 작업을 한 적이 있다. 내담자는 몇 년 동안 대식증을 겪고 있었다. 지난 6개월 동안, 마음챙김(mindfulness)과 기타 대처 기술을 통해 그녀는 대식증에 빠지는 에피소드를 적극적으로 줄여 갔다. 그러나 대식증이 감소하면서 내담자의 자해가 증가하기 시작했다. 마치 하나의 행동을 다른 행동으로 대체하고 있는 것 같았다.

강박 및 관련 장애

강박장애는 강박 사고(obsession)와 강박 행동(compulsion)이 모두 나타나는 상태를 포함한다. 강박 및 관련 장애 범주에는 모발뽑기장애와 피부뜯기장애가 모두 포함되어 있기 때문에 자해 진단에 사용되어 왔다. 모발뽑기장애와 피부뜯기장애에 대한 구체적인 진단 기준은 이 장의 앞부분에 자세히 설명되어 있다. 하지만 강박장애(OCD)와 범불안장애(GAD)에는 둘 다 자해 내담자가 보일 수 있는 증상, 즉 고통, 분노 또는 다른 감정을 완화시키려는 목적의 강렬한 생각, 충동, 또는 행동 패턴이 포함된다. 따라서 왜 일부 정신건강 전문가가 강박장애의 관점에서 자해를 진단하고 치료하고자 하는지 쉽게 알 수 있다.

불안장애는 매우 흔하고 종종 강박 및 관련 장애 범주에 속한 질환들과 동반해서 나타난다. 이 범주에 속한 진단명들은 종종 어떤 행동을 하는 동기로서 두려움 및 회피와 관련이 있다. 제2저자는 자해 내담자가 특정한 불안장애(예: 범불안장애)의 기준에 완전히 맞지는 않지만 비자살적 자해 행동과 함께 불안, 걱정, 짜증이 나타날 때 불특정 불안장애로 자해 내담자를 진단한 적이 있다. 그 내담자는 행위 미술을 하는 학생으로 자신의 재능이 평가되는 것을 매우 겁내고 두려워했다. 그녀는 자주 걱정에 휩싸인 나머지 뜨거운 다리미로 자기 배를 지지는 비자살적 자해를 했다. 그녀는 대체로 늘 불안과 짜증을 느낀다고 (비록 이런 감정을 해소하기 위하여 거의 늘 자해를 하는 건 아니지만) 말했다.

일부 상담자는 다른 특정한 유형의 충동 조절 장애로 자해를 설명하기도 한다. 파괴적, 충동 조절 및 품행 장애 범주는 주로 다른 사람들의 권리를 침해하는 감정 및 행동을 통제하는 문제에 우선적으로 초점을 둔다는 점에 주의를 기울일 필요가 있다(DSM-5, 2013, p. 461). 자해하는 사람들은 주로 자기 자신에게 해를 입히려고 한다. 따라서 명료한 진단 기준으로 이 범주의 장애들과 비자살적 자해를 구별해야 할 것이다.

마지막으로, 우울과 불안은 공통점이 많다. 우울과 불안은 종종 같은 장갑의 다른 손이라고 일컬어지기도 한다. 둘 중 하나의 징후를 발견할 때마다 또 다른 하나의 존재에 대해서도 평가해야만 한다. 자해 내담자들은 우울과 불안 증상을 동시에 겪는다고 말하기도 한다. 비자살적 자해가 다른 많은 진단 범주와 동반해서 발생하기 때문에, 정신건강 전문가들이 각각에 대해 명확하게 교차 평가를 하는 것이 중요하다.

결론

비자살적 자해 행동에 대한 진단은 종종 복잡하고 많은 요인을 고려해야 하는 과정이다. DSM-5와 ICD-10 코드는 정신건강 전문가들이 진단을 내리는 데 사용하는 주요 도구 중 일부이다. 하지만 (공식적 및 비공식적 측면을 모두 포함하여) 정확한 평가야말로 진단의 토대로서 중요하다.

이전 장에서 평가에 대해 살펴보았듯이, 내담자의 삶에 나타나는 일단의 특정한 행동, 문제, 우려 사항에 접근하는 방식에는 여러가지가 있다. 물질 남용 및 의학적 이유가 행동을 가장 잘 설명해 주는 것은 아니다. 생물심리사회적 평가는 내담자의 삶에서 서로 다른 교차 영역들에 대한 전체 그림을 제공하고 삶의 여러 다른 영역에서 내담자들이 기능하는 다양한 측면에 대해 균형 잡힌 시각을 제공해 준다. 상담자는 또한 내담자의 문화적 배경, 다른 측면 중에서도 그들의 발달 궤적과 성별 등에 유념해야 한다. 비자살적 자해 행동에 대한 구체적인 평가(예: 생각, 기능, 충동, 의도, 개인사에 대한 기능적 평가)는 그 행동의 역사, 과정, 세부적 특징들에 관한 매우 상세한 정보를 제공해 준다. 그러면 정신건강 전문가들은 어떻게 자해하는 사람들을 적절하게 진단하는가? 앞서 언급했듯이, 자해를 하는 내담자들 모두 독자적이기 때문에 누구에게나 다 적용되는 선택지는 없다.

요약하면, 비자살적 자해의 진단 과정은 복잡하다. 그러나 정확한 진단은 적절한 치료와 자원을 찾아내는 여정에서 중요한 단계이다. DSM-5에 **비자살적 자해**가 추가 연구가 필요한 진단적 상태로 포함된 점을 생각하면, 연구자와 상담자가 협력하여 독립적이고 공식적인 비자살적 자해 진단이 가능한지 조사하는 것이 그 어느 때보다 중요하다.

참고문헌

American Psychiatric Association. (2013). *Diagnostic and statistical manual of mental disorders* (5th edition). Washington, DC: Author.

Buser, T. J., & Buser, J. K. (2013). Conceptualizing non-suicidal self-injury as a process addiction: Review of research and implications for counselor training and practice. *Journal of Addictions & Offender Counseling, 34*, 16-29.

Eriksen, K., & Kress, V. E. (2006). The DSM and the professional counseling identity: Bridging the gap. *Journal of Mental Health Counseling, 28*(3), 202-217.

Favazza, A. (1998). The coming of age of self-mutilation. *Journal of Nervous and Mental Disease, 186*, 259-268. doi: 10.1097/00005053-199805000-00001

Hagedorn, W. B. (2009). The call for a new diagnostic and statistical manual of mental disorders diagnosis: Addictive disorders. *Journal of Addictions and Offender Counseling, 29*, 110-127.

Kress, V. E., Hoffman, R. M., Adamson, N., & Eriksen, K. (2013). Informed consent, confidentiality, and diagnosing: Ethical guidelines for counselor practice. *Journal of Mental Health Counseling, 35*, 15-28.

Lester, R. J. (2012). Self-mutilation and excoriation. *Encyclopedia of Body Image and Human Appearance, 2*, 724-729. doi: 10.1016/B978-0-12-384925-0.00114-0

Lloyd-Richardson, E., Perrine, N., Dierker, L., & Kelley, M. (2007). Characteristics and functions of non-suicidal self-injury in a community sample of adolescents. *Psychological Medicine, 37*, 1183-1192. doi: 10.1017/

S003329170700027X

Muehlenkamp, J. J. (2005). Self-injurious behavior as a separate clinical syndrome. *American Journal of Orthopsychiatry, 75*, 324-333.

Svirko, E., & Hawton, K. (2007). Self-injurious behavior and eating disorders: The extent and nature of the association. *Suicide and Life-Threatening Behavior, 37*(4), 409-421.

Trepal, H., & Wester, K. (2007). Self-injurious behaviors, diagnoses, and treatment methods: What mental health professionals are reporting. *Journal of Mental Health Counseling, 29*, 363-375.

Zetterqvist, M. (2015). The DSM-5 diagnosis of nonsuicidal self-injury disorder: A review of the empirical literature. *Child and Adolescent Psychiatry and Mental Health, 9*, 31. doi:10.1186/s13034-015-0062-7

제6장

치료에서 고려해야 할 윤리적 문제

윤리 원칙은 정신건강 상담 실무의 초석이다. 정신건강 분야에서 개발된 윤리 원칙은 상담자가 내담자 및 치료 행위에 관해 윤리적 의사결정을 하는 데 있어 지침을 제공한다. 다양한 정신건강 전문직군(예: 상담, 사회복지, 결혼 및 가족 치료, 심리학) 및 기타 기관[예: 미국학교상담자협회(American School Counselor Association), 국가공인상담사 자격위원회(National Board of Certified Counselors), 주정부 허가 위원회(state licensing boards)]은 상담자들이 윤리적 딜레마를 헤쳐 나갈 수 있도록 공식적인 윤리 강령을 제정하였다.

윤리 강령의 기초

Kitchener(1984)에 따르면, 윤리 강령과 윤리적 의사결정 과정의 기초를 제공하는 5개의 핵심 도덕 원칙이 있다. 이들 원칙은 다음과 같다.

- **자율성**(autonomy): 내담자의 독립성 및 선택할 권리
- **무해성**(nonmaleficence): 상담자가 해를 끼치지 말아야 할 의무
- **유익성**(beneficence): 상담자가 내담자를 도와야 할 의무, (해를 끼치지 않는 걸 넘어서) 내담자에게 이익이 되어야 할 의무
- **공정성**(justice): 내담자를 동일한 조건에서 동일하게 대하기
- **신의**(fidelity): 내담자를 돕는 데 있어서 상담자의 성실성, 충직함, 신뢰성

이러한 원칙은 정신건강 전문가가 내담자 보호 및 치료에 관한 의사결정을 하는 데 있어 기초가 된다. 미국의 주정부 법률 또한 이러한 의사결정 과정에 영향을 미친다. 주정부 법률과 직업윤리 강령 간의 관계 역시 복잡하다. 때로 직업윤리 강령이 주정부의 상담 법률에 도입되거나(법제화되거나) 상담자 규칙 및 규정으로 상세화되어 있다. 예를 들어, 현재 19개의 주정부가 미국상담학회(American Counseling Association: ACA, 2014) 윤리 강령을 각 주의 상담 규칙 및 규정의 기초로 채택하고 있다. 다른 주에서는 상황이 다르다. 또한 주정부 법률과 윤리 강령이 충돌하는 경우도 있을 수 있다. 그런 경우 상담자들은 가능한 한 많은 이해관계자와 논의한 후에 결정을 내리고 행동 방침을 세워야 한다. 윤리적 의사결정 모형은 이 장의 후반부에 제시될 것이다. 먼저 비자살적 자해와 관련이 있을 수 있는 몇몇 잠재적인 윤리적 문제를 살펴보자.

비자살적 자해와 관련 있는 윤리적 문제

비록 절대 완전한 목록은 아니지만, 자해 내담자들과 작업할 때 공통적으로 발생할 수 있는 몇 가지 윤리적 문제로 내담자 자율성에 대한 존중, 사전 동의, 비밀

보장, 미성년자와의 치료 작업 그리고 상담자의 반응/역량을 들 수 있다. 여러 저자 (Hoffman & Kress, 2010; Lloyd-Richardson, Lewis, Whitlock, Rodham, & Schatten, 2015; White, McCormick, & Kelly, 2003)가 비자살적 자해와 관련하여 이러한 윤리적 문제를 강조했다. 다음에서 각각에 대해 차례로 살펴볼 것이다.

내담자 자율성

윤리적 문제-내담자 자율성

미국 결혼 및 가족 치료 학회(2015) 윤리 강령 1.8

결혼 및 가족 치료사는 의사결정을 내릴 수 있는 내담자의 권리를 존중하고 그들이 그 결정의 결과를 이해하도록 돕는다.

미국상담학회(2014) 윤리 강령 A.1.c

상담자와 내담자는 상담의 성공에 대한 합리적인 전망을 제공하고 내담자의 능력, 기질, 발달 수준, 환경에 부합하는 상담 계획을 수립하는 데 함께 노력한다. 상담자와 내담자는 상담 계획을 정기적으로 검토하고 수정함으로써 그 계획의 실행 가능성과 효과성이 지속되는지 평가한다. 이때 내담자의 선택의 자유를 존중한다.

미국심리학회(2010) 심리학자의 윤리 원칙과 행동 강령 E

심리학자들은 모든 사람의 존엄과 가치, 그리고 사생활, 비밀보장 및 자기결정에 대한 개인의 권리를 존중한다.

미국 사회복지사 협회(2008) 윤리 강령 1.02

사회복지사들은 자기결정에 대한 내담자의 권리를 존중하고 장려하며, 내담자가 자신의 목표를 이해하고 명료화하려고 노력하는 데 도움을 준다. 사회복지사들은 사회복지사로서의 전문적 판단에서 내담자의 행위 또는 잠재적 행위가 자기 자신이나 타인에게 중대하고 예견 가능하며 임박한 위협을 초래할 때 내담자의 자기결정권을 제한할 수 있다.

내담자의 자율성과 독립적인 결정을 내릴 수 있는 능력에 대한 존중은 임상 관계에서 필수적이며, 앞서 언급한 바와 같이 윤리적 의사결정을 위한 기초가 된다. 자해하는 사람들을 포함하여 모든 내담자는 그들 스스로 결정을 내리고(독립성), 자신의 치료에 대해 선택할 권리(치료를 거부할 권리도 포함함)가 있다. 비자살적 자해에 관하여, 내담자의 세계에 있는 다른 사람들, 말하자면 선생님, 부모님, 의사는 내담자가 자해를 중단해야 한다고 믿을 것이다. 그러나 내담자가 자해를 그만두고 싶지 않다고 느끼거나 지금 시점에는 그만둘 준비가 되지 않았다고 느낄 수 있다는 점에서 이 윤리적 원칙이 유효하다. Kress와 Hoffman(2008)에 따르면, 내담자는 자신의 행동을 바꿀 준비가 되지 않았거나 자신의 행동이 치료가 필요한 문제적인 것이라고 느끼지 않을 수 있다. 이러한 상황에서 상담자는 잠재적인 윤리적 딜레마에 봉착하게 된다. [글상자 6-1]에 묘사된 엔리케의 사례를 살펴보자. 상담자는 위기 관리 문제를 염려할 것이다—내담자의 자해 방식이 의학적 합병증을 초래할 위험성을 지속적으로 증가시키는가? 내담자가 자해를 하면서 다른 유형의 자기손상 행동도 하고 있는가?(예: 약물 남용) 내담자가 비자살적 자해 외에도 자살 경향성을 보이거나 자살 사고를 드러내는가? 상담자는 이러한 역학 관계를 앞에 두고 내담자의 자율성 및 치료에 대한 선택권의 경중을 평가해야 한다. 이러한 종류의 질문과 우려로 인해 상담자는 자신의 행동 방침을 찾아내는 데 어려움을 경험할 수 있다.

[글상자 6-1] **내담자 사례의 예: 엔리케**

엔리케는 19세의 대학생으로 당신에게 상담을 받으러 왔다. 그는 상담 전 통상적인 질문지를 작성했고, 1차 회기에서 현재 우울증을 겪고 있고, 최근에 여자 친구와 헤어졌으며, 자해를 한다고 말한다. 1차 회기에서 당신은 엔리케가 상담을 통해 무엇을 얻고자 하는지에 대해 논의한다. 엔리케는 여자 친구와의 이별에 초점을 맞추고 싶다고 말한다. 엔리케의 설명에 따르면, 자해는 그가 이른 청소년기부터 사용해 온 대처 기술이고, 그가 감정 조절에 어려움을 겪을 때면 더 빈번하게 자해 행동을 한다. 지금은 자해를 중단하려고 노력하는 데는 관심이 없다.

정신건강 전문가들은 내담자 치료에 관한 결정을 내릴 때 자율성 원칙과 무해성 원칙 간의 균형을 맞춰야 한다. 상담자는 비자살적 자해의 목적(예: 자기위안, 대처 기제) 대비 발생 가능한 결과 및 위해(예: 비자살적 자해가 우발적 사망이나 중대한 위해 또는 신체 변형을 초래할 수 있음)를 고려해야 한다. Hoffman과 Kress(2010)가 언급했듯이, "…… 상담자는 수동적 조치와 치료에 대한 내담자의 결정(자율성)을 존중하는 것이 내담자에게 중대한 위해를 초래할 가능성이 있는지(무해성) 판단해야 한다. 위해의 심각성이 내담자 자율성을 넘어선다면, 내담자를 안전하게 보호할 수 있는 조치가 취해져야 한다."(p. 348)

따라서 앞서 제시한 엔리케의 사례에서 상담자는 내담자의 자율성(자해를 그만두고 싶지 않다는 결정)과 무해성의 원칙(자해로 인해 중대한 위해를 입을 가능성)을 균형 있게 고려해야 한다. 비자살적 자해 행동 및 자율성과 무해성과 같은 윤리적 원칙 사이의 복잡한 관계는 위기 관리에 대한 논의로 이어진다.

위기 관리-치료에서의 위험 요인 파악하기

위기 관리는 많은 상담자와 수퍼바이저의 마음에 두려움을 불러일으키는 용어이다. 윤리 강령이 상담자의 의사결정 과정에 지침을 제공해 준다면, 위기 관리 문제는 보다 실제적인 측면에 초점을 둔다. 그럼에도 일반적으로 위기 관리 문제와 관련이 있다고 여겨지는 특정한 윤리 원칙이 있다. 자살 경향성이 있거나 의학적 손상을 초래하는 방식으로 자해를 하는 내담자들과 작업하는 정신건강 전문가는 무해성이라는 윤리 원칙(해를 끼치지 말라)과 고군분투해야만 할 것이다. 비자발적 치료를 위한 평가 및 선택 방안의 탐색과 관련하여 내려야만 할 결정으로 인해 그들은 자신이 올바른 선택—내담자에게 해를 입히지 않는 선택—을 했는지에 대해 내내 고민할 수도 있다.

비자살적 자해로 인한 상해의 의학적 심각성을 평가하는 데 대한 명백한 지침이 부족하기 때문에, 이러한 결정에는 어려움이 따를 수 있다(Lloyd-Richardson et al., 2015). 또한 정신건강 전문가는 비자살적 자해로 인한 상해를 평가하는 데 필요한 의학적 훈련을 갖추고 있지 않을 수도 있다(Lloyd-Richardson et al., 2015). 비자살적 자해 평가에 관한 상세한 논의는 제4장에 제시되어 있다.

제약이 최소화된 환경에서 자율성 및 치료에 대한 내담자의 권리가 균형을 이루려면, 다음에 제시된 비자살적 자해 위기 요인이 고려되어야 한다.

- **신체적 건강에 대한 위험**(physical health risks): 다른 사람과 면도날을 공유하기, 상처의 심각성, 안전하지 않은 상처 치료 행위가 포함될 수 있음(평가를 위해 의학적 자문을 구하라)
- **충동성**(impulsivity): 약물 남용, 충동적 사고, 충동적 행동
- **고통에 대한 저항력**(distress tolerance): 내담자가 증가한 스트레스와 긴장감을 감당하지 못함

- **무감각**(numbing): 비자살적 자해가 증가하면 '무언가'를 느끼는 데 더 강도 높은 비자살적 자해가 필요해지는 결과가 생김(예: 내성); **해리**(dissociation)
- **자살 경향성**(suicidality): 위험성, 이전의 자살 시도 이력, 가장 최근에 한 시도(들), 자살 사고, 계획, 수단

자살 경향성

아마도 비자살적 자해와 관련해 수행되어야 할 가장 중대한 위기 관리 평가는 자살 경향성에 대한 평가일 것이다. 상담자는 비자살적 자해와 자살 간 연결에 대해 가정하지 말고 각각의 행동을 개별적으로 평가하며, 그 둘이 상호 연결된 관계일 가능성을 찾는 데 주의를 기울여야 한다. 자살과 비자살적 자해의 관계에 대해서는 제3장에서 상세하게 다룬 바 있다. 그러나 위기 관리 문제를 강조하기 위하여 〈표 6-1〉에서 비자살적 자해와 자살의 차이를 다시 검토한다. 이 표에 제시된 바와 같이, 상담자는 위기 관리, 내담자 안전 및 내담자의 권한 강화를 위하여 비자살적 자해 및 자살과 관련이 있는 다양한 환경적 측면을 고려해야 한다(Hoffman & Kress, 2010).

Hoffman과 Kress(2010, p. 347)는 정신건강 전문가가 비자살적 자해와 자살을 모두 철저하고 지속적으로 평가해야 한다고 주장한다. 또한 그들은 상담자들이 의사결정 분지도(decision tree)를 통해 비자살적 자해의 위기 관리 요인들을 해석할 것을 권장한다. 예를 들어, 자해를 하면서 현재 자살 사고를 보이고 과거에 자살 시도 이력을 가진 내담자들이라면 추가적 개입(예: 지원 자원 연결, 입원 가능성)이 필요한 고위험군으로 간주해야 한다. 자해를 하지만 현재 자살 사고를 보이거나 과거 자살 시도를 한 이력이 없는 내담자들은 상대적으로 저위험군으로 간주되어야 한다. 이 내담자들의 경우, 비자살적 자해와 자살에 관한 평가가 지속적으로 이루어져야 한다. 비자살적 자해에 대한 지속적 평가에 있어 고려해야 할 사항으로는 빈도, 심각

〈표 6-1〉 비자살적 자해와 자살의 차이

행동	비자살적 자해	자살
의도	고통에 대한 일시적 종결; 죽음을 초래하려는 의도가 없음	고통에 대한 영원한 종결; 죽음을 초래하고자 의도함
심각성/방법의 치사율	생명에 덜 치명적인 방법, 심각성의 정도가 높을 수 있음	생명이 보다 치명적인 방법
방법의 개수	보다 다양함	더 적거나 동일한 방법
빈도	보다 빈번함	덜 빈번함
인지 상태	일시적 안도감을 얻기를 기대함	낮은 희망; 높은 무망감
후속 영향	성공 결여 = 다른 방법을 시도함	성공 결여 = 고통의 증가

출처: Muehlenkamp & Kerr (2010)에서 요약.

성, 해리, 약물 남용의 동반, 수치심/죄책감과 같은 부정적인 심리적 영향이 존재하는지가 있다(Hoffman & Kress, 2010, p. 347). 필요성이 입증된다면, 이런 내담자들도 고위험군으로 간주하고 앞서 열거한 추가 개입이 필요할 수 있다.

법률적 문제

대부분의 미국 주정부 법(및 윤리 강령)은 내담자가 자기 자신(자살)이나 타인(살인)을 위험에 빠뜨릴 경우 정신건강 전문가가 개입해야 한다고 규정한다. 그러나 법률은 자살행동에 대한 기술만큼 비자살적 자해 행동에 대해 구체적으로 기술하지 않는다. Hoffman과 Kress(2010)는 상담자가 무해 계약서(예: 자해 행동에 관련된 변수를 명시적으로 열거한 조항들)와 성실 치료 서약서(예: 비자살적 자해를 대신할 보다 긍정적인 대안이나 상담에의 적극적 참여에 초점을 둔 조항들)를 모두 고려할 것을 제안한다. 두 서약서는 각각 장점과 제한점이 있기 때문이다(Range et al., 2002; Rudd, Mandrusiak, & Joiner, 2006). 상담자는 자신의 전문적인 판단에 의문이 제기될 경우를 대비하여 어떤 상황에서라도 평가, 판단, 문서화 절차에 항상 근면하게 임해야 한다.

정보 고지에 입각한 사전 동의

사전 동의는 성공적인 치료적 관계에 있어 매우 중요한 요소이다. 사전 동의는 내담자가 고지된 정보에 입각하여 치료에 동의할 수 있는 능력을 의미한다. 이는 내담자에게 치료의 위험성과 유익에 대해 충분한 설명을 제공하는 중요하고 지속적인 과정이다. 내담자는 또한 상담자와 그의 배경 및 훈련에 대한 정보를 제공받고 치료를 시작할지 말지를 결정할 선택권을 부여받는다. 사전 동의는 또한 내담자가 충분한 정보를 제공받고, 상담자에게 무엇을 털어놓고 무엇을 감출지를 결정할 수 있는 시간이기도 하다.

윤리적 문제-사전 동의

미국 결혼 및 가족 치료 학회(2015) 윤리 강령 1.2

사전 동의의 내용은 내담자와 치료 계획에 따라 다를 수 있다. 그러나 사전 동의는 일반적으로 다음의 요건을 필요로 한다. 내담자가 (a) 동의할 능력이 있다. (b) 치료 과정과 절차에 대한 중요한 정보를 충분히 제공받았다. (c) 일반적으로 인정되는 기준이 아직 존재하지 않는 치료가 가진 잠재적 위험성과 유익에 대한 충분한 정보를 제공받았다. (d) 자유롭게, 부당한 영향 없이, 동의 의사를 명시하였다. (e) 적절하게 문서화된 동의서를 제공하였다.

미국상담학회(2014) 윤리 강령 A.2.a

내담자는 상담을 시작할지 여부나 계속할지 여부를 선택할 자유가 있고 상담 과정과 상담자에 대해 충분한 정보가 필요하다.

미국심리학회(2010) 심리학자의 윤리 원칙과 행동 강령 10.01 (a)

규정 3.10 사전 동의 규정에 따라 치료에 대한 사전 동의를 얻을 때, 심리학자는 치료적 관계에서 가능한 한 빨리, 치료의 성격과 예상되는 과정, 비용, 제3자의 개입 및 비밀보장의 한계에 대하여 내담자/환자에게 설명하고, 내담자/환자가 질문을 하고 답을 들을 수 있는 기회를 충분히 제공한다.

미국사회복지사협회(2008) 윤리 강령 1.03

(a) 사회복지사는 오직 전문적인 관계에 기반을 두고, 적절한 경우에 유효한 사전 동의에 근거하여 내담자에게 서비스를 제공해야 한다. 사회복지사는 명확하고 이해하기 쉬운 언어로, 서비스의 목적, 관련된 위험성, 제3자 비용 지불 주체의 요구로 인한 서비스의 제한, 관련 비용, 합리적인 대안, 동의하지 않거나 동의를 철회할 수 있는 내담자의 권리, 동의가 효력을 미치는 기간에 대해 내담자에게 설명을 제공해야 한다. 사회복지사는 내담자에게 질문할 수 있는 기회를 제공해야 한다.

비밀보장

비밀보장은 또 하나의 중요한 개념이다. 대학원에서 수련 과정에 있는 예비 정신건강 전문가는 비밀보장이 '상담실 안에서 한 말은 상담실 밖으로 나가지 않는다'는 의미라고 배운다. 자해 내담자들과 작업하는 상담자는 비밀보장 및 위기 관리와 관련된 윤리적 딜레마에 직면할 수 있다.

[글상자 6-2] **내담자 사례의 예: 엔리케**(앞의 사례에서 이어짐)

접수면접 및 사전 동의 과정에서 상담자는 예상할 수 있는 위험성과 유익을 포함하여 사전 동의의 내용을 개괄적으로 설명한다. 이때 상담자는 엔리케의 문제에 대해 이야기하는 것이 그의 비자살적 자해를 악화시킬 수도 있다는 사실(빈도와 시간을 증가시킴)에 대해 말해 준다. 상담자는 또한 자해 내담자 치료에 관한 자신의 배경과 자격에 대해 설명한다.

윤리적 문제-비밀보장

미국 결혼 및 가족 치료 학회(2015) 윤리 강령 2.1

결혼 및 가족 치료사는 서비스를 시작할 때 내담자와 기타 이해당사자들에게 비밀보장의 성격과 내담자의 비밀보장 권리가 제한될 수 있는 사항에 대해 설명한다. 치료사는 비밀 정보를 요구받을 수 있는 상황과 비밀 정보 공개가 법적으로 강제되는 상황을 내담자와 함께 검토한다. 상황에 따라 비밀보장의 한계에 대한 설명이 반복적으로 필요할 수도 있다.

미국상담학회(2014) 윤리 강령 B.1.d., B.2.a.

• **강령 B.1.d:** 상담 시작 및 상담 과정 전반에 걸쳐 상담자는 내담자에게 비밀보장의 한계에 대해 설명하고 비밀보장이 침해될 수밖에 없는 상황을 파악하려고 노력한다.

• **강령 B.2.a:** 상담자가 정보에 대한 비밀 유지를 해야 한다는 일반 규정은 정보 공개가 내담자 또는 신원을 확인할 수 있는 사람들을 중대하고 예견 가능한 위해로부터 보호하는 데 필요하거나 법규에 의해 비밀 정보 공개가 요구될 때는 적용되지 않는다.

미국심리학회(2010) 심리학자의 윤리 원칙과 행동 강령 4.02 (a)

심리학자들은 사람들(할 수 있는 한, 법적으로 사전 동의를 제공할 수 없는 사람들과 그들의 법정 대리인들을 포함하여) 및 그들이 과학적 또는 전문적 관계를 맺고 있는 조직들과 ① 비밀보장에 대한 적절한 한계 및 ② 그들의 심리학적 활동을 통해 생성된 정보가 어떻게 사용될지 예견되는 바에 대하여 논의한다.

미국사회복지사협회(2008) 윤리 강령 1.07 (c)

사회복지사는 뚜렷한 직무상 이유가 있는 경우를 제외하고는 직무 수행 과정에서 얻은 모든 정보에 대해 비밀을 보장해야 한다. 사회복지사가 정보에 대한 비밀을 유지해야 한다는 일반적 기대는 내담자 또는 신원을 알 수 있는 다른 사람에 대한 중대하고 예견 가능하며 임박한 위해를 방지하는 데 정보 공개가 필요한 경우에는 적용되지 않는다.

한 가지 가능한 전략은 상담자가 비자살적 자해 행동과 관련된 내담자의 비밀을 공개해야만 하는 경우를 미리 명확히 해 두는 것이다. 그렇게 하면 내담자는 비밀이 침해되어야 할 경우 무슨 일이 일어날지에 대해 사전에 경고받을 수 있다. 예를 들어, 접수면접/사전 동의 절차에서 상담자는 만약 내담자가 상담자에게 자해를 하고 있다고 말한다면, 상담자는 그 비밀을 보장하지 못하고 부모님에게 알려야만 한다는 점을 내담자에게 설명할 수 있을 것이다. 내담자가 미성년자라면, 상담자는 또한 가능한 한 모든 범위에서 부모님과의 대화에 내담자를 참여시킬 거라는 점을 분명하게 설명할 수 있다. 비자살적 자해 행동이 자살 및 타살 행동보다 불분명하다는 점을 감안할 때, 사전 동의는 또한 상담자가 특히 비자살적 자해에 관해 경계선을 어떻게 설정해야 할지 결정할 수 있는 시간이기도 하다. 따라서 위기 관리를 고려할 때 외부에 알릴 필요가 있는 행동은 무엇이고 그럴 필요가 없는 비자살적 자해 행동은 무엇인가? 이 문제는 위기 관리 및 주요 조직 손상을 초래하는 심각한 형태의 비자살적 자해 또는 고위험 행동 및 상황(예: 약물 남용, 해리, 충동성)이 일으키는 비자살적 자해 행동과 연결될 수 있다.

여러 다른 환경(예: 학교, 치료 센터)에서 비밀보장의 개념은 다수의 이해당사자가 관련되어 있기 때문에 매우 복잡해질 수 있다. 예를 들어, 미국학교상담자협회의 학교 상담자들을 위한 윤리 규정(ASCA, 2010)은 규정 **A.2.c. 비밀보장**에서 이 주제를 다룬다.

> 학교 현장에서 비밀보장의 복잡한 성격을 인식하고 각 사례를 상황 맥락 안에서 고려하라. 법규에 의해 비밀 정보 공개가 요구되거나 학생에게 중대하고 예견 가능한 위해를 방지하기 위해 비밀이 침해되어야만 하는 경우가 아니라면 정보에 대한 비밀을 유지하라. 중대하고 예견 가능한 위해는 학교 현장에 있는 개별 미성년자에 따라 다르고 학생들의 발달 연령 및 실제 연령, 상황, 부모의 권리와 위해의 성격에 의해 정의된다. 학교 상담자는 예외의 타당성에 의문이 있을 때 적절한 전문가들과 협의한다(p. 2).

[글상자 6-3] **내담자 사례의 예: 메이슨**

메이슨은 열 살이며 초등학교 5학년이다. 선생님이 수업 시간에 메이슨의 팔에서 생살이 드러난 상처들을 발견해서 학교 상담자에게 의뢰하였다. 선생님은 메이슨의 성적이 떨어지고 평소보다 더 말이 없어졌다고 말했다. 메이슨은 학교 상담자에게 '비밀'을 말하고 싶다고 이야기한다. 그러고는 자신의 비자살적 자해에 대해 이야기한다. 학교 상담자는 메이슨의 사례를 상황 맥락 안에서 고려해야만 한다.

- 발달 단계 및 실제 연령: 사춘기 이전, 10세
- 부모의 권리: 부모는 자녀의 안녕에 관해 고지받을 권리가 있다.
- 위해의 성격: 알 수 없음, 평가가 필요함
- 자문: 의뢰한 선생님, 교장, 학교 간호사, 기타 관리자들, 학교 정책

다른 환경에서 비자살적 자해를 다루는 데 있어서의 미묘한 차이에 대한 보다 자세한 내용은 제9장을 참조하라.

미성년자와 치료 작업하기

윤리적 문제-미성년자와 치료 작업하기

미성년자(18세 미만의 사람들)와 치료 작업을 할 경우, 정신건강 전문가는 사전 동의 및 비밀보장과 관련된 윤리적 딜레마에 직면할 수 있다. 비록 모든 주요 정신건강 전문직종의 윤리 강령(예: AAMFT, ACA, APA, NASW)이 미성년자를 포함하여 동의를 제공할 수 없는 사람들과 작업하는 경우를 언급하고 있지만, 미국상담학회(2014) 윤리

강령 B.5.b가 구체적인 윤리적 권고 사항을 제공해 준다.

> 상담자는 부모 및 법적 후견인에게, 현행 법률 및 양육권 협정에 따라 상담자의 역할과 상담 관계의 비밀보장 성격에 대해 설명한다. 상담자는 각 가정의 문화적 다양성에 대한 감수성을 지니며, 법에 따라 자신의 자녀/피후견인의 복지에 관해 부모/후견인이 가진 고유한 권리와 책임을 존중한다. 상담자는 내담자에게 최상의 도움을 제공하기 위하여 적절한 정도에서 부모/후견인과 협력 관계를 구축하려고 노력한다.

미성년자들과 작업하는 상담자들은 자녀의 치료에 대해 설명을 듣고 치료에 참여할 부모/보호자의 권리와 미성년 내담자의 권리와 자율성을 나란히 함께 고려할 때 추가적인 어려움에 직면하게 된다(White et al., 2003). 미성년자의 비밀을 지키지 않으면 내담자와 상담자 간 관계에 균열이 생기거나, 가정에서 내담자의 가족 역동에 스트레스를 더할 수 있다.

다시 한번 강조하건대, 상담자들은 그들이 일하는 다양한 환경에서 요구되는 윤리적 의무를 항상 유념해야 한다. 예를 들어, 미국학교상담자협회의 학교 상담자들을 위한 윤리 규정(ASCA, 2010)은 **규정 A.2.d. 비밀보장**에서 학교 상담자들이 이 주제를 잘 이해해야 한다고 규정한다.

> 비밀보장에 대한 그들의 일차적 의무는 학생에 대한 것이라는 점을 인식하되, 부모/후견인이 자녀들의 삶에서, 특히 가치 판단적인 문제에서 안내자의 목소리가 될 법적이고 고유한 권리가 있다는 것에 대한 이해가 그 의무와 균형을 이루도록 하라. 학생들이 스스로 선택할 수 있는 윤리적 권리, 그들이 동의하거나 찬성할 수 있는 능력 그리고 부모나 가족이 학생을 보호하고 그들의 권익을 위해 결정을 내릴 수

있는 법적 권리와 책임에 대해 균형을 유지할 필요가 있다는 점을 이해하라(p. 2).

이 사례에서 학교 상담자는 학생, 부모/후견인 그리고 학교 시스템에 대한 책임이 있다. 상담자들이 미성년 내담자들과 치료 작업을 하는 다른 환경(예: 거주형 치료기관)에서는, 내담자와 시스템상의 책임을 둘 다 고려해야 한다.

White 등(2003)은 비자살적 자해 및 미성년자들과 작업할 때 비밀을 공개하는 것에 대해 다음과 같이 제안한다.

- 가능하면 많이 해당 미성년 내담자를 참여시키라.
- 내담자를 존중하는 방식으로 비자살적 자해에 대한 정보를 제공하라.
- 가능하다면 그리고 비자살적 자해가 생명을 위협하는 것이 아니라면, 내담자와 협력해서 부모/보호자에게 정보를 공개하라.
- 가능한 정도까지 미성년자의 치료에 부모/가족을 참여시키라.

[글상자 6-4]의 예에서 학교 상담자는 비밀보장의 한계(그녀가 미성년 내담자와의 사이에서 비밀을 지킬 수 있고 지킬 수 없는 정보)와 사전 동의 및 자율성에 대한 내담자의 권리(자신의 치료에 대해 선택할 수 있는 능력과 무슨 일이 일어날지 알아야 할 권리)를 둘 다 존중한다. 학교 상담자는 비밀보장에 대한 메이슨의 이해 수준을 파악하고, 그의 비자살적 자해에 대해 그의 부모님과 이야기할 때 어떻게 진행하고 싶은지 그에게 선택권을 주었다. 그 선택이란 부모님께 말을 하느냐 마느냐가 아니라 어떻게 이야기하느냐(예: 누가 그 이야기를 할 것인가)였다는 점에 주목하라.

[글상자 6-4] **내담자 사례의 예: 메이슨(메이슨의 부모님에게 비자살적 자해에 대해 알리기)**

앞서 제시한 사례에서 학교 상담자는 다소 어려운 역동을 고찰해야만 했다. 메이슨과 이야기를 나눈 후, 상담자는 그의 비자살적 자해가 심각하다는 것을 알았다. 학교 상담자는 자살 평가를 마쳤고, 비록 그의 비자살적 자해가 생명에 위협이 된다고 생각하지는 않았지만, 전문 기관에 의뢰할 수 있도록 메이슨의 부모에게 이런 행동을 알려야 할 필요가 있다고 판단하였다.

학교 상담자: 메이슨, 네가 나에게 너의 비밀에 대해 말하고 싶다고 해서 내가 너와 비밀보장에 대해 이야기했던 거 기억하니? 그게 무슨 뜻인지 기억나는 대로 말해 주겠니?

메이슨: 예, 그건 선생님이 학생을 대할 때와 같은 것인데, 다른 사람에게 어떤 정보도 줄 수 없다는 거예요. 선생님이 어쩌면 그 사람의 부모님에게 이야기해야만 하는 경우도 있다고 하셨어요.

학교 상담자: 그래, 맞아. 우리가 이야기 나눈 후에 너의 커팅에 대해서 너와 내가 네 부모님께 어느 정도 알려 드리는 게 최선일 거라는 생각이 들었어. 네가 이 문제에 관해 최근에 많이 생각하고 있다는 걸 알고 있어. 그리고 네가 나에게 그 얘길 해 줘서 정말 기쁘게 생각해. 우리가 같이 부모님께 이야기하는 거에 대해 어떻게 생각해?

메이슨: 알았어요. 선생님이 그런 말을 하지 않길 바랐어요. 선생님이 부모님께 말해 주세요. 저도 함께 있어도 되지만, 말하고 싶지는 않아요.

상담자 역량과 반응

상담자 역량은 대부분의 윤리 강령이 다루는 또 하나의 중요한 영역이다. 일부 상담자는 자신이 자해 내담자들과 작업하기에 제대로 준비되지 않았다고 걱정할 수도 있다. 비자살적 자해와 자살 간의 복잡한 관계 그리고 그 안에 내재된 위험성을 고려하면, 이 내담자 집단과 치료 작업을 하는 정신건강 전문가는 또한 평가 및 해석에 있어서도 숙련되어야만 한다. 내담자가 계속해서 위기 상황에 처해 있거나 자해 행동이 특히 심각할 경우, 상담자가 느끼는 무능감은 특히 악화될 수 있다. 또한 자해 내담자와 작업하는 상담자는 동반 질환의 진단에 대한 이해도 있어야 한다(비자살적 자해로 고통받는 내담자는 여러 질환 중 특히 불안, 우울, 섭식장애로 고통받을 수 있다. 비자살적 자해와 진단에 관해 보다 자세한 내용은 제5장을 참조하라).

그러면 정신건강 전문가가 어떻게 보다 유능해지는가? 여느 내담자 집단과 일할 때와 마찬가지로, 상담자는 자신의 발달 단계에 적합한 교육 및 훈련 경험을 쌓으려고 노력한다. 이는 상담자가 자신의 역량 수준 안에서 임상치료를 해야만 한다는 것을 의미한다. 만약 그들이 특정한 내담자 집단이나 특정 문제를 다룰 역량이 없다면, 그 내담자/의뢰를 받아들일지 여부를 고려해야 한다. 만약 그 내담자의 치료를 맡기로 결정한다면, 그 문제에 대해 더 많은 교육을 받고 정기적으로 동료들의 자문을 구하거나 추가적인 수퍼비전을 받아야 한다. 자해 내담자와 작업해 본 적이 없는 상담자라면 적절한 수퍼비전과 자문을 받고 자신의 작업을 적절하게 문서화해 두는 게 좋다. 수퍼비전과 비자살적 자해에 관한 보다 자세한 내용은 제11장을 참조하라.

윤리적 문제-역량

미국 결혼 및 가족 치료 학회(2015) 윤리 강령 3.10

결혼 및 가족 치료사는 자신의 역량이라고 인정되는 범위 밖의 문제에 대해 진단, 치료 또는 조언을 하지 않는다.

미국상담학회(2014) 윤리 강령 C.2.a.

상담자는 자신의 교육, 훈련, 수퍼비전 경험, 주(州)와 국가의 전문가 자격증 그리고 적절한 전문적 경험을 바탕으로 자신의 역량 범위 내에서만 상담치료를 한다.

미국심리학회(2010) 심리학자의 윤리 원칙과 행동 강령 2.01 (a)

심리학자는 자신의 교육, 훈련, 수퍼비전 경험, 자문, 연구, 또는 전문적 경험을 바탕으로 자신의 역량 범위 내의 내담자 집단 및 영역에서만 서비스를 제공하고, 가르치며, 연구를 수행한다.

미국사회복지사협회(2008) 윤리 강령 1.07 (c)

사회복지사는 자신의 교육, 훈련, 허가증, 자격증, 제공받은 자문, 수퍼비전 경험, 또는 기타 관련된 전문적 경험의 범위 내에서만 서비스를 제공하고 자신의 전문적 역량을 주장해야 한다.

상담자 반응

자해 내담자들과 작업하는 정신건강 전문가들에 대한 한 가지 특별한 관심사는 상담자 반응이라는 주제이다. Cresswell과 Karimova(2010)에 따르면, 상담자 반응은 일종의 부정적인 도덕적 판단을 드러낼 수 있다(p. 159). 또한 이러한 반응들은 상담자가 내담자에게 접근하는 방법과 치료를 진행하는 방법에도 영향을 미칠 수 있다. 제11장(수퍼비전)은 비자살적 자해에 대한 상담자 반응을 점검하는 것에 대한 보다 자세한 정보를 제공한다.

선행 문헌에는 상담자들이 비자살적 자해에 대해 일반적으로 보이는 여러 반응이 설명되어 있는데 그중 다음과 같은 것이 있다.

- 그 행동을 타인의 주의를 끌거나 조정하려는 것으로 바라봄
- 비자살적 자해를 '도움을 구하는 외침'으로 인식함
- 반감을 느낌
- 압도되거나 가망이 없다고 느낌
- 좌절감을 느낌
- 내담자의 행동을 통제하고자 시도함
- 비자살적 자해를 고치거나 줄여야 한다는 압박감을 느낌
- 능력이 부족하다고 느낌

선행 연구는 또한 내담자들이 정신건강 전문가들의 반응을 어떻게 이해하고 반응하는지에 대해서도 설명한다. 내담자들은 부정적인 반응을 곧잘 인지하는데, 이는 향후 치료 여부를 결정하는 데 영향을 미친다(McHale & Felton, 2010). 마지막으로, Hoffman과 Kress는 상담자들에게 "역전이 반응(countertransference reactions)을 항시적으로 추적 관찰하고 자해에 관한 내담자의 결정을 통제할 수 없다는 사실을 수용하는 것이 중요하다."라고 상기시킨다(2010, p. 348).

[글상자 6-5] **내담자 사례의 예: 마이크**

마이크는 개인 상담소에서 일하는 상담자이다. 최근 줄리라는 이름의 내담자를 치료하기 시작했다. 줄리의 비자살적 자해에 대해 추가적인 평가를 진행하면서, 그녀가 다리미로 자신의 배를 지지는 것 등의 여러 가지 자해 방법을 사용하고 있다는 걸 알게 되었다. 어떤 이유에선지 이 점이 마이크를 정말 불편하게 한다. 그는 상담 회기에서 다리미 에피소드에 대해 이야기하는 것이 점점 더 불편해지고 있다는 걸 알아차렸고, 그의 불편함이 줄리에게도 드러나는지, 그것이 그들의 치료 작업에 영향을 미치고 있는지에 대한 의구심을 가진다.

윤리적 의사결정

Barnett과 Molzon(2014)에 따르면, 정신건강 전문가들은 윤리적 어려움과 딜레마를 다루는 데 있어 "정답"을 찾기보다는 윤리적 의사결정 과정의 적용을 수반하는 정교한 접근 방법을 개발할 필요가 있다고 한다(p. 1056). 상담 회기에서 윤리적 딜레마가 빈번하게 나타난다는 점을 감안할 때, 이는 훌륭한 조언이다. 다른 사람들에게 자문을 구하는 것의 중요성도 과소평가되어서는 안 된다. 정신건강 전문가를 위한 윤리적 의사결정에 관해 여러 다양한 모형이 있다(윤리적 의사결정 모형에 대한 문헌 연구로는 Cottone & Claus, 2000 참조). 이 장의 목적을 고려하여 Forester-Miller와 Davis(1996) '윤리적 의사결정을 위한 상담자 지침(Practitioner's Guide to Ethical Decision Making)' 모형을 소개한다. 이 모형은 Kitchener의 윤리적 의사결정의 원칙에 기반을 둔 것으로, 미국상담학회(ACA)에 의해 승인되었다.

이 모형의 구성 요소는 다음과 같다.

Ⅰ. 문제가 실재하는지 여부를 결정한다.

Ⅱ. 미국상담학회 [또는 여러분 직종의] 윤리 강령을 참조한다.

Ⅲ. 윤리적 딜레마의 상황 맥락(성격과 차원)을 점검한다.

Ⅳ. 모든 가능한 실행 계획(자문을 포함)을 만든다.

Ⅴ. 잠재적 결과를 고려한다. 결정을 내린다.

Ⅵ. 결정을 평가한다.

Ⅶ. 결정/실행 계획을 실행에 옮긴다(Forester-Miller & Davis, 1996, p. 4).

[글상자 6-6] **윤리적 딜레마를 비교 고찰할 때 제기해야 할 표본 질문**

이 행동을 하는 것이 내 내담자에게 가장 이익이 될 것인가?

이런 방식으로 조치하는 것이 내 내담자에 대한 나의 의무와 일치하는가?

이 조치가 내 내담자에게 해를 끼칠 가능성이 있는가?

이 문제에 관하여 동료 및 수퍼바이저의 자문을 구했는가?

조명이 밝혀진 방에 서서 동료들을 마주하고 나의 결정을 설명할 수 있는가?

사례: 임상에서 윤리적 의사결정 모형

이 장에서 논의한 바 있는 엔리케의 사례로 돌아가 보자([글상자 6-1]과 [글상자 6-2]).

우리는 이 사례를 앞서 언급한 Forester-Miller와 Davis의 윤리적 의사결정 모형에 기반을 둔 윤리적 의사결정 모형을 사용하여 탐색해 볼 것이다. 엔리케가 19세이고 최근 연인과의 이별로 인한 스트레스에 관해 상담을 받으러 왔다는 사실을 기억하라. 접수면접 과정에서 엔리케는 상담자에게 자신의 비자살적 자해를 밝혔다. 그는 또한 자신의 자해가 문제라고 생각하지 않기 때문에 상담에서 다루고 싶지 않다고 말했다. 통상적인 비자살적 자해 위험성 평가 과정에서 상담자는 엔리케가 스스로 밝힌 자해가 최근 이별 이후 더 빈번하고 더 심각해졌다는 사실을 발견한다. 상담자는 비자살적 자해와 엔리케의 안전에 관해 상충하는 감정을 느끼고 있다.

I. 문제가 실재하는지 여부를 결정한다

이 사례에서 상담자는 먼저 어떤 윤리적 또는 법적 딜레마가 실재하는지 결정해야 한다. 상담자는 엔리케가 자율적인 인간이며 자신의 치료에 대해 스스로 결정할 권리를 가져야 한다는 사실로 인해 갈피를 잡기 어려워한다. 그러나 상담자는 또한 **해를 끼치지 말라**는 윤리적 원칙을 신봉한다. 그는 치료 과정에서 비자살적 자해를 다룬다면 엔리케에게 도움이 될 거라고 생각하며, 그의 비자살적 자해에 변화가 있었기 때문에, 그의 안전에 대해 우려한다.

II. 미국상담학회 [또는 여러분 직종의] 윤리 강령을 참조한다

이 모형의 다음 단계는 상담자가 학회의 **윤리 강령**에서 이 딜레마에 적용될 수 있는 특정 윤리 강령(들)을 찾아내는 것이다. 미국심리학회 강령(ACA) A.1.c.와 A.2.a.(앞에서 언급됨)가 이 딜레마와 직접적인 관련이 있다. 또한 비자살적 자해에 대한 상담자의 잠재적 반응은 자율성과 무해성이라는 두 기본 윤리 원칙과 관련이 있다.

III. 윤리적 딜레마의 상황 맥락(성격과 차원)을 점검한다

이제 특정 윤리 강령(들)에 대해 보다 상세한 정보를 얻게 되면, 상담자는 이 딜레마에 대하여 여타 관련된 상황 정보를 고려할 수 있다. 이 사례에서 상담자는 내담자의 나이(19세; 더 이상 미성년자가 아님), 위기 관리 문제(자살 평가를 실시했고 내담자가 자살 경향성을 가진 것으로 판단되지 않았다), 비자살적 자해 위험성 평가(내담자의 비자살적 자해가 빈도와 강도에서 증가하였고 증가하는 추세에 있다. 하지만 생명에 위협을 주는 것은 아니며, 평가 결과, 위기 관리 문제가 심화되지 않았다.)를 고려해야만 한다.

IV. 모든 가능한 실행 계획(자문 포함)을 만든다

이 단계에서 상담자는 아무것도 하지 않는 걸 포함해서 할 수 있는 모든 행동 방침에 대해 목록을 작성한다. 상담자는 또한 다른 사람들에게 자문을 구한다.

가능한 행동 방침으로 고려되는 것은 다음과 같다.

① 아무것도 하지 않는다(비자살적 자해를 다루지 않고 엔리케의 상담을 진행한다).

② 엔리케를 다른 정신건강 전문가에게 의뢰한다.

③ 엔리케와 사전 동의 내용을 다시 검토하고, 위험성 평가 결과를 알려 주며 치료 과정에서 비자살적 자해를 다루고 싶다고 말한다.

④ 엔리케와 사전 동의 내용을 다시 검토하고, 위험성 평가 결과를 알려 주며 비자살적 자해를 지속적으로 추적 관찰해야 할 필요가 있다고 말한다. 상담자 자신의 반응을 추적 관찰하는 것에 대해 지속적인 수퍼비전을 받는다.

상담자는 또한 그 기관에 있는 다른 정신건강 전문가들과 협의하고 다른 행동 방침에 대해 그들의 의견을 구한다.

V. 잠재적 결과를 고려한다. 결정을 내린다

상담자는 이제 4단계에서 작성한 일련의 결정에 대하여 각각의 결정이 가져올 잠재적 결과를 고려해야만 한다.

① 아무것도 하지 않는다. 결과: 내담자는 치료를 계속 받을 것이다. 비자살적 자해는 악화될 수도 있고 그렇지 않을 수도(또는 더 나아질 수도) 있다. 평가의 필요성은 계속될 것이다.

② 엔리케를 다른 정신건강 전문가에게 의뢰한다. 결과: 엔리케는 다른 전문가에게 의뢰되는 것을 수락하거나 거부할 수 있다.

③ 엔리케와 사전 동의 내용을 다시 검토하고, 위험성 평가 결과를 알려 주며 치료 과정에서 비자살적 자해를 다루고 싶다고 말한다. 결과: 엔리케가 비자살적 자해를 다루고 싶지 않다는 감정이 강하다면, 그는 더 이상 치료를 받지 않겠다는 결정을 할 수도 있다. 평가의 필요성은 계속될 것이다.

④ 엔리케와 사전 동의 내용을 다시 검토하고, 위험성 평가 결과를 알려 주며 비자살적 자해를 지속적으로 추적 관찰해야 할 필요가 있다고 말한다. 상담자 자신의 반응을 추적 관찰하는 것에 대해 지속적인 수퍼비전을 받는다. 결과: 엔리케는 치료를 계속 받기로 결정하거나 그렇지 않을 수 있다. 비자살적 자해에 초점을 두지 않겠다는 그의 결정이 존중된다. 그러나 상담자는 그의 비자살적 자해 행동을 면밀하게 계속 추적 관찰할 필요성에 대해 정직하다. 상담자는 비자살적 자해에 대한 개인적 반응을 보이거나 보이지 않을 수 있다.

이러한 세 개의 선택지를 비교 검토한 후, 상담자는 엔리케와 사전 동의 내용을 다시 검토하고, 1차 평가 결과로 볼 때 비자살적 자해를 지속적으로 추적 관찰할 필요가 있다고 설명하기로 결정한다. 이는 (접수면접과 비자살적 자해 평가에 관해) 제4장에서 논의한 협력과 타협의 예이다. 상담자는 또한 치료에 대한 과대 반응 또는 과소 반응을 방지하기 위하여 이 내담자 및 그의 비자살적 자해에 대한 자신의 반응에 관해 수퍼비전을 받을 계획을 마련하기로 결정한다.

Ⅵ. 결정을 평가한다

결정을 내린 후, 상담자는 이제 그 결정과 결정이 내려진 과정에 대해 어떻게 느껴지는지 평가해야 한다.

Ⅶ. 결정/실행 계획을 실행에 옮긴다

상담자는 이제 엔리케를 만나서 사전 동의 내용을 다시 검토하고 위험성 평가 결과를 알려 준다. 상담자는 동시에 비자살적 자해에 대한 자신의 대인 반응에 대해 수퍼비전 과정을 시작한다.

결론

윤리적 문제는 정신건강 전문가에게 가장 스트레스가 되는 요소 중의 하나이다. 이 장에서는 비자살적 자해와 관련된 윤리적 문제를 다루었다. 사전 동의, 비밀보장, 미성년자들과 치료 작업을 할 때 관련되는 특별한 사안들, 상담자의 반응을 포함한 일반적인 윤리 문제들도 논의되었다. 또한 위기 관리도 탐색되었다. 마지막으로, 정신건강 전문가가 윤리적 의사결정 모형을 바탕으로 결정을 내려야 할 필요성을 설명하고 하나의 모형을 제시하였다. 윤리적 딜레마에 관해서 자문의 중요성이 강조된다.

참고문헌

American Association for Marriage and Family Therapy. (2015). *Code of ethics*. Washington, DC: Author.

American Counseling Association. (2014). *ACA code of ethics*. Alexandria, VA: Author.

American Psychological Association. (2002, as amended in 2010). American Psychological Association ethical principles of psychologists and code of conduct. *American Psychologist, 57*, 1060-1073.

American School Counselor Association. (2010). *Ethical standards for school counselors*. Alexandria, VA: Author.

Barnett, J. E., & Molzon, C. H. (2014). Clinical supervision of psychotherapy: Essential ethics issues for supervisors and supervisees. *Journal of Clinical Psychology: In Session, 70*, 1051-1061.

Cottone, R., & Claus, R. (2000). Ethical decision-making models: A review of the literature. *Journal of Counseling & Development, 78*(3), 275-283.

Cresswell, M., & Karimova, Z. (2010). Self-harm and medicine's moral code: A historical perspective, 1950-2000. *Ethical Human Psychology and Psychiatry, 2*(2), 158-175.

Forester-Miller, H., & Davis, T. (1996). A practitioner's guide to ethical decision making [White Paper]. Retrieved from http://www.counseling.org/docs/ethics/practitioners_guide.pdf?sfvrsn=2

Hoffman, R., & Kress, V. (2010). Adolescent nonsuicidal self-injury: Minimizing client and counselor risk and enhancing client care. *Journal of Mental Health*

Counseling, 32(4), 342-347.

Kitchener, K. S. (1984). Intuition, critical evaluation and ethical principles: The foundation for ethical decisions in counseling psychology. *Counseling Psychologist, 12*(3), 43-55.

Kress, V. E., & Hoffman, R. (2008). Non-suicidal self-injury and motivational interviewing: Enhancing readiness for change. *Journal of Mental Health Counseling, 30*, 311-329.

Lloyd-Richardson, E. E., Lewis, S. P., Whitlock, J. L., Rodham, K., & Schatten, H. T. (2015). Research with adolescents who engage in non-suicidal self-injury: Ethical considerations and challenges. *Child and Adolescent Psychiatry and Mental Health, 9*(37). doi: 10.1186/s13034-015-0071-6

McHale, J., & Felton, A. (2010). Self-harm: What's the problem? A literature review of the factors affecting attitudes towards self-harm. *Journal of Psychiatric and Mental Health Nursing, 17*, 732-740.

Muehlenkamp, J. J., & Kerr, P. L. (2010). Untangling a complex web: How non-suicidal self injury and suicide attempts differ. *The Prevention Researcher, 17*, 8-10.

National Association of Social Workers (NASW). (2008). *Code of ethics of the national association of social workers*. Washington, DC: Author.

Range, L. M., Campbell, C., Kovac, S. H., Marion-Jones, M., Aldridge, H., Kogos, S., & Crump, Y. (2002). No-suicide contracts: An overview and recommendations. *Death Studies, 26*, 51-74.

Rudd, M. D., Mandrusiak, M., & Joiner, T. (2006). The case against no-suicide contracts: The commitment to treatment statement as a practice alternative.

Journal of Clinical Psychology, 62, 243-251.

White, V. E., McCormick, L. J., & Kelly, B. L. (2003). Counseling self-injurious clients: Ethical considerations. *Counseling and Values, 47*, 220-229.

제3부

치료상의 고려 사항

제7장

증거기반 치료

비자살적 자해(NSSI)가 10대와 청년들 사이에서 증가하고 있으나, 자해를 치료하는 특정 방법에 대한 연구는 미흡하다. 그동안 적용된 다양한 증거기반(evidence-based) 치료법이 비자살적 자해를 감소시키는 것으로 나타났다. 하지만 이러한 비자살적 자해의 감소는 경계선 성격장애나 우울증 같은 전반적인 장애 치료의 부차적인 효과로 보인다. 대부분의 연구자는 경계선 성격장애 환자를 대상으로 연구들을 진행하였기에, 이러한 진단이나 증상이 없는 사람들의 치료법은 어떻게 작용할지 예상하기 어렵기 때문이다. 이 장에 열거된 대부분의 치료법은 비자살적 자해와 다른 자살행동을 효과적으로 감소시키지만, 상충되는 증거들이 있다는 점이 문제를 복잡하게 한다. 예를 들면, 대부분 DBT는 비자살적 자해와 여러 자살적 행동을 감소시키는 것으로 나타났지만 일반적인 치료법보다 많이 감소시키지 않았다. 이것은 DBT가 비자살적 자해 행동들을 감소시키거나 제거하지만 다른 치료법 역시 비슷한 수준으로 비자살적 자해를 감소시켰다는 것을 의미한다. 일반적으로 내담자와 작업하는 것(예: 개인 상담, 약물치료)과 자해를 하는 내담자를 위해 만들어진 치료법을 사용하는 것 사이에 유의미한 차이가 없음을 보여 준다.

차이가 적은 데에는 많은 이유가 있을 수 있다. ① 경계선 장애와 같은 더 심각하고 널리 퍼진 진단을 받은 사람을 대상으로 대부분의 연구가 진행되었다. ② 대부분의 치료법은 소수의 표본 크기에서 진행되었기 때문에 이러한 결과가 다른 인구 집단에서 일관되게 유지되지 않거나 분명한 차이를 보이지 않을 수 있다. ③ 심각한 진단을 받았거나 받지 않는 것과 같이 자해를 하는 사람들이 매우 다르고 한 가지 치료가 모든 사람에게 작용되지 않을 수 있다. ④ 시도된 치료법의 높은 조기 종결 비율(20%에서 50%까지의 내담자들이 치료 종결 전에 조기 종료했다) 그리고 ⑤ 연구자들은 내담자들이 자해하는 이유(예: 사회적, 감정 조절, 가족 갈등)를 통제하지 못했다. 그러므로 내담자의 모든 상황, 특히 내담자의 증상의 진단과 동반 질환뿐만 아니라 자해하는 이유와 기능을 고려하는 것이 중요하다. 예를 들어, 비자살적 자해 이론에 대한 2장으로 돌아가 보면, 자해가 감정 조절 기능을 하는 것인지 또는 그 목적이 사회적으로 강화되었는지 여부를 이해하는 것이 절대적으로 중요하다는 것을 알 수 있다. 또한 내담자의 비자살적 자해가 치료법 결정에 영향을 줄 수 있으므로 중독적 특성이 있는지 이해하는 것이 중요하다.

역사적으로 비자살적 자해에 대한 표준 치료법은 입원이었지만, 이것은 비쌀뿐더러 기대될 만한 효과가 없었다(Linehan, 2000). 비자살적 자해가 자살행동의 한 형태로 오해되고 표현되었기에 입원 치료는 역사적으로 선택된 치료 방법일 수 있다. 비자살적 자해와 자살은 관련이 있지만, 둘은 별개의 행동이다. 비자살적 자해의 목적은 삶과 기능을 유지하기 위한 것이기 때문에 짧은 입원과 약물치료는 비자살적 자해를 줄이는 데 거의 도움이 되지 않는다.

앞에서 언급한 바와 같이 비자살적 자해의 효과적인 치료법에 대한 연구는 거의 이루어지지 않았으며, 다른 정신 건강장애와 증상을 탐구하는 것 외에 비자살적 자해만으로 실시되는 연구는 드물다. 그럼에도 불구하고 지금까지 다양한 장애에 대한 많은 연구에서 관련 정보를 얻을 수 있으며, 잠재적으로 매뉴얼화된(manualized) 치료뿐만 아니라 입원 환자와 외래 환자 모두에게서 지속적으로 적용되고 있는 치료 방법을 수집할 수 있다. 우리는 이러한 치료법을 통해 배울 수 있고 우리가 작업하고 있는 학생이나 내담자에게 가장 적합한 치료 방법을 결정할 수 있다. 이 장에서는 매뉴얼화된 증거기반 치료에 대한 정보를 제공하고 다음 장에서는 추가 제안, 개입 및 치료 권장 사항을 제공할 것이다.

가장 일반적인 치료법은 인지행동치료(cognitive behavioral therapy: CBT) 및 변증법적 행동치료(dialectical behavior therapy: DBT)이다. 이 두 가지 치료법은 내담자의 문제 해결 능력을 향상시키는 데 목적이 있으므로 경험적 증거를 가진 다른 치료법과 함께 이 장에서 논의될 것이다.

인지행동치료(CBT)

일반적인 인지행동치료

대부분의 CBT 프로그램은 인지 왜곡을 탐색하여 회피하기보다는 문제 해결 방법을 통해서 적응력을 향상시킴으로써 비자살적 자해 행동을 감소시키고자 한다. CBT를 단독으로 실시했을 때 자해 행동은 감소됐지만, 대체로 CBT가 일반적인 치료법보다 그것을 더 감소시키지는 않았다(Donaldson et al. 2005; Taylor et al., 2011). CBT는 다른 형태의 치료법과 함께 진행될 때 더 효과적인 것으로 나타났다. 특히 Slee, Spinhoven, Garnefski와 Arensman(2008)은 12회기의 CBT 모델과 일반적인 치료법(treatment as usual: TAU)을 암세 사해하는 15~35세의 내담자에게 진행했다. 내담자에게 TAU에 추가로 CBT를 진행한 것이며, TAU는 개인 상담부터 약물치료까지 포함되었다. Slee와 동료들은 CBT+TAU 집단에서는 자해 행동(자살은 물론이고 자살 의도가 있는 자해로 정의되므로 비자살적 자해 행동 이상의 행동)이 감소하고 자신들의 감정 조절 능력이 증가한 것을 확인했다. 내담자들의 이러한 변화는 9개월간 지속적으로 유지됐다.

Slee와 동료들이 실시한 중재의 중요한 특징은 욕구를 유지하고 스스로를 해치는 인식이나 감정을 확인하고 수정하는 것이다. 치료의 첫 단계는 자해에 관련된 정서적·인지적·행동적 요소를 이해하고 구체화하는 데 도움이 되는 가장 최근의 자해 사건을 평가하고 탐색하는 것이다. 일단 구체적인 사건을 자세하게 조사한 후 다음 목표는 역기능 인식을 수정하고 마음챙김과 감정의 수용과 같은 감정 조절 전략을 구현한 다음 문제 해결 기법을 실시하는 것이다. [그림 7-1]은 Slee와 동료들이 CBT 프로토콜을 구현한 순서의 예를 나타낸 것이다. 이 그림은 그들이 실시한 정확한 개입을 포함하고 있지 않지만 예시를 제공한다.

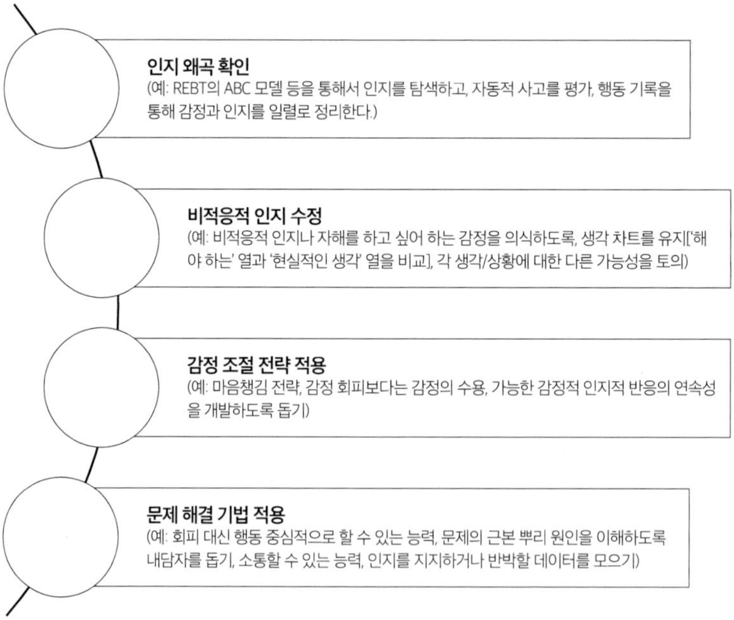

[그림 7-1] 비자살적 자해 작업을 위한 CBT 과정

Slee와 동료들의 연구에서는 자해 행동의 감소가 추가된 CBT가 내담자의 감정 조절 전략을 증가시켰기 때문인지, 아니면 CBT 치료를 받은 내담자가 최소 10주간에 걸쳐 매주 두 번 치료(예: 약물+CBT; TAU 개인상담+CBT)를 받았기 때문인지 그 원인이 불분명하다. 그럼에도 불구하고 CBT 요소가 자기인식을 변화시키고 자해 행동을 감소시키는 효과가 있다는 것은 확인된다.

매뉴얼 보조 CBT

매뉴얼 보조 인지행동치료(manual-assisted cognitive behavioral therapy: MACT)는 자해 행동을 다루기 위해 사용된다. Evans와 동료들(1999)은 TAU에 비해서 MACT를 받은 내담자가 자해 실행 비율이 감소할 뿐만 아니라 자해하기를 원하는 시점에서 실행하기까지 시간 지연이 증가한 것을 발견했다. MACT는 단기 6회기 프로그램으로서 감정과 부정적인 생각을 다루는 기술을 가르치는 것과 동시에 내담자들의 문제 해결 능력을 증가시키는 것을 포함한다. 내담자들에게 스스로 읽고 활용할

〈표 7-1〉 매뉴얼 보조 인지 이론(MACT)

1	가장 근래의 자해에 대해 탐색하고 분석한다. 자해에 대해 다른 이들이 알고 있는지 그리고 반응이 어떠하였는지도 포함하라.
2	문제 해결 기술을 제공하라.
3	스스로 생각과 감정을 감시하도록 내담자를 훈련하고 지원하라.
4	고통 대처 전략
5	약물 사용과 남용의 위험에 대한 교육
6	자해 시도나 사건을 재논의 부족한 기술을 확인 미래에 필요한 대처 전략 확인

출처: Evans et al. (1999)에서 수정.

수 있는 다양한 학습지 형태로 된 지침서의 각 장을 매 회기에 제공한다. Evans와 동료들(1999)이 논의한 MACT의 6회기 예는 〈표 7-1〉을 참조하라.

Taylor와 동료들(2015)은 청소년에게 특화된 또 다른 CBT를 지침화하였다. 그들은 8~12주의 CBT 실시 요강을 만들어서 치료에 참여하겠다는 의지와 동기를 높일 수 있도록 감정 수용과 동기 부여를 위한 면담 전략을 포함시켰다. 그들은 치료에 대한 다른 연구(Taylor et al., 2011)에서 청소년 25명을 대상으로 CBT를 실시하였는데, 그 결과 자해 행동(비자살적 자해와 자살행동 포함)이 치료 전에 비해 감소하였고, 3개월 후에도 감소 수치가 유지된 것을 확인했다. 그들이 대조군이나 일반적인 치료법과 비교해 보지 않았기에 일반적인 치료법과 대비된 이 치료법의 효과 역시 밝혀지지 않았다. 그들의 프로그램은 네 개의 모듈로 되어 있다.

① 시작: 내담자 동기 측정 및 동기 부여 면담 진행(필요하다면), 목표 설정, 자해에 대한 심리 교육 진행, 내담자의 자해 기능에 대한 이해 확보
② 감정, 사고, 행동: 인지 왜곡을 더 잘 이해하고 관찰하고, 자동적인 사고를 탐색하고, 도전적인 사고에 참여
③ 대처: 새 문제 해결 능력을 검토
④ 종결: 목표를 복습하고, 촉발 요인을 확인하고, 치료 후 필요한 도구들을 제공

또 다른 CBT 치료법은 경험적 증거가 부족하지만, Taylor와 동료들(2015)은 대부분의 온라인 서점에서 구매할 수 있는 『**자해상담 워크북**(The Cutting Down Program)』이라는 지침서를 출간하였다.

CBT와 가족

마지막으로, 경험적 증거가 부족하지만 가능성을 보이는 것으로 CBT 개인 상담과 CBT 가족 상담 그리고 부모 교육을 통합한 CBT 프로그램이 있다. Esposito-Smythers와 동료들(2011)은 종합적 CBT(integrative CBT: I-CBT)를 개발했다. 이는 CBT의 개인 회기들(앞의 여러 프로그램에서 설명한 것과 같은), 행동 계약을 포함하는 가족 CBT, 그리고 (자해에 대한 것이나 부모들이 어떻게 행동을 조절할 수 있는지에 관한 것과 같은) 12개월 부모 교육 프로그램을 실시한다. 12개월 프로그램에는 6개월의 활동적 주간 회기가 있고, 3개월의 격주 회기와 필요한 만큼의 3개월의 유지 회기가 있다. 앞선 연구와 비슷하게, I-CBT의 효과는 비자살적 자해와 자살적 행동을 하는 내담자 모두에게 효과가 있었다. 즉, I-CBT를 받은 청소년은 일반적인 치료를 받은 청소년에 비해 18개월의 기간 동안 더 적은 빈도의 자살 시도를 보였다. 자살행동과 비자살적 자해 행동의 높은 상관관계를 고려해 볼 때, I-CBT에서 자살행동에 대해 탐색하는 것은 비자살적 자해를 다루는 데 효과를 나타낼 수 있다.

CBT 요약

이러한 연구들을 바탕으로, CBT는 비자살적 자해를 감소시키거나 의도적인 자해 행동에 긍정적인 효과가 있음을 알 수 있다. 비자살적 자해에 대한 CBT의 효과를 이해함에 있어 제일 어려운 점은 이러한 연구들이 자살적 충동이 있건 없건 일반적인 자해 행동을 탐색하기 위해 진행됐다는 점이며, 대부분의 연구 참여자는 경계선 성격장애(BPD)가 있는 내담자들을 함께 보았다는 점이다. BPD의 기준 중 하나가 자해이긴 하지만, 비자살적 자해를 보이는 내담자 중 많은 수는 BPD의 기준을 만족하지는 않는다.

CBT가 TAU 이상으로 자해 행동을 감소시키지는 않을지라도, 비자살적 자해 내담자들을 상대할 때 도움이 되는 전략들을 제공한다. 더 구체적으로, CBT의 하나의 목표는 생각들이 어떻게 행동과 감정으로 이어지는지를 살피는 것이다. 제2장에서 언급한 바와 같이 자해를 하는 사람들에게는 정서적이거나 사회적인 다양한 이유가 있을 수 있다. 그러므로 내담자가 자해를 어떻게, 그리고 왜 하는지 이해하는 것이 중요하다(평가와 적용에 필요한 더 자세한 질문은 제4장 참조).

CBT의 일반적인 방법 중 하나는 인지행동 분석을 진행하거나, 내담자의 상황에 대한 선행 사건, 행동 혹은 결과를 탐색하는 것이다([활동지 7-1] 참조). 이런 경우 비자살적 자해 행동이나 욕구들은 질문지의 행동 칸에 기입한다. 내담자는 비자살적 자해에 영향을 준 결과뿐만 아니라 선행 또는 촉발한 사건을 탐색할 것이다([활동지 7-1]의 A행 참조). 또한, 내담자의 자동적 사고와 비자살적 자해 행동으로 이어진 결과로서의 감정을 탐색하도록 요구하는 것은 내담자와 상담자가 비자살적 자해를 시도한 상황과 이유를 더 잘 이해하도록 도울 수 있다는 것이다.

CBT의 다음 단계는 일반적으로 인지를 반론하거나 재구성하는 것이다. 내담자에게 상황에 대해 기존 생각 뒤에 존재하는 사실이 무엇인지 알아보도록 하거나, 그 생각을 지지하는 근거를 묻도록 한다. '그 믿음에 대해 어떤 근거를 가지고 있나?' 혹은 '그런 생각이 사실인지 어떻게 입증할 수 있나?' 등을 내담자에게 질문하고, 또한 뭔가 일어난 일이나 행동, 다른 사람이 한 말, 혹은 그 상황 속에서의 무엇이든 '그 믿음을 지지하지 않는 것이 있나?' '일어난 일에 대해 다른 설명이 가능한가? 다른 설명을 지지할 것이 있나?' 등의 다른 관점도 질문하도록 한다. 이렇게 생각 기록지를 사용하는 것은 실질적인 단서를 활동지에 표시하는 데 도움이 된다([활동지 7-2] 참조). 내담자가 생각 기록지를 사용하는 것을 돕고 회기 사이에 생각을 기록하도록 요청하는 것은 인지를 분명하게 하고 반론하는 데 도움이 되고, 신념과 행동들의 촉발 사건을 분명하게 이해하는 데도 도움이 된다.

[활동지 7-1] 인지 행동 분석

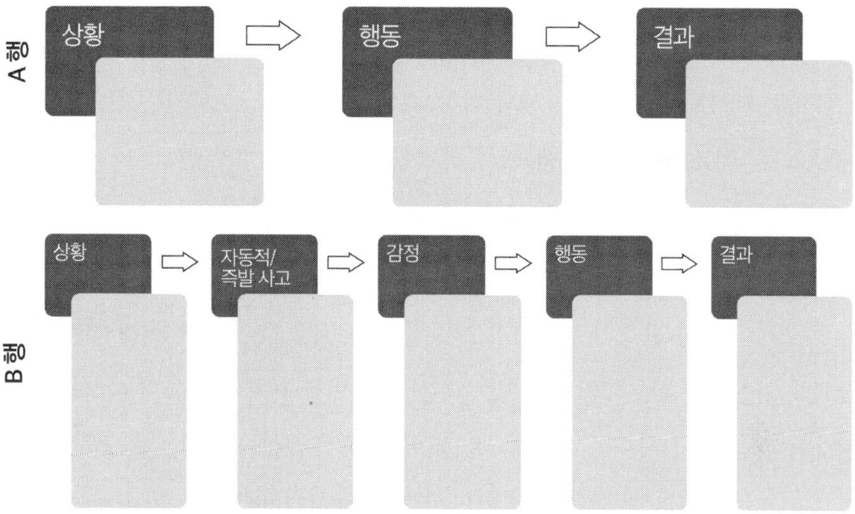

[활동지 7-2] 인지행동 생각 기록

상황(장소, 사람, 사건)	즉발/자동적 사고	사고를 뒷받침할 증거	사고를 뒷받침하지 않는 증거	가능한 대안 사고

출처: © 2017, *Non-Suicidal Self-Injury*, Kelly L. Wester & Heather C. Trepal, Taylor & Francis

변증법적 행동치료(DBT)

CBT와 함께 DBT는 비자살적 자해를 작업할 때 효과적인 것으로 나타났다. CBT처럼 DBT도 비자살적 자해와 다른 자해 행동들을 감소시키는 것으로 밝혀졌지만, 다른 치료법보다 DBT가 더 효과적인지는 확인되지 않았다. 그럼에도 DBT는 비자살적 자해 행동을 감소시키거나 제거시키는 것으로 나타난다.

DBT에서는 자해 행동의 원인 중 하나는 감정 조절 장애뿐만 아니라 내담자의 감정 조절 전략과 환경의 부조화라고 주장한 Marsha Linehan에 의해 개발되었다. DBT는 자신에게 의도적인 해를 입힌다는 진단 기준을 가지고 있는 경계선 성격장애(BPD)를 앓고 있는 성인 여성을 치료하기 위해 개발되었던 것으로, 자해 행동 치료를 목표로 설정한 첫 치료법 중 하나이다. DBT의 초기 형태는 성인 입원 환자에게 맞춰진 집중적인 치료법이었으나, 이제는 청소년과 외래 환자에게 맞게 변화되었다. 1년간 집단 기술 훈련, 개인 상담, 전화 기술 코칭(phone skills coaching) 등을 강도 있게 혼합하는 DBT의 집중적인 성향을 고려했을 때, 외래 환자 환경이나 청소년과 그 가족에게 맞게 치료법을 변화시키고 처방을 준수하도록 하는 것은 어려웠다. DBT는 환자에게 많은 시간과 비용을 요구한다. 그러나 그것은 자해 행동을 효과적으로 감소시키는 것으로 나타났으며 어떤 연구자들(Stanley et al., 2007; Tørmoen et al., 2014)은 더 적은 시간 동안 DBT를 활용했는데도 자해 행동을 감소시키는 효과가 유지되었다.

DBT의 일반적인 목표는 회피나 비자살적 자해와 같은 해로운 전략으로 대처하거나 소통하는 것보다는 감정을 조절하는 것을 돕고, 대인관계와 의사소통 패턴을 향상시키는 데 도움을 주는 것이다. DBT 목표는 일반적으로 특정 목표 행동으로 나누어지는데, ① 생명을 위협하는 행동이나 비자살적 자해 행동 감소, ② 불일치와 같은 치료에 방해가 되는 행동 감소, ③ 삶의 질에 부정적인 영향을 미치는 행동

(예: 무단 결석, 고위험 행동, 약물 사용, 섭식장애, 우울증, 불안) 감소, ④ 행동 기술 향상이 그것이다. 행동 기술들은 주로 기술 훈련 진단을 통해 향상되므로 내담자들은 감정 조절 전략, 고통 내성, 마음챙김, 변증법, 타당한 자기연민, 대인관계 효율성 등을 배운다(예는 [그림 7-2] 참조). 이런 기술에 대한 훈련과 교육은 집단치료에서 이루어지지만, 개인치료의 목표는 내담자와 함께 특정한 상황에서 이런 기술들의 활용에 대해 작업하는 것이다. 집단치료에서 비자살적 자해 행동의 독특하고 개별적인 요소들을 논의하면 전염 효과와 방법을 공유할 수 있으므로 지양해야 한다. 집단치료는 행동 기술과 친사회적 기술 개발 및 수정을 위해서만 사용되어야 한다.

DBT 프로그램의 대부분이 52~54주인데, 어떤 상담자들은 시간을 성공적으로 단축하였다. Stanley와 동료들(2007)은 BPD로 진단된 20명의 성인 여성에게 6개월 프로그램을 시행했다. 치료 완료 시점에 비자살적 자해 충동, 행동, 자살 사고, 정신적 고통, 우울 및 절망이 상당히 감소한 것을 발견하였다. 그러나 그들은 장기 추적 조사를 시행하지 않았으며, 평소처럼 6개월 DBT 프로그램의 효과를 입증하기 위한 통제 집단도 없었다. 그러나 이것은 van Goethem과 동료들(2012)이 BPD 진단을 받은 성인에게 시행한 6개월 DBT 절차와 비슷하다. 그들의 치료 프로그램에서는 적극적인 대처 전략의 증가와 함께 자해 행동이 줄어드는 결과가 있었다. 흥미롭게도, 내담자들은 마지막 3개월보다 처음 3개월 동안 더 많은 변화를 보였다. 그들은 시행 기간 외에는 DBT 절차의 세부 사항을 제공하지 않았다.

현재까지 발견된 가장 짧은 DBT 치료법 절차는 Tørmoen과 동료들(2014)이 개발한 것이다. 그들은 BDP 진단을 받은 청소년을 위한 16주 DBT 외래 환자 절차를 개발했다. 그들은 매주 개인 상담 1시간, 매주 여러 가족 기술 훈련 집단 2시간, 필요에 따라 가족 상담, 전화 코칭을 제공함으로써 일반적인 DBT 기술 훈련 절차대로 진행하였다. 16주 프로그램이 끝날 무렵에는 자살행동과 비자살적 자해를 포함하는 자해 욕구와 실제적인 집행이 둘 다 감소했고, 1년의 추적 조사에서 27명의

자기조절 곤란

현재 순간에 대한 인식 증가, 감정에 대한 비판단적 관찰, 감정을 받아들이는 법 배우기, 경험하고 있는 것을 설명하는 능력을 포함하는 핵심 마음챙김 기술

⬇

대인관계 조절 곤란

동료, 가족 및 다른 사람들과 일관되고 보람 있는 관계를 유지하는 것, 타인과의 효과적인 경계를 설정하는 능력을 배우고, 관계의 갈등을 해결하고 자존감을 키우며, 적응적인 의사소통 능력을 향상시키는 것 등 대인관계 기술

⬇

행동 조절 곤란

적응적이고 효과적으로 주의를 분산시키고 자기를 진정시키는 방법, 고통스러운 감정에 대한 내성을 높이는 방법, 내담자가 위기를 더 악화시키지 않고 대처할 수 있도록 돕는 것으로 행위 전에 생각하는 능력

⬇

정서 조절 곤란

정서 조절 기술은 정서를 적절하게 이해하고 분류하는 능력을 포함하고, 능동적이고 문제 중심적인 해결 전략을 증진시킴

⬇

인지 조절 곤란

변증법에 대한 이해를 갖는 것을 포함하는 중간 경로 기술을 이행하는 것은 감정과 행동의 연속성을 이해하고 자신이 선택할 수 있는 반대 행동이 있음을 알고 자기검증을 할 수 있다는 것을 의미함

[그림 7-2] DBT 기술 훈련의 전형적인 순서

모든 내담자가 자해 행동이 중단된 것으로 보여 치료의 효과가 지속된다는 것을 밝혔다.

DBT의 요약

DBT가 효과적인 것으로 밝혀졌으나, BPD가 없는 내담자에게 DBT 효과를 탐구한 경우는 거의 없다. 그러므로 BPD가 없는 내담자들 사이에 DBT의 영향은 현 시점에서는 분명하지 않다. 또한 비교 치료법으로 사용되었을 때 DBT가 다른 치료법보다 더 잘 기능한다는 연구 결과는 없다. 따라서 회기 수, 비용 및 DBT 치료 준수 시의 어려움 등이 다른 치료법과 비교했을 때 불분명하다. DBT의 어떤 요소가(예: 마음챙김, 대인관계 기술, 고통 내성 기술) BPD 진단을 받지 않은 자해 내담자와 작업할 때 효과적인지를 밝히는 것이 현 시점에서 필요한 부분이다.

반면, 이러한 한계와는 무관하게 DBT를 나른 치료 방법들과 구분 짓는 것은 마음챙김, 감정 수용, 어떤 감정이든지 행동 선택의 변증법적인 본질을 이해하고 부정적인 감정에 대한 내성을 얻는 것에 집중한다는 것이다. 일반적으로 [그림 7-2](DBT 기술 훈련의 전형적인 순서)에서 밝혀졌듯이 DBT는 내담자가 마음챙김에 대한 기본적인 이해를 갖도록 돕는 데서 시작한다. 이는 내담자에게 그 순간에 존재하고, 그들의 주변과 감정에 대해 인식하도록 하는 것 그리고 결국은 자신들의 감정을 비판 없이 수용하는 것을 포함한다. 이를 위해 첫 단계는 DBT 방법이나 치료 매뉴얼에 설명된 바와 같이 내담자가 현재에 있게 하고 관찰, 표현 및 참여하도록 하는 것이다([활동지 7-3] 참조).

관찰(Observing)은 단순히 내담자가 알아차리거나 주의를 기울이도록 하는 것이다. 이는 오감(시각, 미각, 청각, 촉각, 후각)을 사용하여 외부 사건과 상황을 모두 관찰하는 것뿐만 아니라 마음과 몸의 내부적인 현상(생각, 육체적 감각, 감정, 충동, 욕망)을 관찰하는 것을 포함한다. 표현이란 내담자가 알아차리는 것에 언어를 부여하고 외부와 내부의 상황의 사실을 표시하는 것이다. 이것이 단순해 보일 수 있지만, 내담자는 외부와 내부의 상황으로부터 비자살적 자해를 사용하여 도망치거나 회피하는 데

[활동지 7-3] DBT: 마음챙김 관찰, 묘사, 참여

외적 관찰

- ☐ 무엇이 보이나?
- ☐ 무엇이 들리나?
- ☐ 무슨 맛이 나나?
- ☐ 무슨 냄새가 나나?
- ☐ 무엇이 느껴지나?

내적 관찰

- ☐ 당신의 생각에서 특별한 점은?
- ☐ 당신의 몸에서 어떤 것이 느껴지나?
- ☐ 당신의 감정에 대한 무엇을 알아차렸나?
- ☐ 무엇을 하고 싶은가?

묘사

위에 기록된 관찰에 대해 잠시 적어 보거나 토의해 보시오.

참여

관찰하고 설명한 것을 토대로 무엇을 할 수 있나? 무엇이 좋은 행동인가?

만약 이미 응답했다면, 그 행동은 무엇이었나? 무엇을 했나? 잘 작동했나? 당신이 원하던 답을 얻었나?

출처: © 2017, *Non-Suicidal Self-Injury*, Kelly L. Wester & Heather C. Trepal, Taylor & Francis.

익숙하기에 표현 단계에서 어려움을 경험할 수 있다. 표현 활동은 자해하는 이들에게는 불편하고 어색할 수 있으므로 그것에 충분한 시간을 쓰는 것이 중요하다. 활동 중에 내담자가 자신만의 딱지(라벨)를 붙이기보다 생각을 생각으로, 감정을 감정으로 유지하도록 훈련해야 한다. 내담자가 "나는 너무 멍청해."라고 얘기하기보다 "'나는 너무 멍청해.'라는 생각이 든다."와 같은 사실적인 발언을 하도록 해야 한다. 내담자가 관찰과 표현 단계에 대한 정보를 수집하고 공유하게 되면, 정보를 활용해 참여 단계에서 정보에 입각한 결정을 내리게 한다. 일반적으로 자해를 하는 내담자는 관찰하거나 설명하지 않고 이미 행동하거나 참여하기로 결정하므로 진짜 상황 속에서 무엇이 일어나는지 이해하지 못하고 결정을 내리게 된다.

고통 내성(distress tolerance)은 DBT에서 배울 수 있는 기술이다. 자신의 감정을 수용하는 것 외의 고통 내성의 주요 요소 중 하나는 자해하고 싶은 충동과 실질적인 행동의 실행 사이의 시간을 증가시키는 것이다. 그러므로 감정이나 경험하고 있는 고통을 즉시 회피하기보다 감정을 견디는 것을 배우는 것이 치료법의 목표이다. 목표는 감정을 완전히 제거하는 것(비자살적 자해가 즉각적으로 하는 일)이 아니라 감정을 완화하고 관리할 수 있는 수준으로 조절하여 내담자가 적절하게 대처할 수 있도록 하는 것이다. 이를 위한 한 가지 방법은 회피나 비자살적 자해를 통해 위기 상황이나 감정을 악화시키지 않고 불편한 감정에 대한 내성을 얻는 것이다. 회피하는 것으로는 문제가 해결되거나 감정이 조절되지 않기에 오히려 감정은 고조될 수 있다. DBT에서 고통 내성은 즉각적으로 충동에서 자해 실행 사이에 주의 전환을 제공함으로써 시작된다([활동지 7-4] 참조). 내담자는 이를 약자 ACCEPTS—Activities(할 수 있는 활동), Contributing(다른 이에게 공헌), Comparisons(현 상황이나 감정을 다른 사람, 다른 감정, 이전 상황과 비교하는 것), opposite Emotions(감정에 대한 반대 행동을 선택하는 것), Pushing away(다음에 처리할 수 있을 때까지 현 감정을 밀어내는 것), Thoughts(자해에 대해 심사숙고하는 것), Sensations(다른 신체적 감각을 경험하는 것)—를 통해 수행할 수 있다. 내담자가 주의 전환을 하는 것을 배워서 충동이나 자해하고 싶은 욕망과 실제 자해 실행 사이에 시간 지연을 더 할 수 있게 되면, 그들은 스스로를 진정시키거나 또는 다른 적응적이고 문제 해결 중심의 전략을 취하는 것을 배울 수 있다.

DBT 활동의 또 다른 예는 사슬 분석(chain analysis) 기술이다(Kinch & Kress, 2012; Miller & Smith, 2008). 사슬 분석 기술은 상담자와 내담자가 비자살적 자해를 환경 및 행동적 현상, 자해의 전조 현상과 결과를 포함하여 한 단계씩 탐색하는 것을 포함한다. 이는 CBT의 행동 분석 활동과 비슷하지만 활동지를 사용하는 것에 그치는 것이 아니라 종이를 사용하거나 영화 또는 스토리 보드를 만들거나 다른 연결되는 비유를 사용해 사슬을 만들 수 있다. 완성되었을 때에 토론이나 탐색 질문은 다음을 포함할 수 있다. '사슬의 어떤 연결 고리를 더 자세히 설명할 수 있는가?' '어떤 연

[활동지 7-4] DBT: 고통 감내 활동

다음 중 하나 이상의 범주에서 주의를 분산시킬 수 있는 항목을 선택해 보세요. 또는 목록에 없는 자신의 아이디어를 생각해 보세요.

주의 분산은 즉각적인 위기나 감정을 견뎌 낼 수 있게 돕는다. **ACCEPTS** 기억하기 ➡	활동 (Activities) ➡	• 스포츠, 운동 • 영화 보기 • 해변, 공원, 동물원으로 이동	• 다른 사람들과 어울리기 • 취미 활동하기
	기여 (Contributing) ➡	• 자원봉사자 • 누군가에게 이메일이나 편지 쓰기	• 다른 사람을 위해 굽거나 요리하기 • 다른 사람 돕기
	비교 (Comparisons) ➡	• 자신의 상황보다 더 심각할 수 있는 다른 사람의 상황을 고려해 보기	• 자신의 인생에서 더 나빴던 또 다른 시기를 고려해 보기
	반대감정 (opposite Emotions) ➡	• 감정에 대한 가능한 행동을 생각해 보고, 반대되는 행동을 선택하기	• 화가 나면 코미디 영화를 보거나 웃기 • 슬플 경우 운동을 하거나 경쾌한 음악 듣기
	밀어내기 (Pushing away) ➡	• 나중에 처리할 수 있을 때까지 감정을 밀어내기	• 선반에 '놓기' • 상자에 '넣기' • '음량을 줄이기'
	생각 (Thoughts) ➡	• 노래 가사를 부르며 생각을 바꿔 보기	• 식료품 목록 만들기
		• 곱셈하기	• 다음 방학을 위한 계획 세우기
	감각 (Sensations) ➡	• 찬물로 샤워하기	• 편안한 옷으로 갈아입기
		• 얼음 잡기 • 누군가를 안아 주기	• 애완동물을 위로하거나 안아 보기

출처: © 2017, *Non-Suicidal Self-Injury*, Kelly L. Wester & Heather C. Trepal, Taylor & Francis.

결 부분을 다르게 행동함으로써 전체적인 현상의 사슬을 변화시킬 수 있는가(즉, 자해를 피할 수 있는가)?'

문제해결치료(PST)

문제해결치료(problem solving therapy: PST)는 여러 가지 결과가 혼합된 치료법이지만, 자해 행동을 감소시키는 데 긍정적인 영향이 있는 치료 형태이다. PST를 탐구한 연구의 대부분은 자살행동과 자기중독을 포함한 더 넓은 범위의 자해에 초점을 맞추고 있는 반면, 비자살적 자해 단독에 대한 연구는 없었다. 흥미롭게도, PST와 자해에 대해 이루어진 대부분의 연구는 10년~30년 전의 것으로 1978년부터 1994년에 이루어졌다. Hawton과 동료들(1998년)은 20개의 다른 형태의 치료에 대한 요약을 진행했는데, 비록 어떤 치료가 가장 효과적이라는 결론은 없었지만 PST가 자해 행동을 감소시킬 가능성이 가장 높은 것으로 나타났다. 최근에 여섯 가지 문제해결치료법에 대한 메타 분석이 실시되었는데, PST는 타 치료법보다 우울증과 무망감과 같은 다른 증상들과 함께 자살행동을 더 감소시키는 것으로 나타났다(Townsend et al., 2001). 우울증과 자살행동이 비자살적 자해와 연관성이 높으므로 이는 중요할 수 있다.

자해를 하는 사람들은 부정적이고 고통스러운 감정들을 회피하는 경향이 있으며, 비자살적 자해가 하나의 회피 방법이 되기 때문에 그들 대부분은 자신의 문제에 대한 적응적인 답을 찾는 것이 어렵다고 가정된다. 내담자에게 대처 기술을 가르침으로써 그들이 직면하는 현재 및 미래의 문제를 해결하기 위해 문제를 분별하고 해결할 수 있도록 하는 것이 PST의 주요 목표이다. 상담자들은 내담자에게 다양한 문제 해결의 단계를 교육함으로써 이를 성취할 수 있다(〈표 7-2〉 참조). PST의 기반이 되는 주요 가정은 내담자가 문제 해결 과정의 분석과 참여에 있어 인지 및 행동적 결함에서 비롯되는 역기능적 대처 행동으로 인해 자해 행동을 행한다는 것이다(D'Zuilla & Nezu, 2001).

뉴질랜드의 오클랜드 대학 정신의학과는 PST에 대한 기본 정보를 제공하는 웹사이트(http://www.problemsolvingtherapy.ac.nz/index.html)와 PST를 훈련받은 임상의들을 위한 추가적인 도구를 제공하고 있다. 그들은 웹사이트가 훈련을 위해 사용되는 것이 아니라 훈련 프로그램을 보완하거나 보조 역할을 해야 한다고 명시하고 있다. 웹사이트에는 PST의 7단계를 명시하고 있고 치료 회기의 여러 단계를 보여 주는 짧은 비디오와 오디오 클립과 활동지를 제공하고 있다. 그들은 PST가 일반적으로 내담자와 상담자가 협력하여 내담자의 문제를 확인하고, 하나 이상의 문제에 집중하여 해결책을 개발하는 데 도움이 되는 4~8회기를 제공한다.

PST의 단계 중에는 문제 지향이 포함된다. 문제 지향 단계는 문제에 대한 내담자의 생각과 감정을 이해하고 그들의 문제를 해결하는 그들의 인식 능력을 이해하는 단계이다. 내담자는 부정적인 또는 긍정적인 문제 방향을 가질 수 있다. 부정적인 문제 지향은 일반적으로 자해하는 사람이 가지는 것으로 비자살적 자해를 문제를 해결하거나 현재와 과거의 문제들에 따르는 부정적인 감정을 회피하는 데 사용한다. 긍정적인 문제 지향은 사람들이 자신의 문제를 해결할 수 있는 능력이 있다고 믿고, 그렇게 하는 것이 합리적이며 효과적이라고 믿는 것이다. 일반적으로 PST의 1단계는 특정한 문제를 더 잘 이해하기 위한 교육과 이러한 문제와 일반적인 문제를 해결하는 방법에 대한 태도를 포함한다. PST의 2단계는 문제를 인식하고 분별하는 것을 포함한다. 여기에는 기존 문제 목록을 작성하는 데 도움이 되는 행동 분석과 시간 및 상황에 따른 문제 추적을 포함할 수 있다. 이것은 내담자가 새로운 문제 해결 기술을 배우면서 치료 작업을 하기로 결정할 수 있는 몇 가지 구체적인 문제를 정하는 데 도움이 된다.

〈표 7-2〉 PST의 7단계

1단계	문제 지향
2단계	문제 인식 및 식별
3단계	명확한 문제 선택 및 정의
4단계	해결책을 생성하는 단계
5단계	의사결정
6단계	SMART 행동 계획 작성 및 구현
7단계	검토 및 평가

3단계는 내담자가 하나의 문제를 선택하고 그것을 분명하게 정의하는 문제 선택과 정의 단계이다. 문제해결치료 웹사이트에서 언급하였듯이 3단계는 간단해 보인다. 그러나 내담자 중 많은 경우는 비자살적 자해 또는 기타 회피 대처 전략(예: 약물 사용)과 같은 행동을 사용하여 오랫동안 문제를 피해 왔기 때문에 실제로 문제를 명확하게 정의하는 것이 쉽지 않다. 그럼에도 문제를 분명하게 정의하는 것은 내담자가 가장 효과적이고 적응적인 문제 해결 방법을 떠올리는 데 도움이 될 수 있다. 4단계는 내담자가 유용성을 평가하지 않고 문제에 대한 여러 가지 가능한 해결책을 생성하도록 요청하는 단계이다. 5단계는 내담자가 4단계에서 생성한 각각의 가능한 해결책의 장점과 단점에 대해 검토하고 해결책의 결과를 평가하는 단계이다. 5단계가 끝날 때까지 내담자가 자신의 문제를 해결하기 위해 시도해 볼 몇 가지 해결책을 선택하는 것이 목표이다. 6단계는 SMART 행동 계획을 작성하고 구현하는 것이다. 5단계에서 선택한 해결책에 대한 SMART—Specific(구체적인), Measurable(측정할 수 있는), Achievable(성취가능한), Relevant(관련 있는), Time-bound(제한 시간이 있는) 개요를 따른 실행 계획을 작성하는 것이 포함된다. SMART가 결정된다면 내담자는 선택한 해결책을 실행하도록 요청받는다. PST의 마지막 단계인

진행성 검토는 그들이 선택한 해결책을 평가하는 것이다. 선택된 해결책들이 원하는 영향이 있었는지, 특정한 문제를 해결하고 내담자의 전반적인 문제 해결 능력을 위해 다른 무언가가 추가적으로 행해져야 하는지 등을 평가하는 것이 포함한다.

PST의 요약

앞에서 언급한 바와 같이, PST는 우울증과 무망감과 같은 증상에 대한 지속적인 결과와 함께 자해 행동에 대해서는 일관되지 않은 결과를 보인다. 그러나 PST는 다른 인지적·대인관계적·행동적 요소를 보다 포괄적으로 통합했을 때 최상의 효력 가능성을 보였다(Muehlenkamp, 2006). 그 한 예는 이 장 초반에 다룬 MACT라는 CBT 방법이다. 추가적으로, Crowe와 Bunclark(2000)는 입원 환자를 위한 PST를 개발하여 자살행동을 보이는 내담자를 위해 인지 재구성, 약물, 집단 및 가족 상담을 결합시켰다. 치료를 받은 내담자 중 약 절반 정도가 추가적인 자살행동을 보이지 않았고, PST를 받지 않은 내담자는 자해 행동을 유지하였다는 것을 발견했다. 따라서 PST는 자해하는 내담자의 문제 해결 기술을 증가시키는 데는 효과적이며, 감정적·인지적 및 대인관계와 같은 치료의 추가적인 요소들과 결합했을 때 더 효과적일 수 있다.

다른 효과적인 치료법

효과적일 수 있는 치료법 중 실증적인 기반은 있지만, 그 기반이 제한적인 경우에 해당하는 것들이다. 비자살적 자해의 감소나 다른 자해 행동의 감소를 보이는 연구는 하나뿐이고, 대체로 후속 치료에서 개선이 유지되는 것을 보였다. 하지만 이런 개선이 오직 한 연구에서만 나타났기 때문에 이런 발견은 모든 내담자나 상담 환경에서 적용되지 않을 수 있다는 것을 주의해야 한다. 또한 치료법 중 일부는 제한적인 정보만 제공되어 있다. 마지막으로, 모든 연구가 비자살적 자해를 구체적으로 탐구한 것이 아니라 대부분 의도적인 자해 행동이나 자살 사고에 대한 것인 경우가 많다. 그러나 효과적인 치료법에 대한 제한적인 지식과 자살적 행동과 비자살적 자해의 높은 상관관계로 인해 이러한 치료법들은 정신건강 전문가가 특정한 내담자와 함께 작업할 때 적합한지 여부를 결정하기 위해 제공된다.

첫 번째 치료는 Gratz와 Gunderson(2006)에 의해 고안된 것으로, 수용전념치료(acceptance and commitment therapy: ACT)와 DBT의 요소들을 포함하여 TAU와 조합해서 14주 집단 개입을 만들었다. 그들은 자해 행동을 하는 이들에게 감정 조절이 필요하다고 말했다. 감정 조절은 감정을 통제하는 것이 아니라 감정이 일어날 때 행동을 조절하는 것이라고 정의했다. 구체적으로 감정을 ① 감정의 인지, 이해, 수용으로 ② 목표 지향적인 행동을 하고 충동적인 행동을 억제하는 능력, ③ 감정 제거에 초점을 맞추지 않고 특정 자극에 대한 감정 반응의 강도와 지속 시간을 조절하기 위해 상황적으로 적절한 전략을 사용하는 것, ④ 감정을 경험하기로 마음먹는 것으로 정의했다. ACT+DBT 집단 중재의 효과를 검증하기 위해 BPD로 진단되고 집단 중재 외에 TAU를 받고 있는 12명의 성인 여성과 TAU만 받고 있는 BPD로 진단된 10명의 성인 여성을 비교했다. 14주 집단치료 방법(〈표 7-3〉 참조)에는 내담자가 감정 상태를 확인하고 명명할 수 있도록 교육과 경험하는 활동을 제공했다. 감정을 회피하면 실제로 고통스러운 감정을 더 증폭시킨다는 것을 이해하도록 하는 부분과 문제를 회피하지 않도록 문제 지향적인 대처 방법의 지식과 기술을 향상시키는 부분이 포함되었다. TAU만 받는 대상에 비해 TAU와 집단치료를 같이 받는 이들이 우울증, 불안, 스트레스, BPD 증상, 자해, 정서 조절 장애가 감소하는 경향을 보였다. 즉, ACT+DBT 집단에서 추가된 교육과 훈련이 비자살적 자해의 감소에 효과

〈표 7-3〉 Gratz와 Gunderson(2006)의 ACT+DBT 14주 집단치료 주제 요약

주	주제 적용
1주	자해의 기능 파악
2~6주	정서 인식 1차적 감정 vs. 2차적 감정 분명한 감정과 흐린 감정 감정의 기능
7~8주	정서 회피 vs. 수용
9~10주	행동 변화(비회피 정서 조절 전략과 충동 조절)
11~12주	유효한 방향(행동 수정)
13~14주	약속

적인 것으로 보인다.

Gratz와 Gunderson(2006)이 ACT로 진행한 것에 추가하여, Tapolaa, Lappalainen과 Wahlstrom(2010)은 ACT와 해결중심치료(solution focused brief therapy: SFBT)를 합쳐서 성인의 의도적인 자해를 막는 4주간의 개입 과정을 개발했다.

그들은 다른 형태의 치료(예: CBT, DBT)에 대한 낮은 치료 준수 때문에 자해를 하는 사람들의 전형적인 경험 회피를 다루는 시간이 제한적이고 저렴한 비용 접근법을 개발하는 것이 중요하다고 느꼈다. 그래서 Gratz와 Gunderson과 마찬가지로, 그들은 내담자들이 그들의 감정을 회피하기보다는 수용하는 것을 돕기 위해 ACT를 선택했다. 또한 그들은 자해하는 사람들, 특히 자살하는 개인들이 희망적인 미래 지향적 사고가 부족하기 때문에 SFBT에서 발견되는 긍정적인 미래 지향적 사고를 통합할 필요가 있다고 결정하였고, 4회기의 ACT+SFBT를 TAU와 합쳤다. 그들의 논문에는 더 자세한 4주 절차가 포함되어 있지만, 이 4주 과정을 요약하면 다음과 같다.

① 치료 목표, 치료에 대한 소개, 마음챙김 훈련을 위한 기적 질문 사용
② 마음챙김 훈련 복습, SFBT로 문제 진단, 예외 상황 질문, 미래 기대에 대한 질문, 낮은 좌절 내성 훈련
③ 마음챙김 훈련 복습, 자기해결책, 감정 및 생각을 인지하는 데 도움이 되는 긍정적인 비유적 이야기
④ 마음챙김 훈련, 회피 대 행동 논의, 전반적인 치료에 대해 검토, 추가적인 변화 질문을 위한 동기 부여

Tapolaa와 동료들은 치료받은 집단과 TAU 집단 둘 다 의도적 자해(DSH) 행동의 감소를 보임을 밝혔다. 그러나 치료 집단(ACT+SFBT와 TAU를 받은)은 우울증의 감소와 자신의 감정을 조절하는 능력의 증가가 TAU 집단보다 높았다. 즉, 의도적 자해는 감소했고 개선의 유지 관리로 이어질 수 있는 긍정적인 이점이 나타났다. 그러나 그들은 내담자에 대한 장기간 후속 연구를 진행하지 않았다.

비자살적 자해에 대한 가족기반 치료법

마지막으로 다양한 가족기반 치료법이 자해 행동을 감소시킬 가능성을 보여 줬다. 특별히 반사회적이거나 수감된 청소년을 위해 개발되었던 다중체계치료(multisystemic therapy)는 청소년 문제 행동을 유지하는 다중 체계에 개입하는 가족기반 치료법이다. 이는 개별 청소년, 가족 체계 및 청소년이 참여할 수 있는 추가적인 체계(예: 학교)들을 포함한다. 자해와 관계가 있는 다양한 체계에 대해서는 연구된 바가 적다. 그러나 하나의 연구에서 의도적 자해가 감소하는 데 다중체계치료가 입원 치료에 비해 효과적이라는 것을 보여 주었다(Huey et al., 2004). 다중체계치료가 TAU나 외래 환자 형태의 다른 치료보다 더 뛰어난지에 대해서는 불분명하다.

가족기반 애착치료(family based attachment therapy: FBAT) 역시 효과적인 것으로 나타났다(Diamond et al., 2010). 이 치료법의 목표는 애착을 강화하기 위해 매주 이루어지는 3개월간의 가족 상담 동안 과정중심, 감정중심, 인지행동 전략을 통해 가족 관계성을 증가시키는 데 있다. Diamond와 동료들은 TAU에 비해 분명하고 더 빠른 자살 사고의 감소를 FBAT에서 보았다. 또한 12주 후 이 변화가 유지되는 것을 확인했다. FBAT가 자살 사고를 감소시키는 것으로는 나타났지만 비자살적 자해만을 놓고는 관찰되지 않았다. 자해를 하는 개인과 가정에 대해 이 치료법의 영향력을 확증하기 위해선 추가적인 관찰이 진행되어야 한다.

부모 교육(parent training) 역시 효과적인 가족기반 치료법으로 나타났다. Pineda와 Dadds(2013)는 자살 사고와 관련된 4회기 청소년 부모 프로그램(Resourceful Adolescent Parent Program: RAP-P)을 만들었다. RAP-P는 부모만을 위해 제작되었고, 다른 추가적 치료를 위해 사용되도록 고안되었다. 이 부모 교육 프로그램의 목표는 부모에게 자살행동, 효과적인 양육법, 가족 갈등과 스트레스 줄이기를 가르치는 것이다. 부모를 위한 4회기 프로그램은 6개월 추적 관찰에서 유지되었던 청소년 자살 사고를 감소시키는 것으로 나타났다. 청소년들이 받은 추가적 치료법이 무엇이었으며, 특정 치료법의 영향은 불분명하다.

T-SIB

비자살적 자해만을 위해 개발된 치료법은 비교적 최근에 개발되었다. 그 하나가 Andover, Schatten과 Morris(2014)에 의해 개발된 청년을 위한 비자살적 자해 치료법(treatment for NSSI in young adults: T-SIB)이다. T-SIB는 18세에서 29세 사이의 청년들 사이에서 비자살적 자해 빈도와 중증도를 줄이기 위한 목적으로 9회기의 단기 외래 환자 치료법으로 개발되었다. T-SIB는 치료 시작 전 동기 부여 향상 전략, 비자살적 자해 기능 분석, 문제 해결 전략 기술 훈련, 고통 내성, 인지 왜곡 및 대인관계 기술을 포함한다. 아직 대규모 임상 결과(www.clinicaltrials.gov/ct2/show/NCT01018433)는 발표되지 않았지만, T-SIB은 비자살적 자해 행동을 치료하는 데 효과적인 것으로 보인다(Andover et al., 2014; Muehlenkamp, 2006). Andover와 동료들은 9주 동안의 T-SIB 치료법을 통해 비자살적 자해 행동들과 충동이 50% 감소했으며 3개월의 후속 관찰에서 비자살적 자해 발생이 지속적으로 감소되었다고 밝혔다.

Andover와 동료들은 T-SIB 9회기 치료법에 대해 간략한 설명을 제공했다. 정확하게 명시하진 않았지만 DBT, CBT 그리고 PST의 다양한 구성 요소를 가져온 것으로 보인다. 그들이 말하는 T-SIB는 "기능적 평가를 통해 비자살적 자해 행동과 충동을 줄이기 위해 이론적으로 적절하고 경험적으로 지원되는 전략을 통합하여 개인의 비자살적 자해의 기능과 강화자 요소를 식별하고 보다 적응적인 대처 전략의 차등 강화를 가능하게 한다."라는 것이다(p. 492). Andover와 동료들의 T-SIB 치료법은 〈표 7-4〉에 자세히 제시되어 있다.

〈표 7-4〉 T-SIB 9회기 치료법 요약본

회기	제목	설명
1	심리 교육과 양가성	• NSSI에 대한 심리 교육, 치료법에 대한 안내, 동기부여 인터뷰 사용 혹은 치료에 대한 양가감정 감소를 위한 강화 전략을 사용한다.
2	기능 평가	• 초기 기능 분석을 현재나 근래의 NSSI 행동이나 욕구에 맞춰 진행한다. CBT 행동 분석이나 DBT 연쇄 분석과 비슷하다. • 적절하다면 직접적인 대안 전략을 제공(방에서 자해를 한다면 방에서 보내는 시간을 줄이기, 가위 사용이라면 가위를 얻기 어렵게 만들어서 행동으로 가는 시간을 지연하기)한다. • 각 NSSI 욕구나 행동에 대한 기능 평가를 완성하도록 숙제를 내준다.
3	기능 평가(예외 상황 찾기)	• 기능 평가를 지속하되 예외 상황을 찾는다(NSSI를 하지 않은 상황).

4	기능 평가와 대안 행동에 대한 차등적 강화	• 과거에 성공적으로 사용했던 대처 기술이나 주의 전환 행동과 같이 내담자의 NSSI와 유사한 기능을 제공하는 대체 행동을 구별하도록 한다. • 내담자로 하여금 가벼운 걱정이 들 때 대안 전략을 사용하도록 숙제를 내라. Andover와 동료들은 치료법의 이 단계에서는 이러한 대안으로 NSSI를 대체하도록 요구하지 말라고 명시했다.
5~6	대안 행동의 차등적 강화	• 숙제를 하는 동안 사용되는 대처 전략의 영향을 평가한다. • 필요하다면 대안 행동 목록을 수정한다. • NSSI 대신에 취할 수 있는 대안 행동을 내담자에게 숙제로 내준다. • 대안 행동 목록을 평가하고 변경한다. • 각 대안 행동에 대해 기능 평가를 함으로써 효과적인 행동을 강화한다.
7~8	개별 모듈	• 이 회기들은 내담자의 NSSI 목적이나 선행 사건에 맞게 개별적으로 정해진다. 정확히는 3개 중 한 모듈로 이 두 회기를 구성한다. • 고통 대처 • 대인 간 소통 • 인지 왜곡
9	종료	• 치료 도중 얻은 것을 복습한다. • 미래에 얻은 것을 유지하기 힘들게 하는 걸림돌에 대해 짚어준다.

출처: Andover et al. (2014)에서 요약.

결론

비자살적 자해 행동을 위해 특별히 고안된 증거기반 치료법이 거의 발견되지 않았지만, 비자살적 자해 또는 기타 자해 행동을 감소시키는 데 효과적인 치료법에 대한 경향이 존재한다. 좀 더 구체적으로 살펴보면, 각 치료법은 감정 조절 인식,

문제 해결 기술 훈련 및 인지 재구성 등을 포함하여 적용하고 있다. 대부분의 치료법은 개인에게 초점을 맞추어 진행되지만, 또 다른 접근은 집단 기술 훈련, 가족치료 또는 부모 교육 등을 포함하는 내담자의 가족적 측면을 지니고 있어 다양한 범위에서 진행된다.

어찌되었든 효과가 있는 대부분의 치료법은 기능적 행동 분석, 행동 개입 그리고 인지 재구성을 포함한다(Muehlenkamp, 2006). 앞서 언급한 바와 같이 CBT, DBT 및 T-SIB에 사용되는 기능적 행동 분석은 적어도 한 번의 비자살적 자해 사건을 관찰하는 데 사용된다. 이를 통해 자해 기능(예: 정서적 또는 사회적), 목적(예: 감정 조절, 안정, 고립, 주의), 사건의 촉진 및 유지(예: 인지적·정서적·관계적·환경적) 그리고 기술 부족(고통 내성, 대처 기술 부족, 의사소통 능력 부족, 관계 유지 어려움)에 대해 이해하는 것을 목표로 한다. 상담자가 비자살적 자해의 기능을 더 잘 이해한다면 더욱 집중적인 치료가 될 수 있다. 기능적 행동 분석을 통해 기능을 이해한 후 정신건강 전문가들은 행동개입을 하기 위해 내담자와 협력할 수 있다. 이는 비자살적 자해의 기능이나 실제 목적에 달려 있지만, 마음을 관찰하고 설명하는 DBT의 마음챙김 활동을 통해 감정을 알아차리는 능력 향상, 다른 이들에게 자신의 감정과 생각을 언어로 표현하는 능력과 의사소통 기술 향상, PST와 T-SIB에서처럼 효과적이고 긍정적인 문제 해결 능력을 증가함으로써 감정을 표현하는 다른 방법들을 제시할 수 있다. 마지막으로, 인지 재구성은 지금까지는 생존하기 위한 방법으로 비자살적 자해가 필요했다는 점을 내담자와 공감하는 것과 사건들과 상황에 대해 다르게 생각할 수 있는 대안적인 방법을 결정하고 현재의 인지 왜곡에 대해 반론하는 것을 수반한다. 따라서 앞에서 제시한 치료법들은 입원 환자와 외래 환자 등 다양한 경우에 비자살적 자해와 의도적 자해 행동을 감소시키는 것으로 나타났다.

참고문헌

Andover, M. S., Schatten, H. T., Morris, B. W., & Miller, I. W. (2014). Development of an intervention for nonsuicidal self-injury in young adults: An open pilot trial. *Cognitive and Behavioral Practice, 22*, 491-503.

Crowe, M., & Bunclark, J. (2000). Repeated self-injury and its management. *International Review of Psychiatry, 12,* 48-54.

Diamond, G. S., Wintersteen, M. B., Brown, G. K., Diamond, G. M., Gallop, R., Shelef, K., & Levy, S. (2010). Attachment based family therapy for adolescents with suicidal ideation: A randomized controlled trial. *Journal of the American Academy of Child & Adolescent Psychiatry, 4*1, 1190-1196.

Donaldson, D., Spirito, A., & Esposito-Smythers, C. (2005). Treatment for adolescents following a suicide attempt: Results of a pilot trial. *Journal of the American Academy of Child & Adolescent Psychiatry, 44*(2), 113-120.

D'Zurilla, T. J., & Nezu, A. M. (2001). Problem solving therapies. In K. Dobson (Ed.), *Handbook of cognitive-behavioral therapies* (2nd edition) (pp. 211-245). New York: Guilford Press.

Esposito-Smythers, C., Spirito, A., Kahler, C. W., Hunt, J., & Monti, P. (2011). Treatment of co-occurring substance abuse and suicidality among adolescents: A randomized trial. *Journal of Consulting and Clinical Psychology, 79*, 728-739.

Evans, K., Tyrer, P., Catalan, J., Schmidt, U., Davidson, K., Dent, J., Tata, P., Thornton, S., Barber, J., & Thompson, S. (1999). Manual-assisted cognitive behavior therapy (MACT): A randomized controlled trial of a brief intervention with bibliotherapy in the treatment of recurrent deliberate self-harm. *Psychological Medicine, 29*, 19-25.

Gratz, K. L., & Gunderson, J. G. (2006). Preliminary data on acceptance-based emotion regulation group intervention for deliberate self-harm among women with borderline personality disorder. *Behavior Therapy, 37*, 25-35.

Hawton, K., Arensman, E., Townsend, E., Bremner, S., Feldman, E., Goldney, R., Gunnell, D., Hazell, P., van Heeringen, K., House, A., Owens, D., Sakinofsky, I., & Träskman-Bendz, L. (1998). Deliberate self-harm: Systematic review of efficacy of psychosocial and pharmacological treatments in preventing repetition. *British Medical Journal, 317*, 441-447.

Huey, S. J., Henggeler, S. W., Rowland, M. D., Halliday-Boykins, C. A., Cunningham, P. B., Pickerel, S. G., & Edwards, J. (2004). Multisystemic therapy effects on attempted suicide by youths presenting psychiatric emergencies. *Journal of the American Academy of Child & Adolescent Psychiatry, 43*, 183-190.

Kinch, S., & Kress, V. E. (2012). The creative use of chain analysis techniques in counseling clients who engage in nonsuicidal self-injury. *Journal of Creativity in Mental Health, 7*, 343-354.

Linehan, M. M. (2000). Behavioral treatments of suicidal behaviors: Definitional obfuscation and treatment outcomes. In R. W. Maris, S. S. Cannetto, J. L. McIntosh, & M. M. Silverman (Eds.), *Review of suicidology* (pp. 84-111). New York, NY: Guilford Press.

Miller, A. L., & Smith, H. L. (2008). Adolescent non-suicidal self-injurious behavior: The latest epidemic to assess and treat. *Applied and Preventative*

Psychology, 12, 178-188.

Muehlenkamp, J. J. (2006). Empirically supported treatments and general therapy guidelines for non-suicidal self-injury. *Journal of Mental Health Counseling, 28*, 166-185.

Pineda, J., & Dadds, M. R. (2013). Family intervention for adolescents with suicidal behavior: A randomized controlled trial and mediation analysis. *Journal of the American Academy of Child and Adolescent Psychiatry, 52*, 851-862.

Slee, N., Spinhoven, P., Garnefski, N., & Arensman, E. (2008). Emotion regulation as mediator of treatment outcome in therapy for deliberate self-harm. *Clinical Psychology and Psychotherapy, 15*, 205-216.

Stanley, B., Brodsky, B., Nelson, J. D., & Dulit, R. (2007). Brief Dialectical Behavior Therapy (DBT-B) for suicidal behavior and non-suicidal self-injury. *Archives of Suicide Research, 11*(4), 337-341.

Tapolaa, V., Lappalainen, T., & Wahlstrom, J. (2010). Brief intervention for deliberate selfharm: An exploratory study. *Suicidology Online, 1*, 95-108.

Taylor, L., Oldershaw, A., Richards, C., Davidson, K., Schmidt, U., & Simic, M. (2011). Development and pilot evaluation of a manualized cognitive-behavioural treatment package for adolescent self-harm. *Behavioural and Cognitive Psychotherapy, 39*, 619-625.

Taylor, L., Simi, M., & Schmidt, U. (2015). *Cutting down: A CBT workbook for treating young people who self-harm*. New York: Routledge.

Tørmoen, A. J., Groholt, B., Haga, E., Brager-Larsen, A., Miller, A., Walby, F., Stanley, B., & Mehlum, L. (2014). Feasibility of dialectical behavior therapy with suicidal and selfharming adolescents with multi-problems: Training, adherence, and retention. *Archives of Suicide Research, 18*, 432-444.

Townsend, E., Hawton, K., Altman, D. G., Arensman, E., Gunnell, D., Hazell, P., House, A., & Van Herringen, K. (2001). The efficacy of problem solving treatments after deliberate self-harm: Meta-analysis of randomized controlled trials with respect to depression, hopelessness and improvement in problems. *Psychological Medicine, 31*, 979-988.

van Goethem, A., Mulders, D., Muris, M., Arntz, A., & Egger, J. (2012). Reduction of selfinjury and improvement of coping behavior during Dialectical Bchaviour Therapy (DBT) of patients with Borderline Personality Disorder. *International Journal of Psychology and Psychological Therapy, 12*, 21-34.

제8장

구체적인 임상 개입

증거기반 치료의 결과는 뒤섞여 있다. 하지만 여전히 비자살적 자해(NSSI) 행동을 감소시키거나 소거하는 데 효과적인 치료에 관해 많은 것을 알 수 있다. 비자살적 자해(NSSI) 또는 기타 의도적 자해(DSH) 행동에 효과적인 것으로 밝혀진 다양한 치료에서 일관된 구성 요소에는 감정 조절 전략, 인지 재구성, 문제 해결 강화 치료 전략, 의사소통과 관계 기술이 포함된다. 그러나 이러한 정형화된 치료법이 특정 내담자에게 가장 좋은 치료법이 아닐 수도 있다. 구체적으로 내담자나 가족이 전체 치료법을 준수하지 않거나, 내담자에게 비용이 너무 비싸거나 상담자가 치료법을 신뢰하지 않는 경우가 그러하다. 증거에 기반하거나 정형화되지는 않았지만 치료에 사용되어 온 또 다른 접근법은 인지, 감정 및 문제 해결 중심 개입을 사용하는 것이며, 이것은 대부분의 이론적 방향에 맞게 사용될 수 있다.

이론적 치료에 대한 믿음은 내담자의 변화와 결과에 영향을 미치는 요인이기 때문에 정신건강 전문가는 자신이 가장 편한 이론적 관점을 사용하여 내담자를 개념화하고 내담자와 함께 작업하는 것이 합리적이다. 이 장에서 제시하는 개입은 제

7장에서 제시된 대부분의 치료에서 나타나는 감정적·인지적 및 관계적 요소를 포함한다. 인지행동적 개입, 표현적 개입 그리고 정신약리학적 개입에 대한 간단한 논의가 포함된다. 각각의 개입은 저자들에 의해서 사용된 적이 있거나, 개입에 대한 증거가 경험적 기반이 있거나 다른 연구자들이나 상담자들이 자해하는 내담자와 함께 작업하는 방법으로 제안한 적이 있는 것이다. 상담자들은 이러한 개입과 기술의 가능성을 탐구할 수 있지만, 이론적인 관점을 바탕으로 내담자에게 맞는 치료를 공식화하고 적용해야 한다.

그러나 치료를 시작하기 전에 갖추어야 할 중요한 측면 중 하나는 강력하고 공감적이며 협력적인 관계를 유지하는 것이다(Muelenkamp, 2006). 치료 동맹은 내담자 결과의 가장 중요한 예측 변수 중 하나이다. Carl Rogers는 치료 변화의 핵심 조건에 대해 논의할 때 강력한 치료 관계를 중점으로 삼았다. 그는 내담자가 상담 회기에 주의를 기울이며 참석하고, 내담자와 공감하며, 강력한 협력 동맹인 치료 관계를 수립하는 데 필요한 무조건적 긍정적 존중을 갖는 것을 강조했다. 하지만 공감을 나타내는 상담자들은 많지 않다. Carl Rogers는 내담자가 정신건강 전문가로부터 오는 공감을 인식할 수 있어야만 한다고 주장하였다.

비자살적 자해 행동의 경우, 회기 중에 공감을 내담자에게 보여 주는 한 가지 방법은 내담자가 지금까지 경험한 고통에 공감하고, 비자살적 자해가 어떻게 실행 가능하였으며, 자기파괴적일지라도 잠재적으로 도움이 될 수 있는 선택지였음을 강조하는 것이다. 내담자가 강렬하거나 견딜 수 없는 감정에서 생존하도록 돕고, 다른 이들에게 고통과 절망을 전달하거나 또는 필요한 관계를 만들거나 고립시키는 대처 방식으로 내담자가 비자살적 자해를 썼을 수 있다고 상담자가 언급하는 것이 도움이 된다. 이런 이해와 공감을 보이는 것은 그들의 자해적 행위에 동의하는 것이 아니라 지금까지의 그 필요성에 공감하고 있음을 인정하는 것이다. 자해하는 사람들이 정규 치료 서비스를 받는 것을 꺼리는 것은 다른 이들의 판단과 편견에 대한 두려움 때문이다(Long et al., 2015). 자해 행동을 보이는 사람들은 이러한 판단을 정신건강 전문가, 의료 전문가, 교사 그리고 사랑하는 사람들로부터 경험했다고 보고한다(Long et al., 2015; Wester & McKibben, 2016). 따라서 판단을 유보하며 내담자의 비자살적 자해의 필요와 목적에 대해 공감하고 이해를 보여 주는 진술들은 내담자가 비자살적 자해에 대해 이야기하고 치료를 지속할 가능성을 증가시키며 동시에 치료적 관계를 강화시킨다.

강력한 치료적 관계를 확립하는 또 다른 측면은 내담자가 상담 진행 방향에 대해 자율성을 갖도록 하는 것이다. 그리하여 내담자가 비자살적 자해에 대해 토의하거나 그것을 상담 목표로 설정하고 싶지 않다고 결정한다면, 상담자는 이런 결정을 내린 내담자의 자율성을 존중해야 한다(Hoffman & Kress, 2010; Kress & Hoffman, 2008). 내담자가 정규 치료를 받지 못하게 막는 또 다른 요소는 비자살적 자해 행동을 중단해야 한다는 두려움이다(Long et al., 2015). 제6장에 비자살적 자해와 자율성을 둘러싼 윤리적 책임에 대한 자세한 정보가 제공되어 있다.

내담자의 변화 동기

모든 내담자가 비자살적 자해 행동을 바꾸고 싶어 하거나 원해서 치료에 참여하는 것은 아니다. 범이론적 모델(transtheoretical model: TTM; Prochaska & Norcross, 2001)을 생각해 보자. TTM은 정신건강 전문가가 내담자와 함께 사용하는 상호작용 및 개입이 현재 내담자의 변화 단계에 맞아야 하므로 내담자에게 너무 느리거나 너무 빠르게 이동하지 않아야 한다고 제안한다. 예를 들어, 비자살적 자해의 경우에는 내담자가 만약 비자살적 자해가 자신의 삶에 있어 문제라 믿지 않는다면 상담에서 그것에 초점을 맞추고 행동을 변화시킬 것을 요구하는 것은 상담자가 그의 말을 듣지 못하거나 이해하지 못하는 것처럼 느끼게 할 수 있다. 이로 인해 내담자는 더 방어적이 되고, 이는 비자살적 자해 행동을 강화하여 더 많은 통제력을 얻거나 비자살적 자해 또는 평가받거나 멈추도록 강요될 기타 행동들에 대한 정보를 공유하지 않거나 심지어 상담의 조기 종료까지 이어질 수 있다. 이런 것들은 상담자가 선호하는 결과가 아니다. 변화의 필요나 준비됨을 내담자가 보이기 전(즉, TTM의 전숙고 단계)에 적용되는 행동 개입은 도움이 안 되고 내담자로 하여금 징벌적으로 여겨진다(Long et al., 2015).

범이론적 모델과 변화 단계의 이해

Prochaska와 Norcross는 각 단계와 내담자가 다음 단계로 이동하는 것에 도움이 되는 작업에 대해 논의했다([그림 8-1] 참조). 즉, 정신건강 전문가는 내담자가 지니고 있는 다른 증상이나 우려에 관여하면서도 특히 비자살적 자해와 연관되어 있는 단계를 평가하는 것이 중요하다. 내담자가 다른 이들(예: 사법 체계, 가족 구성원, 교사)에 의해 의뢰되거나 강제로 참여하게 된다면, 내담자는 자신의 비자살적 자해나 다른 증상들을 우려의 대상으로 여기지 않거나 문제가 있다고 생각하지 않을 수 있다. 그들이 행동(이 경우에는 비자살적 자해이지만 우려가 되는 다른 무엇이라도)을 변화시킬 마음이 없다면 전숙고 단계(pre-contemplation stage)에 들어간다. 숙고 단계(contemplation stage)는 내담자가 문제가 있음을 알게 되는 단계이다. 이 단계에서는 내담자가 비자살적 자해는 건강한 행동이 아니거나 혹은 변화될 필요가 있는 행동임을 인정하며 행동 변화를 위한 조치를 진지하게 고려한다. 그러나 내담자가 이런 인식을 갖고 대책을 강구하고 있음에도 불구하고 아직 아무런 조치도 취하고 있지는 않다. 준비 단계(preparation stage)에서는 내담자들이 몇 주 내에 조치를 취할 준비가 되어 있거나 작은 행동 변화들을 보고한다. 비자살적 자해의 경우에는 다른 대처 전략을 시도할 준비가 된 사람

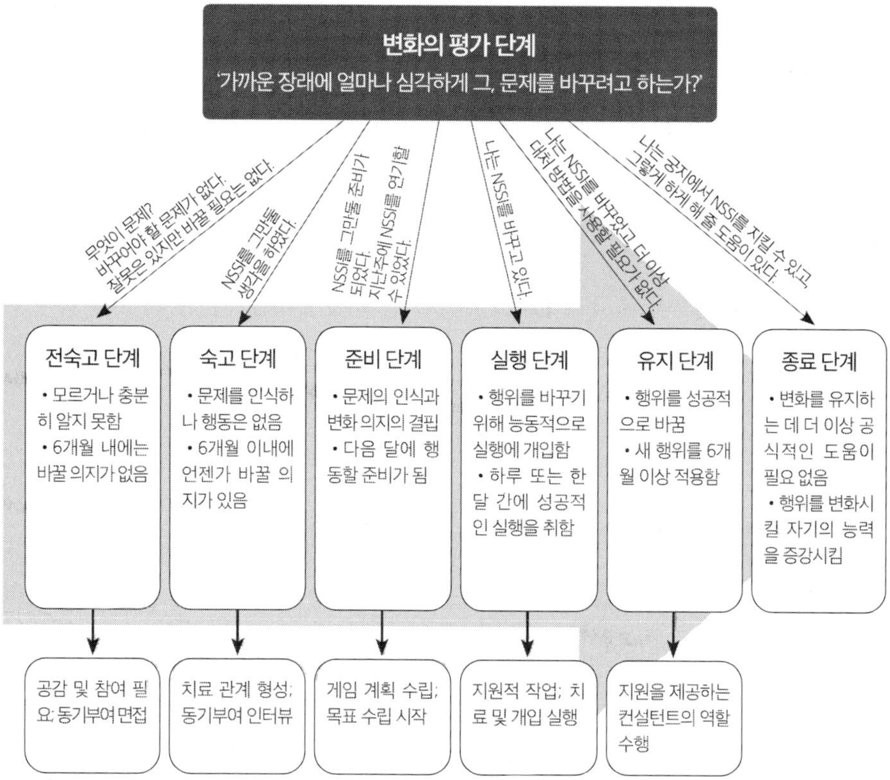

[그림 8-1] 범이론적 모델 단계와 평가 과정

이거나, 충동을 경험했을 때 비자살적 자해를 성공적으로 지연했다고 보고할 수 있다.

실행 단계(action stage)는 내담자가 당면한 문제인 비자살적 자해 행동을 해결하고 극복하기 위해서 그들의 행동, 감정, 경험 또는 환경을 수정하거나 변경하도록 설계된 행동에 참여하는 단계이다. 이 단계에서 실질적으로 비자살적 자해가 소거되지 않을지라도 내담자는 행동을 줄이고 충동을 조절하는 데 효과적인 전략에 참여하게 된다. Prochaska와 Norcross는 내담자가 하루에서 6개월간 성공적으로 행동을 변화시키거나 지속적으로 행동을 변화시키기 위해 노력하고 있다고 말하면서 실행 단계를 정의한다. 유지 단계(maintenance stage)는 성공적인 조치가 이루어지고 내담자가 비자살적 자해 대신에 더 적응적이고 문제 중심적인 대처 행동에 지속적으로 참여하는 단계이다. 이 단계에서 내담자는 6개월 이상 새로운 행동 전략을 성공적으로 적용하였다. 최종적으로 종료 단계(termination stage)에서는 내담자가 변화 절차를 완료하였고, 더 이상 비자살적 자해 행동을 변경하거나 완화하는 데 공식적인 도움을 받을 필요가 없어진다. 이 단계에서 내담자들은 새로운 행동 변화를 유지하고 비자살적 자해 실행을 피할 수 있는 완전한 자기효능감과 자신감을 가지게 된다.

내담자의 변화 단계 진행을 지원하기 위한 동기강화 상담(MI)

내담자가 전숙고 단계에서 숙고 단계로 진행하도록 돕기 위해서, 상담자는 먼저 공감과 무조건적인 존중을 제공함으로써 내담자와 협력적으로 참여해야 한다. 동기강화 상담과 같은 동기 증가 활동들은 내담자가 기존의 문제를 인식하고 변화를 위하여 무언가를 하도록 유도하는 데 도움이 된다. 동기강화 상담(motivational inverviewing: MI)의 기본 개념은 내담자와 상담자가 함께 치료에 참여한다는 것이다. 상담자는 대화를 통해 내담자가 변화하고자 하는 내적 욕구를 불러일으키도록 돕고, 상담자는 내담자가 변화를 선택할 수 있는 자율성을 지니고 있음을 존중한다는 의사를 전달해야 한다. MI의 세 가지 기본 요소인 협동정신, 유발성, 자율성은 다음과 같은 네 가지 주요 원리를 통해 수행된다. ① 공감 표현하기, 즉 내담자와 강력한 관계를 형성하기 위해 공감을 표현하기, ② 불일치감 만들기, 즉 상담자가 내담자의 현재 행동과 갈망하는 가치나 목표와의 불일치에 대한 인식을 밝히고 확대시킴으로써 불일치를 증가시키기, ③ 저항과 함께 구르기, 즉 상담자가 변화의 단계로서 저항을 재설정하고 내담자의 행동을 변화시킬 동기를 이해함으로써 저항을 정리하기, ④ 자기효능감 지지하기, 즉 내담자가 변화될 준비가 되었으며 언제 그렇게 할 수 있는지를 이해할 수 있는 능력에 대해 신뢰하고, 그렇기에 내담자 자신의 치료에 대한 결정을 내릴 자율성을 의미하는 자기효능감을 지지하기.

MI는 동기부여 단계와 변화의 헌신 단계의 두 단계에 걸쳐 진행된다(Miller & Rollnick, 2002). 자해하는 내담자가 비자살적 자해 행동을 바꾸려 하는 것 또는 바꾸려는 욕구가 없는 것의 양면성을 가질 수 있다는 점을 감안할 때, 첫 단계의 목표는 이런 주저함을 탐색하여 내담자가 변화하거나 자행 행동을 그만두지 않고 계속 하려는 이유를 분명하게 하는 데 있다. 동기부여 단계에서 상담자는 일반적으로 개방형 질문을 하며, 정보를 제공하고 내용과 감정을 반영하고 내담자에게서 듣는 내용을 요약한다. 이것은 내담자가 이해하고 듣는 것을 돕는다. MI에서 사용되는 약어는 OARS이다. 이것을 사용하는 예시가 [글상자 8-1]에 제시되어 있다.

[글상자 8-1] 샐리의 사례

샐리는 16살 된 여학생으로, 엄마에 의해 의뢰된 내담자이다. 샐리의 어머니는 샐리가 집에서 문제 행동을 보이고 성적이 떨어지고 있으며, 1년 동안 자해를 하고 있다고 한다. 샐리는 상담실에 들어오면서 의자에 털썩 주저앉고 팔짱을 끼고 상담자를 노려본다.

상담자	오늘 무슨 일로 왔니?	개방형 질문
샐리	(심술궂게) 난 여기에 있고 싶지 않아요. 엄마가 내가 여기 와야 한다고 말했고, 내가 여기 오지 않으면 친구들과 놀 수 없다고 했어요.	

상담자	그러니까 정말 원하지 않을 때 여기 와야 한다는 게 불만스럽겠네. 이번 시간을 너에게 어떻게 하면 도움이 되고 시간 낭비처럼 느껴지지 않을까 궁금한데?	반영 개방형 질문
샐리	난 모르겠어요.	
상담자	네 엄마가 너에게 여기서 몇 가지를 이야기하라고 하셨다는 걸 알아. 학교 성적, 집에서의 규칙 무시, 팔과 다리를 칼로 긋는 것 같은 것도 말이야. 우리가 그런 얘기들을 하고 네가 어떻게 생각하는지 이야기해 볼 수 있을까?	허가 요청 동기평가
샐리	난 내가 문제라고 생각하지 않아요. 엄마가 문제예요.	
상담자	너가 엄마한테 화난 걸 알겠어. 난 성적이나 가족 규칙 그리고 자해에 대한 너의 경험을 듣고 싶어. 그리고 먼저 엄마에 대한 너의 짜증, 그리고 초점을 가족 규칙에 두었으면 해. 엄마가 말한 건 내가 잘 들었는데, 넌 어떻게 생각하는지, 너의 집에서 무슨 일이 일어났는지 궁금해. 집에서 무슨 일이 벌어졌어?	반영 개방형 질문
샐리	그 규칙이란 게 바보 같아요. 진짜로. 11시까지 집에 오는 사람은 나밖에 없을 거예요. 친구들에게 내가 어떻게 보이는지 알아요? 난 내가 원하는 때에 집에 가고 싶어요. 엄마는 절대로 그걸 받아들이지 못해요. 엄마는 너무 완고해요.	
상담자	그래서 넌 집에서 숨 막히겠네. 집에서 네 말을 들어준다든지 이해받는다는 느낌이 없겠구나.	요약 반영

상담자	자, 그럼 자해에 대해 얘기해 보자. 거의 1년 동안 자해를 하고 있는데 너는 언제, 무엇을 위해 자해를 하니?	개방형 질문
샐리	모르겠어요. 그냥 하고 나면 기분이 좋아져요.	
상담자	아, 그거 흥미롭구나. 네가 자해할 때, 그때 기분이 좋지 않은 것은 뭐지? 그리고 네가 자해를 해서 더 기분이 좋아지게 하는 건 뭐야?	개방형 질문
샐리	나는 너무 화가 나서 아무 말도 하고 싶지 않아요. 내가 듣는 말은 오로지 '이거 해…… 저거 해……'뿐이에요. 나는 미칠 것 같고 터질 것 같아서 무엇이든지 누구든지 치고 싶어져요. 그때 자해를 하고 나면 좀 기분이 나아지면서 더 이상 과격해지지 않고 화도 나지 않아요.	
상담자	특히 엄마에게 화가 나면 통제 불능 상태가 되고 자해 행동이 네가 자신을 통제하는 한 해결책으로 보이는구나. 마치 네가 할 수 있는 것이 아무것도 없을 때 자해를 하는 것처럼 보이네.	요약 확인
샐리	음…….	

이 사례에서는 OARS가 내담자와 공감하고 저항을 굴러가게 하는 데 어떻게 사용되는지 볼 수 있다. 사례에서 볼 수 있듯이, 샐리는 전숙고 단계에 있으며 비자살적 자해나 자신의 행동을 염려하거나 문제로 생각하지 않는다. 그녀는 문제가 엄마에게 있다고 외부로 돌리며, 성적 하락과 집에서의 통제 불능 행동이나 자해는

자신의 결정에 따른 것이 아니라고 생각한다. 상담자가 이 시점에서 목표 설정에 뛰어들어 엄마가 보고한 목표를 전달했다면 샐리는 상담자와 치료적으로 연합하는 것에 저항하고 결국 치료에서 중도 포기하거나 숙고 단계나 다른 변화의 단계로 나가지 않을 것이다. 하지만 개방형 질문, 반영, 확인 및 요약을 사용하는 것은 샐리로 하여금 상담자가 경청하고 있다고 느끼게 함으로써 치료에 대한 저항과 장애물들을 일부 제거할 수 있도록 한다.

MI의 다음 단계는 샐리의 가치와 자신의 목표 및 현재 행동 사이의 불일치를 짚어 줌으로써 치료에 탄력을 주는 것이다. 이것은 첫 회기에 이루어질 수 있지만, 샐리가 전숙고 단계에서 치료로 연계되었음을 고려할 때 여전히 MI의 1단계 안에 있기에 나중에 일어날 가능성이 높다. 불일치를 짚어 주는 이유는 내담자가 자신들의 말과 행동 사이의 불일치를 알도록 하기 위함이다. 상담실에서 모순이 일어나는 순간 짚어 줄 수 있으며, 행동의 장단점을 탐색할 때 강조될 수 있다([활동지 8-1]. 참조). [글상자 8-2]에서 샐리의 사례를 볼 때, 상담자는 샐리가 자신의 행동을 문제로 인식하지 않고 있기에 치료에 대한 저항을 증가시키지 않도록 그녀가 자해나 다른 문제 행동에 대해 작업해야 한다고 언급하지 않는다. 오히려 상담자는 샐리의 저항을 비켜 가며 그녀가 원하는 것(엄마가 신경을 끄는 것)과 그녀가 하는 일(엄마가 신경 쓰도록 만드는 모든 것)의 불일치를 짚어 주기 시작한다. 여기에서의 목표는 샐리를 숙고전 단계에서 숙고 단계로 전환시키고 그녀가 이런 행동들이 삶에서 문제가 된다는 인식을 갖도록 하는 것이다. 이것이 한 회기 만에 일어나진 않지만 치료에 대해 더 관심을 갖도록 만들고 내담자가 변화하거나 자신의 행동에 대한 변화 의지를 더 증가시킬 수 있다.

[글상자 8-2] **샐리의 사례**(계속)

샐리와의 상담이 어느 정도 진행되었다. 샐리는 성적이나 집에서의 행동, 자해 등에 대해서 기꺼이 이야기하겠다고 하였으나, 그것이 그녀가 작업해야 할 목표라고 생각하지 않는다고 말했다. 대신에 샐리는 엄마가 '신경 끄게' 하고 싶다고 하였으며, 상담자는 자신과 샐리가 엄마를 통제할 수는 없지만, 샐리의 엄마가 '신경 쓰게' 하는 행동에 대해서는 초점을 맞출 수 있다고 하였고, 샐리는 그에 동의했다.

상담자	그래, 넌 엄마가 네게 신경 끄기를 원한다는 거지? 언제 엄마가 신경 쓰는 것 같아?	개방형 질문
샐리	항상…… 음. 설거지가 남아 있거나, 빨래가 쌓이는 것과 같이 엄마가 제게 하라고 한 일들을 제가 하지 않을 때나, 또 제가 자해한 걸 숨기려고 했는데 소매가 너무 올라가서 엄마가 새로운 자해 상처를 보고 흥분할 때인 거 같아요.	요약
상담자	그러니까 엄마는 네가 하기 싫은 일을 하지 않았을 때나 네가 새롭게 자해한 걸 발견했을 때 '신경을 쓰는' 거라는 말이지?	
샐리	네.	승인요청
상담자	나는 "네가 이 활동지를 다 할 수 있을지 궁금하구나……." ([활동지 8-1] 참조. 상담자는 내담자에게 맞게 필요한 행동목록을 변경할 수 있다.)	지적 불일치

[활동지 8-1] 나의 행동의 숙고 결정

<table>
<tr><td colspan="2">만약 내가 나의 ______ 행동을 계속하거나 중단한다고 결정한다면, 내 인생은 얼마나 달라질까?</td></tr>
<tr><td colspan="2">만약 내가 이 행동을 계속하거나 중단한다면 내 가족과의 관계는 ____ 될 것이다.</td></tr>
<tr><td>만약 이 행동을 계속한다면</td><td>만약 이 행동을 중단한다면</td></tr>
<tr><td></td><td></td></tr>
<tr><td></td><td></td></tr>
<tr><td></td><td></td></tr>
<tr><td colspan="2">만약 내가 이 행동을 계속하거나 중단한다면 내 가족과의 관계는 ____ 될 것이다.</td></tr>
<tr><td>만약 이 행동을 계속한다면</td><td>만약 이 행동을 중단한다면</td></tr>
<tr><td></td><td></td></tr>
<tr><td></td><td></td></tr>
<tr><td></td><td></td></tr>
<tr><td colspan="2">만약 내가 이 행동을 계속하거나 중단한다면 내 가족과의 관계는 ____ 될 것이다.</td></tr>
<tr><td>만약 이 행동을 계속한다면</td><td>만약 이 행동을 중단한다면</td></tr>
<tr><td></td><td></td></tr>
<tr><td></td><td></td></tr>
<tr><td></td><td></td></tr>
<tr><td colspan="2">만약 내가 이 행동을 계속하거나 중단한다면 내 가족과의 관계는 ____ 될 것이다.</td></tr>
<tr><td>만약 이 행동을 계속한다면</td><td>만약 이 행동을 중단한다면</td></tr>
<tr><td></td><td></td></tr>
<tr><td></td><td></td></tr>
<tr><td></td><td></td></tr>
</table>

출처: © 2017, *Non-Suicidal Self-Injury*, Kelly L. Wester & Heather C. Trepal, Taylor & Francis.

이 과정은 여러 회기가 걸릴 수 있지만, 최종적인 목표는 내담자가 천천히 행동을 변화시킬 내면의 동기를 갖도록 하고 변화를 약속하도록 하여 MI의 준비 단계와 실행 단계로 진행하는 것이다. 이 단계에 있을 때는 매뉴얼화된 치료법(제7장에서 다뤄진)이나 치료 계획에 있는 개입(이 장에서 논의되는)의 실행을 시작할 수 있다.

MI는 아직 자해하는 내담자와 작업할 때의 효과가 경험적으로 입증된 방법은 아니다. 하지만 MI는 약물 남용이나 섭식장애와 같은 자해 행동의 간접적인 형태들을 치료하는 데는 효과적이라는 것이 확인됐다. 동기강화 전략은 또한 제7장에서 다뤄졌고 비자살적 자해에 대한 증거기반 치료인 매뉴얼화된 인지행동치료(MACT)의 일부로 사용되어 왔다. 그러므로 MI는 비자살적 자해 행동을 하는 전숙고 혹은 숙고 단계에 있는 내담자들이 상담 치료에 집중할 수 있도록 돕는 효과적인 방법인 것이다. 또한 MI는 위기 상황에 빠졌거나 상담실로 의뢰된 내담자에게 반응적인 치료를 할 때보다는 대학 캠퍼스나 학교 등에서 치료를 위해 정신건강 전문가들이 홍보하거나 적극적인 내담자 학생을 모집할 때 도움이 될 수 있다.

다양한 개입

앞서 언급한 대로, 작은 표본 크기로 인해 다른 자해 및 자살적 행동과 달리 죽을 의도 없이 행하는 자해에 대해 탐구한 치료법은 거의 없다. 특히 경계선 장애로 진단된 집단(자해하는 개인 중 가장 큰 집단은 아닌)에 지나치게 의존적하였기 때문에 비자살적 자해에 효과적인 치료법에 대해서는 알려진 바가 많지 않다. 대부분의 치료법은 비자살적 자해를 감소시키긴 하지만 일반적인 치료법보다 더 많이 감소시키지는 않는다. 이것은 비자살적 자해로 치료에 참여하는 내담자들에게 존재하는 수많은 우려 때문일 수도 있다. 여기에는 우울증, 불안, 반사회적 행동, 약물 남용, 섭식장애, 슬픔과 상실, 완벽주의적 행동 등이 포함된다. 다음에서 논의된 치료법들은 다양한 출처에서 유래되었지만, 자해를 하는 여러 개인에 의해 제안되고 검증되어 사용된 것이다. 다음에 제시된 개입과 여러 기법의 목표는 정신건강 전문가가 내담자의 알아차림이나 비자살적 자해와 관련된 감정, 인지 및 행동에 있어서 내담자의 인식이나 변화를 얻도록 돕고 그들을 평가할 창의적인 방법을 제공하는 것이다. 이러한 기술과 개입은 상담자의 이론적이고 개념적인 틀 안에 통합되어야 하고, 행동 및 인지적 개입, 표현적 개입, 향정신성 개입으로 구분된다. 각각의 개입이 이런 방식으로 분류되지만, 개입은 하나 이상의 효과가 있을 수 있음을 이해해야 한다(예: 가면 활동은 내담자에게 인지적·감정적·환경적 요소를 연결하고 알아차림을 가져다줄 수 있다).

행동적 및 인지적 개입

자해하는 사람들은 고통 내성이 낮을 뿐만 아니라 효과적으로 문제중심 대처 전략을 잘 사용하지 못하기에, 행동 개입은 두 가지 목적을 수행할 수 있다. 하나는 자해 충동이나 욕구와 자해 사이의 시간을 지연시키는 것이다. 시간 지연은 행동에 대한 통제력이 없다고 믿었던 이들에게 작은 성공을 제공해 줄 수 있고 격렬한 감정을 완화하기 위해 보다 적응적인 대처법을 시도할 수 있는 순간을 제공할 수 있다.

자해 방법 제거나 신체적인 운동 실시

자해하는 사람들은 자해 충동을 막거나 감정들을 조절하려는 다른 대처 전략들을 시도해 왔다(Klonsky & Glenn, 2008; Wester & McKibben, 2016). 여기에는 산책, TV 시청, 음악 듣기, 샤워하기 등이 포함된다. Bradley McKibben(2016)이 진행한 연구에서 자해 충동을 막기 위해 89명의 청년이 시도한 대처법 중 가장 효과적인 것은 보통

'자해하는 데 사용되는 도구를 집에서 제거하는 것'과 '스포츠나 운동을 하는 것'이었다. 그러므로 자해 충동을 막거나 지연시키도록 내담자를 돕는 방법은 자해하는 방법을 더 어렵게 만드는 것이다. 사용되는 도구 자체를 집에서 완전히 제거하거나, 버리거나, 정신건강 전문가의 사무실로 도구를 가지고 와서 맡기거나 버리도록 하는 것이다. 또는 이러한 방법을 내담자가 너무 과격하다고 생각한다면 자신과 자해 도구 사이에 장애물을 두는 방법을 정하는 것이다. 예를 들면, 면도날을 테이프로 감싸서 면도날을 사용하는 것을 더 어렵게 하거나 자물쇠로 잠근 뒤 열쇠를 집의 다른 위치에 두는 방법이 있다. 이렇게 하면 도구를 쓸 수 있게 되거나 구매하는 과정으로 인해 자해에 대한 욕구를 갖는 것과 실제 행동을 하는 것 사이에 시간을 지연시킨다. 새로운 도구를 구매하거나 사용할 수 있는 상황이 됐을 때 자해의 필요성이 사라지거나 약해질 수 있기에 내담자가 다음 선택에 대한 통제력을 갖도록 할 수 있게 된다.

운동 역시 효과적이라고 보고된다. 13년간 자해를 해 온 26세 여성 A의 사례 연구에서 보면, 상담자들은 A에게 60분 운동 비디오를 제공하는 운동 개입을 포함시켰다(Wallenstein & Nock, 2007). 그녀가 일주일에 세 번 운동하고 자해하고 싶은 충동이 있을 때 운동하도록 지시하였다. 5주 동안 주당 2.25회였던 자해가 주당 0.37회로 감소하였다. 내담자가 운동을 그만두었을 때 비자살적 자해는 주당 2.33회로 증가하였다. 그러나 운동이 다시 실시되었을 때는 연구 종료 때까지 사라졌다. 운동을 실시하는 것이 내담자의 감정을 강화하는 데 도움이 되었고 자해 욕구를 감소시켰다. 그러므로 내담자로 하여금 신체적인 활동이나 운동을 주간 활동에 포함시키거나, 적어도 자해 충동을 경험할 때 운동하도록 하는 것은 감정을 조절하기 위해 비자살적 자해를 하려는 욕구를 감소시키는 데 도움이 된다.

자해에 대한 대안 혹은 주의 전환 방법

상담자, 연구자 그리고 자해하는 사람들은 고통의 내성을 얻고 비자살적 자해 실행을 지연시키기 위해 자해를 최소화하고 감소시킬 수 있는 자해에 대한 대안들을 사용하도록 제안해 왔다(Wester & Trepal, 2005). 대안을 제공하는 것은 비자살적 자해의 해결책은 아니지만 충동과 실제 행동 사이에 시간을 지연시키는 것을 돕는 개입이며, 내담자로 하여금 자신의 행동을 통제하거나 더 효과적이고 적응적인 대처법을 시행하도록 돕는다. 적절한 대안을 제안하기 위해 비자살적 자해 사건에서 내담자가 자해하는 이유나 역할, 멈추는 시점 등을 확인하는 초기 평가가 이루어져야 한다. 비자살적 자해의 기능과 정지 시점을 이해하는 것은 알맞은 대안 행동을 정하는 데 매우 중요하다. '왜 자해를 하냐?'는 질문에 대부분의 내담자는 잘 모른다고 대답한다. 그러므로 필요한 정보를 얻기 위해서는 행동적 혹은 기능적 평가가 이루어져야 한다. 비자살적 자해의 평가에 대해서는 제4장에 소개되어 있다.

대안 행동을 자해의 기능이나 정지 지점에 맞추는 것이 중요하다. 예를 들면, 자해의 기능이 분노나 적개심과 같은 강렬한 감정의 완화라면, 대안 방법은 분노나 적개심을 완화시킬 수 있는 방법이어야 한다. 단순해 보이지만 내담자에게는 그렇게 단순하지 않을 수 있다. 예를 들면, 분노나 적개심은 다양한 방법으로 완화될 수 있다. 하지만 분노를 느낄 때 면도날을 들고 자신의 팔에 분노의 긋기를 하는 것이라면 대안 방법 역시 분노의 경험과 긋는 동작을 모방해야 할 수 있다. 종이를 들고 긋거나 적개심으로 찢는 행동을 해서 손에 똑같은 찢는 감각을 보고 듣게 되고 동시에 종이의 삐쭉삐쭉한 모습을 보게 되는 것이다. 만약 내담자가 화가 났을 때 자해를 하는데 그를 진정시키는 진짜 요인이 피부의 타는 감각이라면 그 타는 감각에 맞춰(분노의 기능보다는) 얼음을 피부에 댐으로써 같은 감각을 느끼고 신체적 피해 없이도 분노를 완화시켜야 한다. 그럼으로써 기능의 조합(예: 사회적, 감정적: 불안, 분노)과 정지 위치(예: 피를 보는 것, 감각을 경험하는 것)를 맞추어야 한다. 정확한 목록은 아니

〈표 8-1〉 비자살적 자해에 대한 대안의 예

비자살적 자해 기능에 대한 대안		
공격성 또는 분노	가만히 있지 못함 또는 불안	감정 또는 슬픔/우울함 조절
• 찰흙이나 점토로 만들고 부수기 • 물건 던지기(예: 벽돌 벽에 얼음 던지기, 달걀 샤워) • 과일 으깨기 • 주먹으로 베개나 펀치백 치기 • 산산조각 내기(신문지, 오래된 카세트테이프, 동물 인형) • 그림에 다트 던지기 • 큰 시트지로 된 벽에 손가락 그림 그리기	• 뛰거나 걷거나 운동하기 • 손가락이나 손을 분주하게 하기(예: 요리하기, 컴퓨터 입력, 점토 틀 사용) • 가라데, 롤러블레이드 또는 기타 활동 수행하기 • 비명을 지르거나 고함을 지르기 • 청소 또는 정리하기 • 전화 또는 전자 장치로 문자 쓰기 • 비디오 게임 하기 • 그리기 또는 일기 쓰기 • 짐볼에 앉아 튕겨 나가기 • 콜라주 작업(예: 찢거나, 사진을 자르고, 색을 고르고, 붙여 넣기) • 자신의 긍정적인 점을 작성하기	• 심호흡 운동 • 감정을 판단하지 않고 집중하여 명상하는 연습하기 • 문장이나 단어를 반복적으로 세거나 쓰기 • 조절할 수 있는 잠금 상자 만들기(뒤의 설명 참조) • 긴장 완화 기술 • 요가 • 대화 또는 개인적 글쓰기를 통한 자유 연상 • 자신의 감정을 시각화한 후 그 감정들을 가라앉히기
비자살적 자해 중지를 위한 대안		
시각	감각	현실 기반
• 피부에 빨간색 마커나 물감으로 선 긋기 • 자주 볼 것으로 예상되는 영역에 그리기 • 무독성 페인트를 욕조나 빨간색이 (피처럼) 퍼지는 것을 볼 수 있는 물에 천천히 넣기 • 종이를 날카롭게 긋기 • 촉발되지 않는 다른 그림(예: 예술품 또는 사진) 보고 집중하기 • 비자살적 자해를 시각화한 그림이나 이미지를 세척 가능한 잉크로 피부에 새기기	• 찬물이나 뜨거운 물로 샤워하되 데지 않도록 주의하기 • 피부의 특정 부위에 얼음조각을 올리기 • 피부에 빅스(Vicks)나 벤제이(Bengay) 연고를 바르기 • 손목이나 기타 신체 부위에 고무줄 튕기기 • 칫솔로 피부 문지르기 • 점토 또는 찰흙으로 피부 부위 감싸기 • 보석 천을 잡아당기거나 피부에 문지르기 • 매운 후추 물기 • 마루나 테이블을 치기	• 맨발로 걷고 발에 감각을 유념하기 • 로션을 바르고 피부를 천천히 반복적으로 문지르기 • 음악을 들으며 노래 부르면서 단어 하나하나에 집중하기 • 깊게 호흡하고 이완 기법 사용하기 • 방의 환경에 집중하고, 그것이 자신과 얼마나 가깝거나 멀리 있는지 주목하기 • 모든 오감에 주의를 기울이며, 사물의 냄새, 모양, 소리, 느낌, 맛(적절한 경우) 알아차리기

지만 비자살적 자해의 기능에 일치하는 몇 가지 대안 방법의 예가 〈표 8-1〉에 제시되어 있다.

비자살적 자해의 대안들은 해결책이 아니라는 것을 강조해야 한다. 그것은 단지 비자살적 자해에 의한 조직 손상의 양을 줄이는 동시에 충동과 실제 자해 행동 사이의 시간 간격을 늘리는 미봉책일 뿐이다. 또한 자해를 그만둘 의지가 없는 내담자들은 이 대안들을 자해를 위한 다른 방법으로 바꾸기 때문에(예: 얼음에 소금을 치거나 피부에 소금을 바르고 얼음을 문질러 화상 자국을 만드는 것), 대안들을 감독 없이 처방 혹은 제안해서는 안 된다. 그러므로 비자살적 자해 대안을 제공할 때는 내담자가 자해를 그만두고자 하는 동기를 평가하는 것(앞의 TTM과 MI 부분에서 제안한 것처럼)이 중요하다.

일반적으로 대안이나 주의 전환 방법을 자해의 기능이나 개인이 자해를 멈추는 순간의 원인과 연결하는 것이 제일 도움이 되는 것으로 알려져 있다. 하지만 다른 주의 전환 방법은 단순히 비자살적 자해 발생의 지연이 일어날 것이라는 희망을 가지고 현재에 지연시킬 목적으로 제안되거나 사용되어 왔다. 비자살적 자해 발생 지연의 목적은 다음을 포함한다. ① 감정의 강렬함이나 자해 충동이 감소하여 자해 행동의 심각성이 줄어드는 것, ② 충분한 지연 시간이 흘러 자해 욕구가 사라짐으로써 비자살적 자해 실시를 아예 하지 않는 것, ③ 다른 전략을 허용하여 대처하기 위한 새로운 적응적인 방법을 찾는 것, 그러므로 일반적인 주의 전환 방법의 목표는 실제 자해 실행을 지연시킴으로써 자해의 욕구가 줄어들거나 내담자가 혼란스럽지 않게 하거나 감정을 조절할 수 있게 하거나 자신을 신체적으로 다치게 하지 않고 다른 사람들과 소통할 수 있도록 돕는 새로운 대처 방법이 포함되도록 하는 것이다.

이러한 주의 전환 방법에는 다음이 포함되지만 이에 국한되지는 않는다.

- **신체 활동**: 어떤 종류든 움직임이 있는 다양한 형태의 신체 활동을 하는 것으

로 운동, 종이 찢기, 베개 던지기, 공 던지기, 스포츠, 춤추기 등이 포함된다. 움직임이 주의 전환이 될 수 있지만 불안, 반복되는 생각, 강렬한 감정 등으로 연결되는 억눌린 에너지를 발산하기도 한다.

- **소통하기**: 내담자가 믿는 사람과 자신의 감정, 불만 또는 염려 등을 이야기하는 것을 포함한다. 그런데 자해하는 친구와 이런 것들을 얘기하는 것이 때로는 자해 행동을 증가시키는 것으로 나타나기에 최선의 방법일 수도 있고 아닐 수도 있다는 것을 명심할 필요가 있다. 하지만 행동을 판단하지 않을 사람을 고려하는 것이 중요하고 궁극적으로 경청하고 가능한 제안을 하는 것이 도움이 된다. 소통하는 것은 다른 사람들에게 자신의 감정이나 감정의 원인을 보여 주기 위해 편지를 쓰거나 그림을 그려서 전달하는 것을 포함할 수 있다. 어떤 내담자들은 다른 사람과 온라인으로 소통하는 것을 선호한다. 내담자는 다른 사람에게 얼마나 공개할 것인지를 정할 수 있으며, 단지 생각과 감정을 내보내는 것 자체가 도움이 될 수 있고, 많은 이는 압도되는 감정을 덜 느낄 수 있다. 대체로 소통은 다른 이들과 나누거나 대화하는 것이라고 생각되지만, 자기 자신과 소통을 할 수도 있다. 일반적으로 개인은 분명하지 않거나 자신들의 기분이나 생각이 진흙탕처럼 느껴지거나 너무 빨리 움직인다고 느낄 수 있어서, 잠시 시간을 내어 목록을 작성하거나 자신에게 편지를 쓰거나 일기를 쓰거나 나중에 해석할 수 있는 그림을 그린다. 그 목표는 감정과 생각을 정리하고 꺼내서 자신들이 쓴 것을 보거나 해석할 수 있도록 하는 것이다. 이 과정에서 자유연상을 고려하기도 한다.

- **창의적 활동**: 그리기나 수채화 같은 표현적 예술, 일기나 자유연상 같은 글쓰기, 악기 연주나 음악 감상 등 다양한 것이 포함된다. 목표는 자해하고픈 마음이 아닌 다른 것으로 내담자의 시간과 정신을 채우는 것이다. 그러므로 다른 것에 집중하는 동안 그들의 마음에서 자해를 일시적으로 제거해 주는 것일 수 있다.

주의 전환 방법은 훨씬 다양한데, 자신을 편안하게 하는 것(예: 목욕, 샤워, 따뜻한 이

불), 자해하고픈 위치를 벗어나는 것(예: 자해 방법이나 자해하고 싶은 욕구가 들게 하는 자극에서 벗어나기), 일하거나 생산적인 활동(예: 다른 이 돌보기, 청소)을 하는 것 등이 있다. 런던의 왕립정신과 대학(The Royal College of Psychiatrists London)에서는 비자살적 자해를 위한 주의 전환 방법에 대한 출력용 문서를 제공하고 있다. 이들은 이 문서를 사용하거나 내담자에게 줄 수 있도록 출력 및 복사할 권한을 주고 있다(http://www.rcpsych.ac.uk/pdf/self-harm%20distractions%20and%20alternatives%20final.pdf).

대안과 주의 전환 방법의 목표는 내담자가 새로운 적응적 대처 방법을 적용하는 데 필요한 시간을 벌어 주는 데 있다. 적응적이고 문제 중심적인 대처는 비자살적 자해 행동을 감소시키고 소멸시키는 데 핵심적인 것으로 보인다. Wester, Downs와 Trepal(2016)은 8명의 내담자를 대상으로 한 사례 연구에서 문제 중심적 대처는 외래 환자 치료에서 비자살적 자해 행동을 감소시키거나 소멸시키는 유일한 방법이라는 것을 발견했다. 치료가 종료되는 시점에 자해 행동이 감소하거나 멈춘 이들은 문제 중심적 대처 전략을 사용하는 정도가 증가했고 회피적인 대처 전략은 감소했다. 상담 종료 시에 자해에 사용된 방법의 횟수나 빈도가 증가한 내담자들의 경우에는 회피적인 대처 전략 사용을 유지했고 문제 중심적 대처 전략은 거의 사용하지 않았다. 이것은 무엇을 의미할까? 첫째, 주의 전환 방법은 단기간은 도움이 될 수 있으나 궁극적으로 회피적인 대처 방법에 의존하고 있기에 단기 개입으로 사용되어야 하며, 자해의 충동과 자해의 실시 사이에 지연 시간을 위해서만 사용되어야 한다. 둘째, 지연 시간 동안 더 적응적인 문제 중심적 해결 전략을 포함하는 것이 필수적이다.

적응적인 대처 전략은 간단한 것 같아도 그렇지만은 않다. [그림 8-2]에서 볼 수 있듯이, 비자살적 자해 행동을 하고 있는 개인들은 높은 수준의 부적응적 혹은 적응적 대처 전략을 모두 사용하고 있다고 보고되었다. 이것은 내담자들이 자해를 할 뿐만 아니라 약물을 사용하거나, 현실을 부정하거나, 문제를 완전히 회피하는

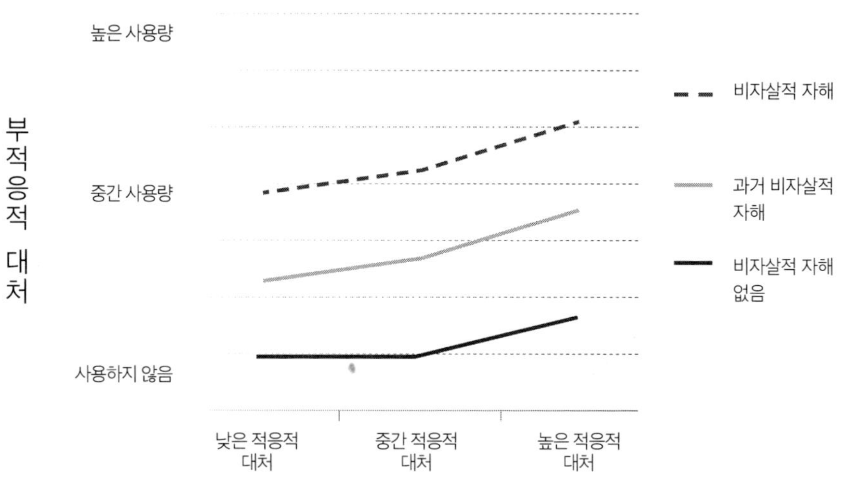

[그림 8-2] 비자살적 자해 참여에 의한 적응적 및 부적응적 대처

경향이 있고, 동시에 일기를 적고, 문제를 해결하려 시도하고, 다른 사람들과 대화하고, 다른 이들에게 도움을 요청하기도 한다는 뜻이다. 제1저자와 상담하면서 "화가 나거나 자해하고 싶을 때면 산책하거나, 일기를 적거나 음악을 듣곤 합니다."라고 말하는 내담자들이 있었다. 초기에는 이런 말들이 받아들여졌고 내담자가 호전되고 있는 것처럼 보였지만, 자해는 멈추거나 줄어들지 않았다. 결과적으로 내담자가 적응적이고 문제 중심적인 대처법을 시도하였으나 이런 전략들은 그 내담자에게 최고의 대처 전략이 아니거나 이런 대처법을 효과적으로 진행할 줄 몰랐던 것으로 결론지어졌다. 다른 효과적이거나 적응적인 대처법이 없어서 자해를 선택하였기 때문에 내담자와 함께 작업할 때는 좀 더 천천히 다른 방법을 사용하여 대처하는 과정을 단계별로 설명해 주는 것을 고려할 필요가 있다. 예를 들면, 내담자에게 고통을 극복하거나 완화하기 위해 걷거나 운동할 것을 제안할 때 다음과 같이 말할 수 있다. "두렵거나 화가 날 때 당신은 걷기를 고려해 봐도 됩니다." 내담자가 그것이 가능하다고 동의하거나 그 특정한 대처 방법을 사용할 의지가 있다면

그들이 걸을 때 무엇을 하면 될지 설명해 줄 수 있다. "걸을 때 주변 환경에 주의를 기울이고, 살펴보고, 냄새를 맡고, 듣는 것에 집중하는 것을 고려해 보세요. 깊이 숨 쉬고, 내가 느끼고 있는 감정 중 일부가 공기 중으로 방출되고 있다고 상상해 보세요." 가능하다면 치료 회기 중에 산책을 하는 것도 고려해 보는 것도 필요하다. 이것은 하나의 예시이지만, 여러 대처 방법을 상담 회기 동안 시도해 본다면 내담자가 어떻게 대처 방법을 사용하고 있는지 알 수 있다. 내담자가 효과적으로 하고 있는 것과 성공적인 구현을 위해 도움이 필요한 부분을 알 수 있게 되기 때문이다. 그러나 성공적으로 적용할 수 있는 가장 효과적인 방법이 무엇인지 이해하지 못할 수도 있다.

유도된 심상

비자살적 자해를 행하는 내담자와 작업할 때 다양한 방법으로 유도된 심상(guided imagery)이 사용된다. 실증적으로, Malon과 Berardi(1987)는 자해하는 환자들에게 이완(relaxation)을 사용한 몇 십 년 전의 초기 보고서에서 최면 이완(hypnotic relaxation) 전략을 9명의 환자에게 사용하여 내담자들이 편안하고 통제력을 갖도록 돕는 한 사례 연구를 논의했다. 유도된 심상은 일반적으로 이완의 감각을 만들어 낼 수 있는 정신적 시각화의 과정에 들어가도록 만드는 개입이다. 이완이 유도된 심상의 일반적인 목표이긴 하지만, 동시에 그것이 자해의 충동으로부터 주의를 돌리게 할 수 있다는 주장이 제기되었다(Kress, Adamson, DeMarco, Paylo, & Zoldan, 2013).

유도된 심상은 여러 가지 다른 방법으로 이끌 수 있다. 가장 자주 사용되는 유도된 심상 방법 중 하나는 개인이 편안하고 안전한 장소에 있다고 상상하는 것이다. 일단 이러한 장소에 있는 자신을 상상할 수 있게 되면, 그들은 대개 보고, 듣고, 느끼고, 냄새를 경험하거나 상상하도록 지시받는다. 상상의 장소는 해변이나 바다, 산, 집 안의 방, 특정한 의자일 수 있다. 내담자로 하여금 유도된 심상의 장소를 선택할 수 있도록 하는 것이 도움이 된다. 이것은 내담자가 긴장을 푸는 데 사용되는 유도된 심상의 일반적인 형태 중 하나이지만 다른 형태의 유도된 심상에는 미래 지향적인 이미지 또는 생각뿐만 아니라 대안적인 해결책을 개발하는 것이 포함될 수 있다. 예를 들어, 유도된 심상의 한 형태는 내담자에게 과거의 상황에 대한 대안적인 해결책을 고려하도록 요청하는 것을 포함할 수 있으므로 자신들의 감정을 통제하거나 문제를 해결할 방법으로 자해를 선택하지 않고 대신 다른 것을 선택했다고 상상하는 것이다. 어떤 해결책이 가능했을지, 그것이 어떤 형태였을지, 그 대안으로는 어떤 결론이 났을지 생각해 본다. 단순히 자신과 상황을 시각화하는 것일 수도 있지만, 이는 발생 가능한 다른 결과 또는 다른 사람들이 내담자와 상호작용하거나 반응했을 방법을 포함할 수 있다. 유도된 심상은 또한 미래의 방향성을 포함할 수 있다. 예를 들어, 내담자로 하여금 몇 년 또는 심지어 10년을 미리 생각하도록 요구할 수 있다. 자신이 무엇을 성취하였을지, 무엇을 하고 있을지, 자해가 그 시각화의 일부분인지 아닌지, 스스로를 자해하는 것을 멈추도록 한 것은 무엇인지 생각해 보며 이를 통해 내담자가 이미 가지고 있었지만 깨닫지 못했던 내면의 힘을 끌어내고 자해를 지금 멈추게 할 수 있는 실현 가능한 해결책을 떠오르게 할 수 있다.

심상을 유도하기 위해 우리 경험에서 수집된 것과 다양한 추천 사항을 엮은 권장 단계들이 있다(〈표 8-2〉 참조). 내담자가 긴장을 풀도록 돕는 방법은 호흡 연습, 호흡 수를 세는 것 혹은 자신의 몸에 적응하고 마음을 챙기는 방법을 가르치는 것을 포함한다. 이완은 내담자에게 어떤 효과가 있는지 상담자가 함께 탐색할 필요가 있다. 유도된 심상이 완성되면 내담자와 함께 그 과정을 밟는 것이 도움이 된다. 내담자에게 어떻게 느껴졌는지 혹은 무엇을 경험했는지, 이완 부분이 잘 작동했는지, 유도된 심상을 완전하게 느끼는 것에 장애물이 있거나 억제하는 무언가가 있었는지, 몸, 생각, 감정이나 여러 감각에서 변화를 알아차린 것이 있는지를 물어보는 것이 포함된다.

〈표 8-2〉 유도된 심상 과정

유도된 심상 과정에 대한 권장 사항	
1	유도된 심상이 내담자에게 적합하다고 평가될 때, 실제적인 스트레스 수준을 확인한다. 여기에는 유도된 심상이 무엇인지에 대하여 내담자를 교육하는 것이 포함된다.
2	이완 전략의 개발 및 학습을 지원한다.
3	유도된 심상의 유형을 결정한다. 만약 안전하고 고요한 장소를 시각화할 수 있다면, 내담자는 보안이 잘 되고 안전하며 고요한 장면의 이미지를 완전하게 개발할 수 있을 것이다. 만약 상담자가 과거의 사건에 대한 유도된 심상을 하고 있다면, 그 특정 사건을 정하고, 스트레스가 유발되는 사건을 시각화함으로써 내담자가 강렬한 감정을 경험할 경우 내담자를 다시 방으로 불러들이는 데 도움이 되는 장소의 현실적인 모습(목소리, 방 또는 의자의 느낌, 특정 소음)을 확인한다. 마지막으로, 미래 지향적인 이미지라면 시각화에 가장 적합한 기간을 결정한다.
4	내담자와 상담자가 협의하여 상담자의 목소리나 음악을 사용하여 내담자가 유도된 심상에 들어가도록 돕는다. 이 과정 동안 상담자는 자리를 비우지 말고 촉진자로서 역할을 해야 한다.
5	유도된 심상을 하는 동안, 질문이나 과제를 통해 필요한 범위를 제시한다. 예를 들어, "그 사건이 일어난 후에 당신은 자해 외에 다른 무엇을 했나요? 이번에는 그것을 어떻게 해결했나요? 어떻게 대처했나요?" 또는 "이제 주변 환경에 완전히 집중하고 잠시 발가락을 움직이며, 불안/분노/다른 감정들이 피부에 있는 모공을 통해 모래 속으로 다 빠져나가는 것을 느껴 보세요. 모든 긴장/감정이 발가락 밖으로 다 빠져나간 것처럼 느껴지면 잠시 시간을 내어 해변가에 누워 파도 소리를 들으며 같은 감정/느낌/긴장이 천천히 발에서 빠져나가는 것을 경험해 보세요." 이러한 촉진과 안내는 내담자와 상담자가 정했던 이완의 목표에 완전히 도달할 때까지 이루어져야 한다.
6	유도된 심상을 하는 동안, 내담자가 자신을 능력 있고 성공적이라고 시각화할 수 있도록 돕는다. 이것은 아마도 다음과 같은 말을 하는 것일지도 모른다. "당신이 새로운 전략을 실행했고, 성공했다고 상상해 보세요. 그건 무엇인가요? 어떻게 느껴지나요? 성공은 어떤 느낌인가요? 누가 알아보았고 인정해 주었나요?"
7	그런 다음 유도된 심상을 내담자와 상담자가 있는 방으로 천천히 돌아오게 하라. 갑작스럽게 돌아오게 해서는 안 되고 이미지에서 천천히 현실로 되돌아오게 해야 한다.

이야기 다시 쓰기

외부 통제 소재는 자해하는 사람들이 자신의 상황을 보는 일반적인 렌즈다. 그것은 자기 자신, 감정, 생각 혹은 상황을 통제할 수 없다고 생각하고, 통제가 그들의 외부(예: 부모, 동료, 혹은 연인)에 있다고 느낀다. 그렇기 때문에 정신건강 전문가들은 강한 내부 통제 소재를 개발하는 데 중점을 둔 방법을 고려해 볼 만하다. 이런 방법 중 '나-전달법'를 사용하여 문장을 재구성 하는 것(예: "그녀는 나를 완전 망쳐 버렸어."가 아니라 "나는 그녀가 한 짓이 마음에 들지 않아." "그는 나를 슬프게 했어."가 아니라 "그가 말한 게 내 마음에 들지 않아서 나는 슬퍼.")과 결정 목록(예: 내담자의 현 시점이나 미래의 가능한 모든 결정 목록을 만드는 것) 그리고 인지행동 분석 과정 등이 시도되고 증명된 방법들이다.

내부 통제 소재를 개발하도록 내담자를 돕는 또 다른 방법은 내담자가 그들의 이야기를 다시 쓰도록 돕는 것이다. 이야기 다시 쓰기(rewriting narratives)는 이야기치료(narrative therapy)에서 더 잘 쓰이는 방법이지만 다른 이론적 방향에 대한 개입으로 사용될 수 있고 인지적·감정적 혹은 다른 목표와 연결될 수 있는 기법이다. 자해를 하는 이들은 "사실과 상징의 기호와의 구별이 없는 전상징적인(pre-symbolic) 언어"라 표현되는 마법적인 생각을 하곤 한다(Gregory & Mustata, 2012, p. 1047). 더 구체적으로 얘기하자면, 자해를 하는 이들은 자신들의 자해적 행동(손목을 긋거나 태우는 일)을 감정 조절의 마법적인 대안으로 보고, 자신들의 감정과 생각의 통제를 자해 자체에 외재화시킨다. 그래서 "나를 평온하게 해 줘요." "하지 않고는 살 수 없어요." "나의 감정이나 기분을 통제하도록 도와줘요." 또는 심지어 "내가 필요하던 관심을 얻었어요." 같은 얘기를 자주 듣게 된다. 여기에서 일어나고 있는 것은 사회적 상황, 인지적 통제, 감정 조절 등을 자해 그 자체에 귀속시키는 것이며, 그렇기에 행동과 감정 통제를 비자살적 자해 행동이나 '객체'(object)에 외재화시키는 것이다. 비자살적 자해에 통제를 둠으로써, 개인들은 내면적으로 통제를 믿거나 경험하지 않는다. 이런 상황이 발생할 때 이야기 기법을 사용하여 묘사나 이야기를 자신과 비자살적

〈표 8-3〉 이야기 다시 쓰기 과정

1. 문제나 문제 지점 파악	내담자와 상담자는 그 상황에서 물러나 객관적으로 보도록 해야 한다. 먼저, 내담자가 자신을 '자해자'라고 이름 붙이고 있으며 자해와 자기 자신을 하나로 볼 경우, 문제를 외재화하여 자해 자체에 이름 붙여서 내담자에게 분리시켜야 한다. 그런 다음 부정적 결과와 같은 기타 잠재적 문제 지점(자해를 실제로 하거나, 압도되는 듯한 느낌 같은 강렬한 감정을 느끼거나, 내담자가 주의를 끌고 싶거나 소외되었다고 느껴질 때, 막막하거나 문이 닫혀진 것처럼 느껴질 때)을 고려하여야 한다.
2. 문제 지점 명명하기	문제의 지점 또는 부정적인 결과를 초래하는 믿음이나 잠재된 측면이 무엇인지 고려한다. 믿음에 대하여 명명 작업을 하는 것은 치료적이고 유익할 수 있다. 예를 들어, 내담자가 화를 내는 경향이 있고, 화가 걷잡을 수 없게 느껴져 자해를 하게 된다면, 그 화에 명명 작업을 할 수 있다(예: 커다란 붉은 용). 명명 작업은 상담자에게 그 화가 얼마나 강한지에 대한 그림을 제공할 수 있다. 즉, 커다란 붉은 용은 상담자에게 '뜨거운 머그잔'과는 다른 그림을 제공한다. 또한 붉은 용이 나타날 때 분노의 이면에 있는 믿음은 무엇인가? 예를 들어, 그들이 버림받았다든가 아니면 누군가가 고의로 그런 짓을 했다는 것(즉, 결국 내담자 내면의 지점으로 전환하는 것이 필요하지만 아직은 아니기 때문에 통제 소재를 외재화한다.) 또는 다른 어떤 것이 있을 수 있다. 그러나 내담자가 화가 날 때 잘 이해할 수 있도록 상담자가 도울 수 있다.
3. 약점 이해하기	문제가 발생할 때 내담자와 함께 탐색해 보아야 한다. 내담자의 문제 지점, 여기서는 '커다란 붉은 용'은 내담자가 약할 때, 내담자가 화에 대해 무력할 때, 내담자가 언제 자해 행동을 필요로 하는지 안다. 자해를 했거나 자해(내담자가 그 이름을 무엇이라고 명명하였든)가 필요한 것을 알고, 언제 도움이 되는지를 안다. 뿐만 아니라 내담자가 무력할 때와 언제 급습하면 이길지도 안다.
4. 내적 강점 발견하기	내담자의 내적 강점과 자원을 활용하여 내담자의 내부 통제력을 얻어야 할 때이다. 내담자가 자신의 이야기를 다시 쓰기하는 이 단계에서 내담자는 궁지에서 자해나 분노(여기서는 커다란 붉은 용)를 막을 힘이 있는지 결정한다. 즉, 내담자가 거절할 힘이 있을 때 지금은 그때가 아니라는 결정을 내릴 수 있다. 또한 내담자가 대체할 수 있거나 대체하고 싶은 것은 무엇이든지 포함할 수 있다.
5. 새로운 이야기를 위한 지지 자원 찾기	지지 자원을 찾는 것은 다양할 수 있다. 내담자를 위험에 빠뜨릴 수 있는 자해나 분노(붉은 용)와 같이 이전과 이후의 모든 사건을 포함하는 전체적인 이야기를 쓸 수 있다. 새로운 이야기를 쓸 수 있는 다른 사람을 찾을 수 있고, 문제나 문제 이야기와 싸울 수 있는 힘을 찾고, 회복력과 강점에 기반한 새로운 이야기를 찾을 수 있다.

자해 중심으로 쓰는 것은 개인의 언어와 비자살적 자해의 관계를 외부에 집중된 통제 소재에서 내부에 집중된 형태로 바꿀 수 있다(DiMaggio, Salvatore, Azzara, & Catania, 2003). 내담자가 이야기를 다시 쓰는 과정에서 힘을 더하고(예를 들어, 자해의 피보다 감정에 힘을 싣도록) 문제에서부터 자신을 구분하고(예를 들어 자신이 자해자라는 꼬리표를 뗄 수 있도록), 자신이 비자살적 자해에 대한 지배력을 획득하는 것을 도울 수 있다. 묘사나 이야기를 재진술할 때 다음의 과정들을 고려해 보자(〈표 8-3〉 참조).

감정 및 관계 기반 개입

감정 알아차리기 활동

자해하는 이들에게는 감정을 알아차리고 명명하는 것(identification and labeling)이 힘든 게 일반적이다. 보통 강렬하고 삼켜질 듯한 감정을 느끼는 것은 알지만 그것이 어떤 감정인지는 알지 못한다. 자해 전에 느낀 감정이 무엇인지 물어본다면 대부분의 내담자는 "모르겠는데요."라고 대답한다. 감정에 대해 생각하도록 했을 때, 자해하는 내담자는 대부분 어떤 감정인지 분별하기 어려워하거나 분노나 슬픔 같은 감정 명명을 과도하게 사용하기도 한다. 제2저자가 치료하던 한 내담자는 치료 초기에 "왜 항상 내 감정에 대해 얘기하고자 하시나요? 전 그게 무슨 뜻인지도 몰라요."라고 말했다. 때때로 내담자는 감정을 분별하고 표현하는 것이 가치가 없거나 권장되지 않는 가정에서 자라났을 수도 있다. 예를 들면, 한 아이가 자전거에서 넘어져서 무릎을 다치면 울 수도 있는데, 부모나 돌보는 이는 각자 다른 방법으로 반응할 수 있다. 어떤 부모는 아이를 안아 주고, 그들의 고통스러운 느낌을 인정하고, 상처를 돌봐 주고, 다리를 높이 들고 TV를 보며 스스로를 돌보도록 권장할 수도 있다. 다른 부모는 아이의 눈물은 약하다는 것을 의미하니 참으라고 말하고, 다시 자전거를 타서 계속 가라고 말할 수도 있다. 이처럼 어떤 상황에서든 아이는 가족 내에서 감정을 다루는 법에 대한 메시지를 배운다. 한 사람이 어떤 감정 명명(예: 분노)을 과도하게 사용한다면, 과도하게 사용된 분별된 감정이 그들의 실제 감정인 경우는 거의 없으며, 적어도 그것이 진정한 내면의 감정이 아닐 수도 있다. 예를 들면, 칼리는 자신의 친구가 자기 남자 친구의 손을 잡고 복도를 걸어갈 때 분노를 느낀다. 분노는 진실되고 적합한 감정일 수도 있으나, 분노 아래 잠재적인 감정은 상처나 질투 혹은 그녀의 친구에 대한 불신이나 불안일 수도 있다.

자해하는 사람들은 자주 경험하고 있거나 자신이 느꼈던 감정을 분별하고 표현할 수 없는 상태인 감정표현불능증(alexithymia)으로 판정되는 경우가 많다. 감정표현불능증은 감정을 인식하거나 명명할 수 없고 대인관계 연결성이 없는 경우 발생한다. 감정의 분별에 초점을 맞추려면 내면의 얼굴처럼 느껴지는 얼굴 차트 등의 형태를 지닌 감정 언어를 제공하는 것이 도움이 된다.

또한 내담자가 자신의 몸에 연결되고, 마음챙김 상태가 되는 것도 도움이 된다. 내담자는 어디에서 감정을 느끼며, 그것은 어떤 느낌이 들까(예: 붉게 달아오른 냄비, 펄럭이는 나비, 긴장 상태, 어지러움, 달리고 싶은 감정)? 이런 감정의 진행이 신체적 감각과 강도의 측면에서 그들의 몸에서 어떻게 느껴지나? 신체 그림([그림 8-3] 참조)은 감정의 위치를 몸에서 분별해 내는 데 도움이 된다. 내담자로 하여금 자신들의 신체에서 감정을 분별하고 표현할 수 있는 다양한 색이나 모양 혹은 방법을 사용할 수 있도록 한다. 이러한 신체의 형태를 느낌표와 결합하면 내담자가 자해로 이어지는 자신의 감정 상태를 분별하고, 감정을 명명하고 표현할 수 있는 능력을 증가시켜 줄 수 있다. 이런 능력은 자해를 감소시키는 데 중요할 뿐 아니라 감정에 따라 효율이 다르기에 그에 맞춘 적절한 대처법을 선택하는 데 필요하다. 예를 들면, 달리기는 스트레스, 분노 및 불안을 완화시키는 데 도움이 되지만 슬픔을 완화시키는 데는 통하지 않을 수 있다.

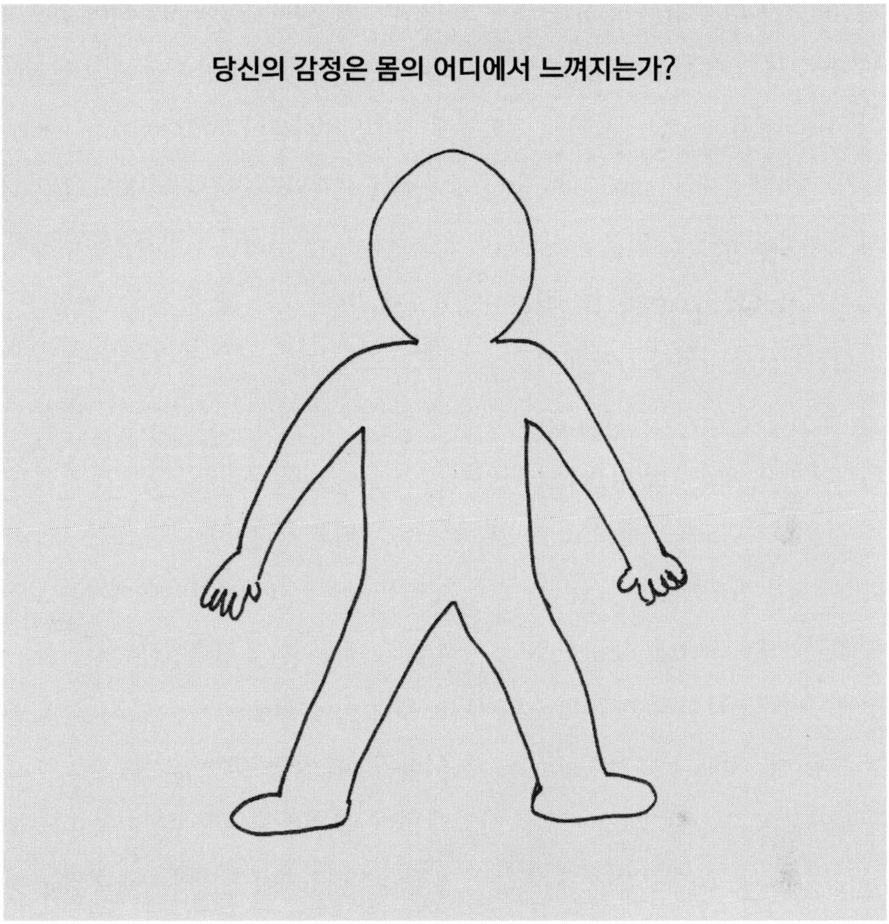

[그림 8-3] 감정의 신체적 위치

반영적 가면 개입

표현 예술은 내담자가 감정이나 염려에 대해 반영하고 해결책을 얻기 위해 그들로부터 공간이나 거리를 만들도록 돕는 방법이다. 자신을 예술적으로 표현하는 것은 염려, 문제 혹은 자해 등에 대해 이야기하거나 명명하는 것이 아니라 내담자가 소통하거나 대화로는 얻을 수 없는 통찰을 얻는 데 도움을 준다는 점에서 이야기

재진술에서 외재화(표면화)하는 것과 비슷하다. 가면은 치료에 사용되어 왔으며 1980년대부터 쓸 만한 개입법으로 고려되어 왔다. 다양한 가면 활동이 그 이전부터 사용되었을 가능성이 높지만, 치료법에서 가면의 사용이 문서화된 것은 1980년대가 거의 처음이다. Landy(1986)는 ① 갈등이나 선택의 양면을 나타내기, ② 자신의 정체성을 집단, 가족, 혹은 상담자에게 표현하기, ③ 꿈이나 이미지를 탐색하기, ④ 사회적 역할을 표현하기의 네 가지 방법으로 가면을 사용할 수 있다고 말했다.

상담에서는 가면이 자아의 확장 혹은 표현으로 간주되어야 한다. 가면에는 양면, 즉 바깥 혹은 얼굴의 앞면 그리고 안 혹은 가면의 숨겨진 면이 있다는 것을 기억해야 한다. 종종 가면의 바깥은 타인이 알거나 보는 것, 우리가 남들에게 보여 주는 것을 나타내도록 사용하고, 가면의 안쪽은 내면의 생각이나 감정 또는 욕구를 나타내도록 사용한다(예는 [그림 8-4] 참조). 이러한 것들은 내담자가 남들에게는 보일 수 없거나 숨기고 싶은 것일 수 있다. 예를 들면, 내담자에게 가족에서의 역할을 가면에 나타내도록 하되, 바깥 면은 인식되는 역할(겉모습, 사람들이 보는 것) 그리고 안쪽 면은 원하는 역할(내면의 생각, 인식, 욕구)을 나타내도록 하는 것이다. 자해 행동의 경우 대부분의 사람은 그것을 비밀로 하고자 한다. 그것은 숨겨진 행동이며, 대부분의 주변 사람은 알지 못한다. 혹시 친구, 가족이나 배우자가 본인이 자해를 하는 것을 알더라도, 그 사람의 내면 경험을 알거나 이해하지 못하는 경우가 흔하다. 비자살적 자해를 행하는 사람들은 그들의 감정을 분별하거나 설명하는 것, 감정이나 필요를 다른 사람들과 소통하는 것 그리고 자해를 하는 진정한 이유를 아는 것조차 어려움을 가진다는 것을 알 필요가 있다. 그렇기에 표현적 예술, 특히 가면 개입을 사용하는 것은 통찰(상담자와 내담자 둘 다)을 얻고 다른 사람들을 이해하는 데 도움이 된다. 감정 조절, 기분 절제, 반복되는 생각 등에 대해 무엇을 목표를 할지 분명하게 정할 수 있다.

활동을 구성함에 있어서 내담자가 가면에 자신을 투사하는 투사 기법으로 가면

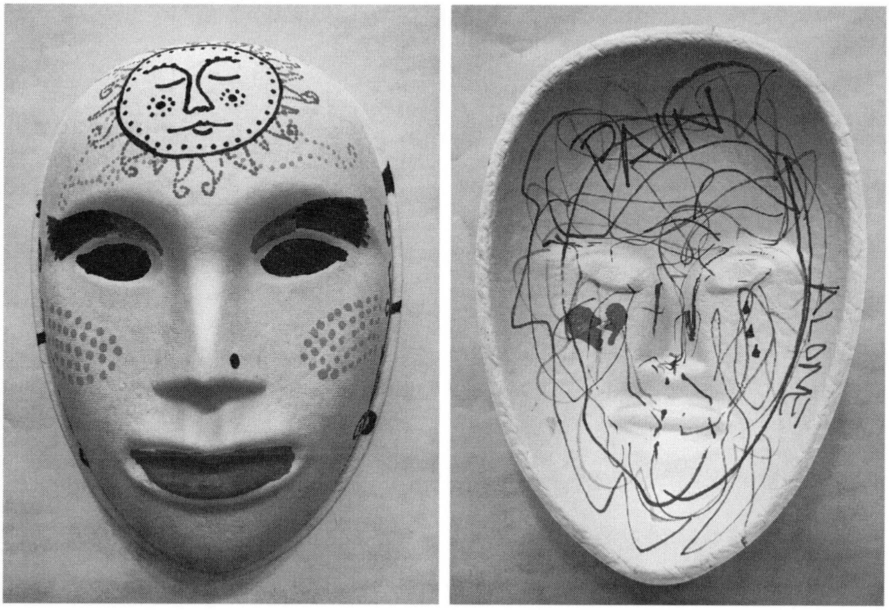

[그림 8-4] 가면의 안과 밖의 예

개입을 고려한다. 내담자는 자해를 가면에 투영할 수 있지만, 자해에 대해 숨겨진 이유를 파악하여 내담자를 보다 전체적으로 생각하는 것이 도움이 된다. 내담자에게 가면을 줄 때, 상담자는 내담자가 가면을 꾸밀 수 있는 여러 매체를 제공해야 한다. 여기에는 페인트, 마커, 크레용, 풀, 반짝이, 깃털, 단추, 종이, 티슈 등이 포함될 수 있지만 이에 국한되지는 않는다. 상담자들은 내담자에게 "가면의 앞면 혹은 바깥쪽을 다른 사람들에게" 당신이 드러나는 것, 스스로가 다른 사람에게 보여 주는 것, 혹은 다른 사람들이 알도록 하는 부분을 나타내도록 창작(장식, 개발)하세요."라고 지시한다. 내담자가 바깥쪽을 만들면 내담자에게 "가면을 만들 때 기분이 어땠나요?" "가면을 만들며 당신이 다른 사람들이 볼 수 있게 허락하는 것, 바깥 세상에 스스로를 나타내는 것에 대해 새롭게 깨달은 게 있나요?" 가면을 쓰면 기분이 어떤가요?" 등의 과정 질문을 하는 것이 도움이 된다.

내담자가 가면의 바깥쪽을 작업하고 나면, "가면의 안쪽에 당신이 타인에게 보여 주지 않는 것, 자신 속에서 일어나는 것, 당신이 늘 가지고 다니지만 남들은 모를 수 있는 것으로 가면의 안쪽을 창작(개발, 제작)하세요."라고 지시한다. 그리고 가면의 안쪽이 창작되면, 비슷한 방법으로 "가면의 내부를 만들면서 무언가 깨달은 게 있었나요?"와 같은 과정 질문을 하는 것이 중요하다. 때로는 어떤 내담자와의 사례에서와 같이(Trepal-Wollenzier & Wester, 2002) 내담자가 가면의 안쪽이 바깥쪽에게 얘기하고 또는 반대로 얘기하도록 하는 것도 도움이 된다. 특히 내담자로 하여금 가면의 한 면이 다른 면에게 편지를 쓰는 것도 도움이 된다. 편지를 통해 ① 가면의 바깥쪽이 안쪽을 어떻게 도와주었는지, ② 어떻게 안쪽에게 방어막이나 장애물이 되었는지, ③가면의 바깥쪽/안쪽이 반대 면에게 무엇을 필요로 하는지 혹은 그냥 무엇을 필요로 하는지, ④ 각 면이 지금 무엇을 필요로 하는지 등과 같은 질문에 대답할 수 있도록 한다. 가면에 대한 예는 [그림 8-4]에 나와 있다.

잠긴 상자 활동

자해하는 이들에게는 감정이나 생각이 걷잡을 수 없고 압도적으로 느껴지곤 한다. 이것은 적절한 대처 능력이 없고, 감정을 알아차리거나 명명하지 못하고, 비록 원인이 되는 걱정을 결코 해결하지 못하더라도 현재 상황의 압박감을 일시적으로나마 완화시키는 자해(다른 부적절한 대처법을 포함) 행동을 하기 때문일 수 있다. 그러므로 원래 사건이나 문제가 여전히 존재하며 상황이 더해짐에 따라 긴장감, 스트레스, 감정 혹은 생각은 점차 증폭된다. 이것은 압도적이며 해결할 수 없다고 느껴질 수 있다. 잠긴 상자(Locked Box) 활동은 때때로 약간의 통제력을 제공할 수 있다. 좀 더 구체적으로 말하면, 잠긴 상자 활동은 때때로 내담자가 자신의 선택이나 결정을 어느 정도 통제할 수 있다는 자각을 얻도록 돕는다. [글상자 8-3]에 제시되어 있는 잠긴 상자 활동의 방법과 [그림 8-5]에 제시되어 있는 예시 그림을 보라.

[글상자 8-3] **잠긴 상자 활동 단계**

1. 먼저 내담자에게 작은 상자를 주거나 가져오라고 한다. 액세서리 상자나 작은 카드 상자, 신발 상자도 가능하다. 대부분의 가게에서 천 원 정도로 구입할 수 있으며, 뚜껑이 있거나 닫을 수 있는 것이어야 한다.

2. 마커, 페인트, 파이프 클리너, 종이, 휴지, 깃털, 단추, 풀, 구슬 등의 공예 제품을 종류의 제한 없이 충분히 준비하도록 한다.
잠시 내담자가 자신이 통제할 수 없다고 느끼는 것이 무엇인지 생각하도록 한다. 그것은 내적인 것(예: 감정, 생각, 행동)일 수도 있고, 외적인 것(예: 학교 불량배, 시어머니)일 수도 있다.
"잠깐만 시간을 내서 우리가 이야기해 왔던 ________에 대해 생각해 봅시다. 그것이 완전한 목록은 아니겠지만, 당신이 통제할 수 없다고 느끼는 것의 목록을 적어주면 좋겠습니다."

3. 내담자가 일단 자신이 통제할 수 없다고 느끼는 것이나 그것에 대한 생각을 갖게 되면, 그것은 자해나 불안 또는 스트레스의 원인으로 이어지는 경향이 있다. 내담자에게 자신들이 통제하고자 하는 내적·외적 각 측면을 나타내는 것을 공예품으로 만들어 내도록 한다. 이 작품은 내담자를 잘 드러내는 것이면 무엇이든 될 수 있다. 은유적인 대상, 그림, 조각, 종이에 쓰인 단어나 문장이 될 수도 있다. (이 시점에서 내담자가 상자의 크기를 알 수 있도록 상자를 제공해야 한다. 하지만 내담자가 그 상자에 맞게 대상을 만들도록 지시해서는 안 된다. 그렇게 하는 것이 필요한 건지 아닌지를 내담자가 결정할 수 있기 때문이다.) 내담자에게 내릴 수 있는 지시는 다음과 같다.

"당신은 지금 목록을 가지고 있습니다. 잠깐 시간을 줄 테니 당신의 생활에서 더 많이 통제하고 싶은 것을 나타낼 수 있도록 앞에 놓여 있는 이 물건들을 사용하여 대상들이나 단어를 디자인하거나 만들기를 바랍니다. 그것을 만든 후에 이 상자 안에 그것을 넣도록 할 것입니다. 만약에 여기에 있는 아이템 중에 빠진 것이 있다면 알려 주세요."

4. 내담자가 자신의 모든 아이템을 다 만든 후에, 그들에게 잠깐 시간을 갖고 그것들을 보고 상자를 디자인하도록 지시한다. 필요하다면 그림을 그릴 수 있고, 칠할 수도 있고, 풀로 붙일 수도 있다. 그때에 내담자에게 다음과 같이 말하라.

"다음 단계로 당신이 만든 모든 것을 제공된 상자 안에 다 배치하세요. 그것들을 상자 안에 배치하기 전에 당신의 상자가 어떻게 보이기를 원하는지 생각해 보세요. 어떤 상자는 자물쇠가 있고 어떤 상자는 없고, 또 어떤 상자는 단어가 있고 다른 것은 그림이 있습니다. 자, 당신의 아이템과 걱정거리를 안전하게 내부에 보관하기 위해 당신의 상자에 필요한 것을 생각해 보세요.

5. 내담자가 상자 바깥쪽을 디자인한 후에는 모든 아이템을 상자 안에 넣고 상자를 닫는다(보안이 필요한 경우). 그 경험에 대하여 다음과 같은 질문들을 할 수 있다.

a. 이 경험은 어땠나요? 이 과정에서 뭔가 놀랍거나 도움이 되는 것이 있었나요?

b. 당신의 모든 아이템이 당신의 상자 안에 들어맞지 않는다는 것에 놀라지 않았나요?

c. 당신이 만든 아이템에 대하여 말해 주고, 질감, 크기 등 당신이 만들고자 했던 물건에 대하여 생각해 보세요. 크기나 질감은 당신의 ______에 대한 경험을 말하고 있나요?

d. 상자가 더 필요한 거 같나요? 각 아이템들이 상자 안에 들어 있고, 상자를 열 때까지 그 안에 잘 보관되어 있을 것이라고 생각되나요?

e. 당신의 상자를 가장 안전하게 보관할 수 있는 장소는 어디라고 생각하나요? 그것이 집에 있어야 하나요? 아니면 상담실에 있어야 되나요?

6. 이때 그 상자는 상담할 때나 집에서 숙제할 때 계속 이용할 수 있다. 내담자가 상자를 두기로 결정한 장소는 그들이 얼마나 통제력을 가지고 있는지, 대처 능력이 있는지, 상자 안에 무엇이 있는지에 따라 달라진다. 만약 내담자가 상자를 선반 위, 옷장 속, 책장 아래 어느 곳이든 집에 두기로 결정한다면, 내담자가 상자 안에 있는 하나 이상의 아이템을 처리하는 데 시간을 들일 수 있는 힘, 에너지 및 자원을 언제 가지고 있는지 결정하는 것이 목표이다. 그들은 한 번에 하나의 아이템만 꺼내서(권장), 그 작업을 계속하거나 어떤 부분만 대처할 수 있다[예: 내담자가 통제되지 않는다고 느끼는 내적 감정이 분노라면, 언제쯤이면 침착하고 통제력이 있고 집중할 시간이 있는 상황에서 분노를 상자에서 꺼낼 수 있을지 모른다. 이 기간 동안 다른 상황에 대해 할 수 있는 다른 반응을 나열하거나 고려할 수 있는가? 그리고 내담자는 자신의 신체 어디에서 분노가 시작되는지를 생각하고, 분노를 통제할 수 없게 되기 전에 자신의 신체 안에서 겪게 되는 신체적인 단계를 열거할 수 있는가? (예: 앞의 감정 알아차리기 활동 부분 참조)] 만약 통제할 수 없다고 느끼는 대상이 외부적인 경우(예: 친구, 시어머니와의 상황) 내담자가 감정적으로 혼란스럽거나 감정이나 좌절감에 휩싸이지 않을 때, 상자를 열고 외부의 사람이나 사물을 나타내는 아이템을 꺼낼 수 있는가? 그렇다면 그 사람이나 사물에 접근할 수 있는 가장 좋은 방법, 즉 그들의 말이나 행동, 미래에 그들에게 더 유익할 수 있는 반응을 어떻게 할 것인가를 생각해 보자.

[그림 8-5] 내담자와 함께하는 잠긴 상자 활동에서 상자 안과 밖의 예

의사소통을 위한 활동

자해하는 이들은 낮은 자기인식, 감정표현불능증, 빈약한 사회적 기술 등으로 인해 의사소통 능력이 떨어지는 경향이 있다. 내담자들과 작업할 때, 내담자들은 자신이 부모나 배우자에게 비자살적 자해로 이끄는 스트레스 요인에 대해 충분히 표현했다고 생각한다. 그러나 다른 사람들에게 물어보면 대부분은 그 무엇도 전달되지 않았다고 느낀다. 다른 내담자들은 평가받는 것이 두려워 자해나 다른 염려에 대해 대화하기 위해 누군가를 찾는 경우가 거의 없다. 이로 말미암아 비자살적 자해가 증가하거나 위급한 상황임을 알리기 위해 자해를 사용하는 상황까지 이어지기도 한다. 그러므로 의사소통 능력을 높이기 위해 작업하는 것은 도움이 되며 때로는 필수적이다. 의사소통 및 사회적 기술은 문제해결치료(PST)나 변증법적 행동치료(DBT) 같은 다른 증거기반 치료법에 포함되어 있다. 우리가 고려해야 할 것

은 기술적 관점에서 내담자와 협력하고 언어적·비언어적으로 소통하는 방법을 훈련시키는 것이다.

기본적인 것처럼 보이지만, 의사소통 101(communication 101) 전략으로 시작하는 게 도움이 된다. 진정된 상태에서 스스로의 생각을 정리할 수 있을 때 소통하는 것이므로 내담자가 의사소통을 시작하기 전에 이완 기술과 심상 유도를 훈련시키는 것이 생각과 감정의 통제를 가져오는 데 필요하다. 여기에는 내담자가 진정되지 않은 상황에서는 물러섰다가 가능하다면 나중에 다시 그 사람을 찾아가는 것을 가르치는 것도 포함된다. 혹은 내담자가 말하고 싶은 것을 적도록 가르치는 것을 포함할 수 있고, 대본 등으로 적기를 가르치는 것을 포함할 수도 있다. 또한 나-전달법을 가르치는 것도 의사소통 능력을 배울 때 중요하다. 의사소통 101을 넘어서 내담자에게 그들의 몸을 사용하여 감정과 언어를 전달하는 것의 중요성을 나타내는 비언어적 의사소통과 그들이 사용할 단어 또한 가르칠 필요도 있다. 상담 회기에서 이런 것들을 함께 연습하는 것이 도움이 된다. 역할극, 상담자-내담자 대화 그리고 빈 의자 기법을 사용하는 것이 도움이 될 수 있다.

정신건강의학적 개입

비자살적 자해에 대한 증거기반 치료법을 탐구한 연구자는 매우 적지만(제7장에서 언급한 바와 같이), 향정신제나 비자살적 자해를 감소시키는 여러 약물에 대한 연구는 더 적다. 그 증거는 비교적 뒤섞여 있는데, 어떤 연구자들은 약물은 효력이 없다고 하고, 어떤 약물은 조금 효과가 있는 것처럼 나타나곤 한다고 한다(Hawton et al., 1998). 비자살적 자해의 감소나 절제가 진정 약물의 효과인지 판단하는 데 필요한 내부 통제를 가진 연구는 거의 없다(Turner et al., 2014). Turner와 동료들은 다섯 가지 다른 종류의 약물에 대해 언급했다. 그것은 SSRI(예: 플루옥세틴), 정신병 치료제(예: 지프라시돈), SNRI(예: 벤라팍신), 아편양제제 (예: 부프레노르핀), 아편양제제 길항제(예: 날트렉손)이다. 연구를 종합해 볼 때, 몇몇 연구는 다른 연구보다 강한 통제 변수를 가지는 상황(예: 무작위 임상 실험)에서 각 약물의 종류가 비자살적 자해 행동을 감소시키는 데 어느 정도 효과가 있었다.

여기서 주목해야 할 것은 비자살적 자해 행동을 단독으로 감소시키는 약물은 없다는 것이다. 평가해야 할 것은 비자살적 자해 행동의 근본적인 원인이나 이유(예: 우울증, 불안, 해리 등)이다. 만약 약물을 처방받았다면, 향정신적 치료는 자해 행동이 아닌 근본적인 이유나 진단을 향해야 한다. 정신건강 증상이나 진단에 대한 약물의 영향을 비자살적 자해 행동과 분리해서 본 연구자는 없다. 다시 말하면, 약리학적 치료가 실질적으로 비자살적 자해 행동에 영향을 줄 수 있는 우울(혹은 불안이나 해리 등)의 증상에 어떻게 영향을 주었는지에 대한 결과를 보여 주거나 비자살적 자해가 다른 정신 증상 이전에 감소하는지를 보여 준 연구자는 없다. 약리학적 치료에 대한 연구가 더 이루어져야 상담자들이 정말로 비자살적 자해에 끼치는 약물의 영향을 확증할 수 있을 것이다.

사회적 전염, 치료상의 고려 사항

다양한 상황 중 내담자가 단체(예: 초·중·고, 기숙사나 사회적 그룹에 속하게 되는 대학 캠퍼스, 입원 치료 그룹 등)에 속해 있을 때에 나타나는 또 한 가지 어려움은 사회적 전염(Social Contagion)이다. 사회적 전염은 한 사람에서 다른 사람 다른 혹은 더 큰 그룹으로 정서나 행동이 확산되는 것으로 정의된다. 어떤 환경에서도 목표는 사회적 전염을 막는 것이며, 또한 그것이 발생했을 때 어떻게 관리할 것인가이다. 전염 혹은 비자살적 자해 행동의 확산은 거주형 혹은 입원 치료 상황에서 많이 발생한다. 여러 저자, 연구자 그리고 상담자는 비자살적 자해가 청소년과 성인 거주 환자군에서 심각한 수준으로 발생하는 것으로 보고했다(예: Richardson et al., 2012; Walsh & Doefler, 2009). 거주 간호 혹은 입원 치료를 받는 개인들은 비자살적 자해 행동이 증가하는 것으로 나타났다. 구체적으로, 입소하기 전에 한 번도 자해를 한 적 없는 개인 중 33%는 두 달 안에 자해를 하기 시작했고, 자해를 한 과거가 있는 인원 중 39%는 계속 자해를 하는 것으로 나타났다(Boxer, 2010). 이는 거주 간호는 비자살적 자해를 증가시킬 뿐만 아니라 노출을 증가시킨다는 것을 함의한다. 그렇기에 Richardson과 동료들(2012)은 정신건강 전문가들에게 거주 간호와 입원 치료의 장점이 내담자 개인들에게 이런 환경이 끼칠 위험을 넘어서는지 질문한다.

비자살적 자해의 사회적 전염을 막는 방법 중에 효과가 없는 방법은 발생했을 때 조용한 상태를 유지하는 것이다. 예를 들면, 학교 상담자가 중학교에 있는 학생이 자해하는 것을 알게 되었을 때 자해 행동이 확산되고 더 문제가 되는 것을 막기 위해 가족을 제외하고는 아무에게도 말하지 않기로 결정한다. 하지만 완전히 침묵을 지키는 것이 반드시 정답은 아니다. 첫째로, 개인들은 자해에 대해서 친구, 소셜 미디어, 영화, 잡지, 텔레비전 쇼와 책과 같은 다양한 곳에서 듣게 된다. 어떤 사람은 심지어 자해에 대해서 건강 수업을 통해 알게 되었다고 언급했다(Adler & Adler, 2007). 그러므로 침묵하는 것은 정답이 아니다. 그것은 학생들이 평가받는 것을 두려워하여 학교 관계자나 정신건강 전문가들을 만나 자해에 대해 이야기하는 것을 줄일 수 있기 때문이다. 자해에 대해 침묵하지 않도록 요구하는 것은 그 환경에 있는 개인에게 지속적으로 그리고 직접적으로 이야기하는 것을 의미하는 것은 아니다. 그것 또한 자해를 유행시킬 수 있기 때문이다.

예를 들어, 문제와 관련된 대처 행동에 대해 외부 의견 수집, 교실 안내 또는 학교 집회까지 할 수 있는 가능성을 고려해 보면 적응적인 극복 방법과 자해를 포함할 수 있는 부적응적인 대처 행동에 대해 개인들과 대화해 보는 것이 도움이 된다. 이런 전략들이 감정을 조절하거나, 기분을 더 좋게 하거나, 존재하는 문제를 해결하는 데에 어떻게 잘 되는지 혹은 잘 되지 않는지를 대화해 보자. 학생들에게 남자 친구나 친구와 싸우는 것, 다른 사람의 어떤 말 때문에 분노해서 학교로 오는 것과 같은 예제를 주고 여러 대처 전략이 어떻게 효과가 있거나 없을지 보여 주거나, 비자살적 자해가 일시적으로 통할 것처럼 느껴지지만 궁극적으로 문제는 여전히 존재한다는 것에 대해 알게 한다. 비자살적 자해가 대처 방법 중 하나일 수 있지만 결국은 효과가 없다는 것과 대처 행동에 대해 개인들이나 학생들에게 얘기함으로써 비자살적 자해 방지뿐만 아니라 전염을 막도록 작업하는 것이다.

결론

이 장에서는 자해하는 내담자와 작업하는 데 도움이 되는 것으로 알려진 방법 중 매뉴얼화되었거나 증거기반 이외의 개입에 대한 정보를 제공했다. 감정 조절 전략, 창의적이고 표현적인 개입, 정신건강의학적인 방법들이 검토되었다. 정신건강 전문가는 각각의 자해는 특별하다는 것을 기억해야 한다. 모든 사람에게 잘 맞는 비자살적 자해는 없다. 상담자들은 내담자의 강점과 이익을 존중하며 상담 목표에 맞게 개입을 선택해야 한다.

참고문헌

Adler, P. A., & Adler, P. (2007). The demedicalization of self-injury: From psychopathology to sociological deviance. *Journal of Contemporary Ethnography, 36*, 537-570.

Boxer, P. (2010). Variations in risk and treatment factors among adolescents engaging in different types of deliberate self-harm in an inpatient sample. *Journal of Clinical Child and Adolescent Psychology, 39*(4), 470-480.

DiMaggio, G., Salvatore, G., Azzara, C., & Catania, C. (2003). Rewriting self-narratives: The therapeutic process. *Journal of Constructivist Psychology, 16*, 155-181.

Gregory, R. J., & Mustata, G. T. (2012). Magical thinking in narratives of adolescent cutters. *Journal of Adolescence, 35*, 1045-1051.

Hawton, K., Arensman, E., Townsend, E., Bremner, S., Feldman, E., Goldney, R., Gunnell, D., Hazell, P., van Heeringen, K., House, A., Owns, D., Sakinofsky, I., & Traskman-Bendz, L. (1998). Deliberate self-harm: Systematic review of efficacy of psychosocial and pharmacological treatments in preventing repetition. *British Medical Journal, 317*, 441-446.

Hoffman, R. M., & Kress, V. E. (2010). Adolescent nonsuicidal self-injury: Minimizing client and counselor risk and enhancing client care. *Journal of Mental Health Counseling, 32*, 342-347.

Klonsky, E. D., & Glenn, C. R. (2008). Resisting urges to self-injure. *Behavioural and Cognitive Psychotherapy, 36*, 211-220.

Kress, V. E., Adamson, N., DeMarco, C., Paylo, J., & Zoldan, C. A. (2013). The use of guided imagery as an intervention in addressing nonsuicidal self-injury. *Journal of Creativity in Mental Health, 8*, 35-47.

Kress, V. E., & Hoffman, R. M. (2008). Non-suicidal self-injury and motivational interviewing: Enhancing readiness for change. *Journal of Mental Health Counseling, 30*, 311-329.

Landy, R. J. (1986). The image of the mask: Implications for theatre and therapy. *Journal of Mental Imagery, 9*, 43-56.

Long, M., Manktelow, R., & Tracey, A. (2015). The healing journey: Help seeking for selfinjury among a community population. *Qualitative Health Research, 25*, 932-944.

Malon, D. W., & Berardi, D. (1987). Hypnosis with self-cutters. *American Journal of Psychotherapy, 41*, 531-541.

Miller, W. R., & Rollnick, S. (2002). *Motivational interviewing: Preparing people for change* (2nd edition). New York: Guilford Press.

Muehlenkamp, J. J. (2006). Empirically supported treatments and general therapy guidelines for non-suicidal self-injury. *Journal of Mental Health Counseling, 28*, 166-185.

Prochaska, J. O., & Norcross, J. C. (2001). Stages of change. *Psychotherapy, 38*, 443-448.

Richardson, B. G., Surmitis, K. A., & Hyldahl, R. S. (2012). Minimizing social contagion in adolescents who self-injure: Considerations for group work, residential treatment, and the internet. *Journal of Mental Health Counseling, 34*, 121-132.

Trepal-Wollenzier, H. C., & Wester, K. L. (2002). The use of masks in counseling.

Journal of Clinical Activities, Assignments and Handouts in Psychotherapy Practice, 2, 123-130.

Turner, B. J., Austin, S. B., & Chapman, A. L. (2014). Treating nonsuicidal self-injury: A systematic review of psychological and pharmacological interventions. *Canadian Journal of Psychiatry, 59*, 576-585.

Wallenstein, M. B., & Nock, M. K. (2007). Physical exercise as a treatment for non-suicidal self-injury: Evidence from a single-case study. *The American Journal of Psychiatry, 164*, 350-351.

Walsh, B., & Doerfl er, L. A. (2009). Residential treatment of self-injury. In M. K. Nock (Ed.), *Understanding non-suicidal self-injury: Origins, assessment, and treatment* (pp. 271-290). Washington, DC: American Psychological Association.

Wester, K. L., Downs, H., & Trepal, H. C. (2016). Counseling outcomes of non-suicidal selfinjury for eight clients in outpatient treatment: A retrospective case study. *Counseling Outcome Research and Evaluation, 5*, 1-18.

Wester, K. L., & McKibben, W. B. (2016). Participant's experiences of nonsuicidal selfinjury: Supporting existing theory and emerging conceptual pathways. *Journal of Mental Health Counseling, 38*, 12-27.

Wester, K. L., & Trepal, H. C. (2005). Working with clients who self-injure: Providing alternatives. *Journal of College Counseling, 8*, 180-189.

제4부

교육과 지원 노력

제9장

비자살적 자해와 가족

저는 자해하는 아이가 있는 가정과 작업하고 있습니다. 하지만 내담자의 사랑하는 사람들, 즉 건강한 가정환경을 유지하려고 애쓰는 사람들에게는 정보가 부족한 것 같습니다. 부모나 사랑하는 사람들의 비자살적 자해에 대한 관점을 다루는 책이나 글을 추천해 주실 분 있으신가요?

이 인용문은 정신건강 전문가들의 온라인 목록에서 발췌한 것이다. 비록 우리는 비자살적 자해(NSSI)에 대해 많은 정보를 알고 있지만(그것이 어디에서 왔는지, 어떻게 행동을 평가하고, 어떤 치료법이 도움이 되는지), 자해를 하는 가족 구성원이 있는 가정을 위한 정보는 적다. 자해하는 사람들과 작업할 때, 정신건강 전문가에게 가족에 대한 중요한 고려 사항들이 있다. 예를 들면, 가족 역동성의 어떤 측면이 비자살적 자해를 선택하도록 하는가, 가족들이 치료를 받아야 하는가, 자녀나 가족원이 자해를 한다면 가족은 어떤 정보나 도움을 필요로 하는가이다.

[글상자 9-1]에 있는 사례의 부모님이라고 가정해 본다면, 당신이 원하거나 필요로

하는 정보는 무엇인가? 딸의 자해에 대한 당신의 반응과 내면의 감정이 어떻게 비자살적 자해와 브레나에 대한 당신의 반응에 영향을 주는지를 생각해 볼 필요가 있다. 당신이 상담자로서 브레나와 작업을 하고 있다고 생각해 본다면 비밀보장에 대해서 어떤 부분을 고려해야 하고, 브레나의 행동에 대해서 브레나의 어머니와 무엇을 대화해야 하며, 브레나의 어머니가 비자살적 자해에 대해서 어떤 교육이나 정보가 필요하고, 그녀는 어떤 도움이 필요할 것이며, 어떤 전문가를 추천해야 할지를 고려할 필요가 있다.

[글상자 9-1] **사례 연구: 브레나**

당신은 13세 소녀인 브레나의 부모이다. 딸은 중학교에 다니고 있는데, 가족과 함께하는 것보다 친구들과 시간을 보내는 데 더 관심이 있지만 지난 1년 동안 브레나는 점점 더 우울해지고 있다는 것을 알아차렸다. 최근에 당신은 브레나가 자해하고 있다는 것을 발견했다. 초등학교에서 중학교로의 전환기 때, 점점 더 당신은 자녀와 단절되어 죄책감을 느끼고 브레나의 행동에 대해 걱정하고 있다. 당신은 남편과 떨어져 따로 살고 있다. 당신은 비자살적 자해에 대한 당신의 감정을 남편과 공유하지 않았다.

가정 맥락과 가족 역동성

제5장(진단에서 고려해야 할 문제)에서 다루어진 것과 같이, 비자살적 자해와 연관된 여러 정신건강 상태가 있을 수 있다. 여기에는 섭식장애, 불안, 약물 남용, 충동 조절, 외상 후 스트레스 장애 등이 포함된다. 이것이 자해의 모든 경우를 설명해 주

지 않지만, 자해를 하는 개인은 신체적 학대, 성적 학대 또는 방치가 일어난 가정(Walsh & Rosen, 1988)이나 갈등 또는 폭력이 심한 가정(Conterio, Lader, & Bloom, 1998)에서 자란 경향이 있다. 자해를 하는 개인의 가정에서 일어난 사건들은 부모의 이혼과 사랑하는 사람의 죽음과 같은 상실을 포함한다(Suyemoto, 1998). 폭력, 학대 그리고 상실이 가족에서 일어난 일의 전부는 아닐지라도 비자살적 자해가 가족에서 일어난 문제의 증상일 수 있다는 것은 기억해야 한다. 그러나 앞서 언급한 역동성이 있다는 것이 항상 자해로 이어지지는 않는다는 것을 아는 것은 매우 중요하다.

가족 역동성을 탐색하는 것은 중요하다. 그것은 비자살적 자해를 하는 개인은 부정적인 가정환경 수준이 더 높게 나타나 가족 역동성이 역할을 하는 것으로 드러났기 때문이다(Martin, Bureau, Cloutier, & Lafontaine, 2011). 부정적인 가정 환경은 단절되어 있고, 아이들의 경험이 타당화되지 않았기 때문에 정서적 지원을 위해 부모에게 의존하지 않는 경향이 있다. 제2저자는 가정환경을 다음과 같이 묘사한 대학생과 작업을 한 적이 있다. 그녀의 아버지는 고함을 지르곤 했는데, 퇴근하면 항상 모든 이(내담자, 어머니, 언니, 심지어 가족의 개)에게 화를 내는 것처럼 보였다. 그녀의 어머니는 저장장애에 시달리고 있었고 집 주변에서 무언가를 수집하는 데 빠져 있었다. 즉, 부모 둘 다 가족 관계에 연결되어 있지 않았으며 가족이 함께 집에 있을 때는 서로를 피하곤 했다. 내담자는 가족이 함께한 일을 기억할 수 없었고, 그녀의 부모와 감정적으로 연결되어 있음을 느끼지 못했다. 그녀는 대학에 합격했다는 편지가 도착하자 그녀의 부모가 어떻게 반응할지 몰라 한 달 동안 자신의 방에 편지를 숨겨 두었다. 그녀는 자신의 합격에 대해 굉장히 기뻤지만 동시에 이사하는 것과 대학이 요구할 학습량에 대해 자신이 없었다. 그녀가 모두에게 합격했음을 말하기로 결정했을 때, 아버지는 말하지 않음에 대해 고함을 질렀고 어머니는 아무런 반응(긍정적이거나 부정적인)도 보이지 않았다. 부모는 합격에 대한 내담자의 감정에 대해 받아들이지도 않고 묻지도 않았다.

치료에 참여하는 가족

Klonsky, Muehlenkamp, Lewis와 Walsh(2011)에 따르면, 가족치료를 비자살적 자해 치료에 통합하는 것이 유용하다. 상담자는 가족들이 비자살적 자해를 이해할 수 있도록 돕는 것이 좋다(Hoffman, Hinkle, & Kress, 2010; Trepal, Wester, & MacDonald, 2006). 가족 구성원은 내담자의 가정환경을 관리하고 변화에 대처할 수 있도록 돕는다는 측면에서 매우 가치 있는 존재이다. 반면, 앞에서 언급한 바와 같이, 가족은 내담자의 스트레스나 긴장의 주요 원인일 수도 있다. 심지어 내담자의 트라우마 역사의 주요한 원인일 수도 있다. 그렇기에 비자살적 자해 행동의 원인과 촉발 요인에 대해서 이야기할 때 면밀한 평가가 필요하다.

가족은 무수한 형태와 수준에서 치료에 관여할 수 있다. Selekman(2009)은 강점 기반 관점에서 운영할 때 "자해하는 모든 내담자 또는 배우자나 가족들은 변화를 위한 강점과 자원을 가지고 있다. 그들은 전문가이다."라고 가정한다(p. 96). 대체로 가족들은 비자살적 자해 치료의 중요한 측면이며, 자신의 체계에 대한 전문가들이다. 그렇기에 사랑하는 사람의 치료가 성공할 수 있도록 가족들을 준비시키는 것이 중요하다. 다음 절에서는 가족이 비자살적 자해 치료에 참여할 수 있는 몇 가지 방법과 그들이 기대하는 바를 개략적으로 설명하고자 한다.

비자살적 자해 치료 중 가족 구성원이 경험할 수 있는 것

윤리-충분한 사전 동의와 비밀보장

비자살적 자해와 관련된 일반적인 윤리적 문제들은 제6장에서 다루었지만, 내담자의 치료와 연관된 모든 가족 구성원은 정신건강 전문가와 함께 사전 동의(informed consent)와 비밀보장에 대한 논의를 한다. 사전 동의 과정에서 상담자는 가족들이 치료법에서 기대할 수 있는 것이 무엇인지 짚어 준다. 그러나 상담자들의 대응 방식, 비밀보장에 대한 한계, 부모, 배우자, 혹은 가족 구성원에게 제공되는 정보 등은 설정(학교, 내원 환자, 입원 환자)에 따라 다를 수 있으며, 내담자의 나이, 부부나 가족의 상황, 위기 또는 심각도 수준, 기타 맥락적 요인 및 행동(충동성, 약물 남용) 등에 따라 달라질 수 있다. 예를 들면, 어떤 정신건강 치료자들은 주로 아동이나 청소년 내담자를 맡는다. 치료자들은 가족들과 함께 치료의 한도를 논의하고 그들의 동의를 구하고 부모와 연계하기 위해 매주 또는 주기적인 치료 시간(예: 치료의 시작 혹은 끝날 때 10분)을 요구하기도 한다. 다른 정신건강 전문가들은 가족치료 양식을 실시하기도 한다. 이런 치료법에서 아동 내담자는 '확정된 환자'가 되지만 전체 가족은 대부분의 치료 회기에 참여하게 된다. 다른 경우에는 배우자가 자해를 할 때, 성인 내담자는 부부 상담에 참여하기도 한다. 자해하는 내담자가 각 치료 회기에 참여하고 배우자는 때때로 참여하기도 한다. 가족이 사전 동의의 과정에 대해 치료 제공자에게 질문하는 것이 중요하다. 치료법의 한도나 자기 자신 혹은 치료자에 대한 기대가 명확하지 않다면 질문할 권리가 있다. 가족과 내담자들은 치료에 대한 기대가 명확하지 않을 때 치료자와 대립할 수 있다(예를 들면, 가족들은 비자살적 자해 행동이 가능한 것보다 빠른 속도로 멈추기를 바랄 수 있다; Selekman, 2009).

그렇다면 치료자는 언제 미성년자의 비자살적 자해 행동을 부모나 법적 보호자에게 알려 주는가? 이것은 어려운 질문이다. 사례를 살펴보면, 먼저 팔과 눈썹에 내려온 머리카락을 뽑아서 자해하는 14세 아만다를 생각해 볼 수 있다. 아만다의 어머니는 이러한 행동을 알아차리지 못했지만 짜증 내는 행동을 알고 있기에 걱정이 되어 치료를 받게 하였다. 아만다는 비자살적 자해에 대해 직접적으로 얘기하지 않지만, 치료자는 그것을 눈치채고 아만다에게 언급했다. 아만다는 머리를 잡아당기는 경향이 있는데, 이것은 불편하거나 고압적인 상황에서 자주 느끼는 불안감을 완화시키는 데 도움이 되기 때문이라고 말했다. 또한 아만다는 어머니와 대화 중에 어머니의 높은 기대감 때문에 이 일이 자주 일어난다고도 말했다. 아만다의 경우에는 그녀의 어머니에게 알리는 것이 필요한가? 아만다의 비자살적 자해 행동을 증가시킬 것인가, 아니면 감소시킬 것인가? 아마도 아만다의 어머니는 아만다의 행동에 대해 더 걱정하고 불안해할 것이고 비자살적 자해를 멈추도록 아만다에게 더 많은 압력을 가할 수 있어서 도리어 비자살적 자해를 증가시킬 수 있다. 현재로서는 아만다의 행동이 생명에 위협을 가할 정도는 아니다. 그렇기에 이런 행동이 현재는 심각하지 않다면 어떤 상황(예: 정신건강 서비스 외래 환자, 학교, 대학교)에 관계없이 비밀을 유지하는 것이 허용될 수 있다. 하지만 치료자는 기관 정책에 대해 잘 알고 있어야 한다. 일부 학교의 정책은 어떤 형태의 자해도 즉시 부모나 법적 보호자에게 알리도록 명시할 수 있고, 외래 환자 환경에서는 더 많은 자율성이 가능할 수도 있다(Selekman, 2009).

두 번째 사례를 살펴보면, 마크는 6년간 자해를 해 왔다고 말하는 16세 남자 청소년이다. 마크는 자해용 면도날과 메스(수술용 칼)까지 들어 있는 보관함이 있다고 말한다. 마크의 자해 행동을 평가할 때, 치료자는 마크가 종종 격렬한 분노 상태로 들어가고 비자살적 자해가 마크를 가라앉혀 준다는 것을 알게 됐다. 즉, 마크는 격렬한 분노를 경험할 때 자신이 무엇을 하는지 알지 못하다가 자해의 고통을 느끼면 깨닫게 된다는 것이다. 때로는 마크가 그 순간에 완전히 의식하지 못해서 원하던 것보다 깊이 그었다고 한다. 마크에게 맞는 적절한 치료를 결정하기 위해 비자살적 자해에 대해 더 많은 정보가 필요하긴 하지만, 이 경우 마크가 자살할 의도가 없지만 분노의 순간에 해리로 인해서 자살할 수도 있다. 따라서 치료 환경에 관계없이 잠재적인 위험에 대해 부모에게 알리는 것이 중요하다.

이상의 두 사례는 부모에게 전할지 그렇지 않을지가 분명하게 나누어져 있으나 치료자가 상담하게 되는 대부분의 사례는 그와 같지 않다. 따라서 치료자는 자신들이 편안하게 느끼는 비밀보장의 한계를 정하는 것이 중요하고 이를 첫 치료 시간에 미성년자 내담자와 부모나 법적 보호자에게 명시해야 한다. 학교와 같은 기관의 정책이 정한 한계나 외래 환자 또는 입원 환자 치료에 대한 정보 제공의 한계는 비자살적 자해를 언제 부모에게 전할지 혹은 전하지 않을지에 대한 부분을 포함해야 한다. 정신건강 전문가는 자해의 방법, 빈도, 상처의 심각성 또는 자해가 발생하는 상황에 근거한 것인지 고려해야 한다. 위의 모든 것을 조합하는 것을 포함할 수 있지만, 부모와 청소년 모두 분명하게 이해하고 있어야 하며, 신뢰가 세워지고 비밀보장이 이루어질 수 있도록 해야 한다. 일부 정신건강 전문가의 경우, 이러한 경계는 논의된 비자살적 자해의 모든 형태와 사례가 해당될 수 있다. 다른 치료자들은 더 큰 경계를 가지고 있어 오직 죽음을 초래할 수 있는 고위험 행동이라 여기는 것들을 부모와 논의한다. 경계가 어떻게 되었든 간에, 이것은 미리 결정되어 내담자를 위한 사전 동의 문서로서 전달되어야 하기 때문이다.

비밀보장, 즉 내담자와 치료자 사이에 정보를 지키는 것은 치료에 참가하는 가족에게 염려가 될 수도 있다. 내담자의 허락을 받으면 정신건강 전문가는 가족 구성원들에게 치료에 대한 정보를 제공할 수 있다. 하지만 제6장에서 논의된 바와 같이 부모와 보호자는 미성년 자녀에 대한 정보를 얻을 궁극적인 권리를 지니고 있다. 그렇기에 자녀가 치료에 참가하지 않고자 할 때나 가족 역동이 가족 간에 정보가 자유롭게 공유되지 않도록 하는 경우(예: 서로에게 비밀을 유지하는 것이 습관인 가족의 경우) 문제가 될 수 있다. 추가적으로 성인 내담자 혹은 부부 관계를 맺고 있는 경우에는 치료 환경에 따라 고려해야 할 비밀보장의 권리가 있다. 정신건강 전문가 중 일부는 자해하는 부부의 일원과 따로 작업하기도 하고 때로는 공동 치료 시간에 배우자만을 볼 수도 있다. 또는 대부분의 시간을 부부와 함께 작업하거나 자해하지 않는 구성원과도 개별 상담 시간을 갖고자 한다.

마지막으로, 위험도 평가가 다른 장에서도 다루어졌지만 가족들은 내담자를 안전하게 지켜야 할 필요성에 대한 분명한 이해가 있어야 한다. 비밀보장은 자살이나 심각한 자해가 될 수 있는 비자살적 자해의 상황에서 깨질 수 있다. 정신건강 전문가들은 대체로 내담자가 제일 제한적이지 않은 환경에서 작업하고자 한다(Berg, Hendricks, & Bradley, 2009). 예를 들면, 내담자가 자살에 대한 생각을 표현하고 있지만 확인된 계획이나 수단을 가지고 있지 않다면, 상담자는 아마도 입원시키려고 시도하기보다 상황을 평가하는 것을 계속할 것이다. 비자살적 자해와 관련해서 상담자들은 고위험의 행동(예: 상처 치료를 제대로 하지 않는 것)을 분별할 것이다. 하지만 상황을 평가하고 관찰하며 내담자 관리 수준을 변경하거나 과잉반응하지 않아야 하므로 치료자들은 내담자 안전과 관련된 정보를 공개하는 것에 대해 윤리적으로 신중하게 다뤄야 한다(Berg & colleagues, 2009).

평가

비자살적 자해에 영향을 주는 잠재적 가족 관련 요소들(학대, 방치, 높은 갈등 등)을 고려해 보면, 정신건강 전문가는 안전 문제를 포함한 초기 평가에 가족원들이 참여하길 바랄 수 있다(Teague-Palmieri & Gutierrez, 2016). 가족원들은 가계도 작성이나 비자살적 자해에 대한 가족원들의 관점을 들을 수 있는 순환 질문에 참여하는 것 등을 포함한 다양한 형태의 평가에 참여하도록 요구받을 수 있다. 가족원들은 내담자의 비자살적 자해에 대한 다양한 관점을 가지고 있을 것이며(Trepal et al., 2006), 치료자가 이런 정보를 갖추는 것이 중요하다. 비자살적 자해 가족치료에 대해 알려진 것에 따라 치료자는 부모-자녀 관계와 의사소통에 대해 평가할 수도 있다(Byrne et al., 2008).

심리교육

가족은 다양한 형태와 크기가 있다. 가족치료사들은 종종 가족을 아기의 침대 위에 걸려 있는 모빌에 비유하곤 한다. 모빌의 각 팔은 중요하고 한쪽 팔이 흐느적거리면 나머지 팔들은 전체적인 상태가 안정화되도록 형태를 바로잡으려고 한다. 가족도 마찬가지로 작동한다. 한 구성원이 흔들리거나 비자살적 자해와 같은 문제로 고군분투한다면, 다른 구성원들은 가족 체계가 안정화될 수 있는 방법으로 반응하게 된다. 이것은 다른 가족에게는 저마다 다른 것을 의미할 수 있다. 평가와 심리교육은 둘 다 체계가 안정화되도록 도울 수 있다.

Teague-Palmieri와 Gutierrez(2016)는 비자살적 자해에 대한 심리교육이 가족치료의 한 부분으로 매우 중요하다고 말했다. 상담자들은 내담자의 가족이 자해에 대해 얼마나 아는지 평가하려고 시도하기도 한다. 비자살적 자해와 자살의 관계와 같은 중요한 구별은 모든 가족 구성원이 이해할 필요가 있다(Teague-Palmieri & Gutierrez, 2016). 가족이 비자살적 자해 행동을 자살 시도라고 잘못 이해한다면, 가족은 과민반응을 보일 수 있으며(Selekman, 2009), 이는 다시 상황이나 가족 관계를 악화시키거나 비자살적 자해의 심각성을 증가시킬 수 있다.

가족들에게 비자살적 자해 행동에 대한 전반적인 것을 교육할 때, Yip(2006년)은 가족들이 비자살적 자해의 의미와 행동 뒤에 숨겨진 내담자의 감정에 대해 이해하는 것이 중요함을 강조했다. 가족 구성원들이 공감과 배려로 들어준다면, 내담자는 이해와 지지를 받을 가능성이 더 높다. 부모나 배우자가 사랑하는 이들의 비자살적 자해에 대해 더 알고 싶어 할 때, 그들은 자연스럽게 더 질문하고 싶어 할 것이다. 그러므로 자녀나 배우자의 비자살적 자해에 대한 질문을 할 때 배려와 공감을 표현하는 방식으로 접근하도록 조언해야 한다. Caroline Kettlewell(2000)은 이런 질문들을 공손한 호기심이라고 부른다. Whitlock과 Purington(2013)은 부모들로 하여금 이런 대화를 나눌 때 위협적이지 않고 비난하지 않는 의사소통을 위해 '나-전달법(I-statements)'을 사용하도록 제안한다.

[글상자 9-2] 가족 구성원에 대한 존중적인 호기심 질문 예시

호기심 질문

- 자해는 너에게 어떤 영향을 미치니? 자해는 어떻게 도움이 되거나, 도움이 되지 않지?
- 자해를 멈추기 힘든 이유는 무엇이니?
- 언제 자해가 가장 필요해?
- 자해하지 않고 성공할 때 너 자신을 어떻게 보니?
- 우리 관계에 뭔가 빠진 것이 있나? 만약 있다면 달라질 것이 있을까?

나 진술문 만들기

- 불편한 기분이 들어서 미안해. 네가 상처받았다는 걸 내가 알기가 힘들어.
- 우리가 이 얘기를 하고 있어서 기쁘구나. 나는 한동안 그것에 대해 걱정했단다.
- 무슨 말을 해야 할지 항상 알 수는 없지만 이해하려고 노력하고 있단다.
- 지금 나랑 얘기하고 싶지 않다 해도 이해해. 난 그냥 네가 말할 수 있다고 결정할 때 내가 여기 있다는 걸 알아줬으면 좋겠어.
- 내가 체크인해도 괜찮을까, 아니면 네가 나한테 와도 괜찮고.

출처: Whitlock & Purington (2013b, p. 2)에서의 예시 질문과 진술을 수정 및 요약.

또한 정신건강 전문가들은 가족 내의 소통 양식에 대해 평가하고자 한다(Yip, 2005). 평가는 일반적인 소통 양식뿐만 아니라 특히 비자살적 자해에 대한 소통을 포함한다. 앞에서 언급한 바와 같이 비자살적 자해는 폭력적이거나 타당화되지 않은 환경에서 나타나곤 한다. 가족 구성원들은 그들의 감정을 확인하거나 표현하지 못했을 수도 있고, 그렇게 한 것에 대해 오히려 처벌을 받았을 수도 있다(예: 운다고 맞음). 그러므로 자녀가 감정을 전달하지 않은 것을 배웠거나 혹은 감정을 전달하는 것이 위험하다고 느끼고 감정과 생각에 대처하거나 감정을 완화하지 못하는 의사소통 유형이었다면 감정은 오히려 내부에 쌓여 비자살적 자해로 이어지게 됐을 수도 있다. 추가적으로 비자살적 자해 주변의 의사소통 양식을 고려해 보면, 비자살적 자해와 관련된 스트레스로 인한 일반적인 의사소통 문제는 권력다툼이나 비자살적 자해 현상에 대한 반응을 포함하곤 한다. 가족 구성원이 자신의 반응이나 치료 중에 비자살적 자해로 복귀하는 것에 대해 준비되어 있지 않다면, 그들은 자녀를 추가적인 자해로부터 보호한다고 느껴지는 극단적인 방식으로 과민반응하거나 행동을 할 수 있다(Selekman, 2009). 예를 들면, 부모가 그들의 청소년 자녀를 입원시키거나, 자해로 인해 돌이킬 수 없는 결과를 겪게 될 것이라고 지나치게 충고하거나, 감정적으로 철수할 수도 있다(Selekman, 2009). 자해를 그만두지 않으면 배우자가 상대방을 떠날 것이라고 협박할 수도 있다. 이런 반응들은 치료에서 탐색되어야 한다.

비자살적 자해 사건들에 대해 가족이 대처하는 방법

Selekman은 부모들에게 '탐정 놀이'를 하지 말 것(p. 113)과 자녀들에게 얼마나 자주 자해하는지 물어보거나 반복적으로 그들의 자해 위치를 확인하지 말 것을 상기시킨다. 이런 감시자 행동은 자녀를 긴장하게 만들고 자해에 대한 더 많은 욕구를 유발할 수 있게 만드는데, 이는 부모가 행동 강화자가 된 것처럼 느끼도록 만들 수 있다. 이는 부모가 비자살적 자해에 대해 책임이 있다고 느끼게 할 수 있기 때문에 무거운 부담이 될 수 있다.

부모나 가족 구성원들이 내담자의 행동에 대한 집행자나 처벌자 역할을 하는 것을 피하는 것이 중요하다. [글상자 9-3]의 사례를 보라.

[글상자 9-3] **테일러 사례**

테일러는 비자살적 자해로 지속적인 치료를 받고 있다. 그녀는 지난 2년 동안 스트레스를 받을 때 자신을 칼로 베어 왔지만 행동을 줄이는 것을 목표로 하고 있다. 테일러는 스트레스나 자해 욕구에 직면했을 때 대안적인 대처 방법을 개발하는 작업을 해 왔다.

테일러의 엄마도 치료에 참여하고 있다. 그녀는 몇 번의 상담 시간에 참석했으며, 비자살적 자해를 줄이고 다른 대처 방법을 개발하려는 테일러의 목표를 잘 알고 있다. 테일러 엄마의 의도는 좋았지만, 테일러의 면도날을 이제부터 모두 숨기기로 결정했다. 만약 테일러가 도구의 유혹을 제거할 수 있다면 테일러는 걱정거리가 한 가지 더 적어질 것이라고 엄마는 생각했다. 스트레스를 받고 평소의 면도칼을 꺼낼 수 없을 때, 테일러의 엄마는 테일러가 다른 건강한 대처 방법을 시도할 것이라고 가정한다.

테일러의 사례에서 그녀의 어머니는 최선의 의도를 가지고 있다. 그녀는 도움이 되고 싶고, 좋은 뜻으로 쓰이고 싶어 한다. 하지만 다음에 테일러가 스트레스를 받는 상황에서 그녀의 면도날을 찾으려고 하면 어떤 일이 일어날까? 그녀의 어머니가 행동 강화자가 됨으로써 어떤 가족 역동이 생길 수 있겠는지를 추측해 볼 수 있다.

[글상자 9-4] **테일러 사례(계속)**

테일러는 감정의 방아쇠가 당겨진 후 면도날을 찾을 수 없게 되자 엄마에게 화를 냈다. 테일러의 안전에 대한 책임을 느끼고 그녀의 무례한 말대답이 마음에 들지 않은 테일러 엄마는 버릇없다는 이유로 전화를 빼앗고 일주일 동안 그녀를 외출 금지시킨다. 그녀는 자신의 헤어 고데기로 자신을 태우면서 자해를 하는 대안적인 방법을 고안한다. 테일러는 엄마에게 그녀가 전화기를 돌려줄 때까지 비자살적 자해를 계속 할 것이라고 말한다. 그녀의 엄마는 절망감을 느끼며 권력과 통제를 위한 투쟁에 빠져 있다.

이 사례에서 테일러의 어머니가 행동 강화자가 되었을 때, 테일러는 다른 자해 방법을 찾아냈다. 테일러는 또한 증가된 어머니의 통제와 결과에 반응했고 두 사람은 권력 투쟁에 이르렀다. Whitlock과 Purington(2013a)은 권력 투쟁에 대처하는 특정한 전략을 짚어 주었다(아이가 부모의 말을 듣지 않거나 알려진 규칙에 복종하지 않을 때). 전략에는 투쟁에서 일찍 벗어나기, 윈윈 상황 만들기, 협력, 인내와 끈기 그리고 감사가 포함된다. 다음 사례에서 공동 작업의 예시를 살펴보자.

[글상자 9-5] **테일러 사례(계속)**

테일러는 비자살적 자해를 줄이고 대안적인 대처 기술을 향상시키는 동시에 목표를 계속 추진하고 있다. 그녀의 엄마도 테일러의 치료에 참여하고 있다. 한 번의 치료 시간 동안, 테일러와 엄마는 함께 협력하여 목표를 달성하기로 결정한다. 그녀의 엄마는 테일러의 도구를 숨기지 않기로 동의했고, 테일러는 무례한 말대답에 관한 집안 규칙을 준수하기로 동의했다. 그들은 도움을 주는 역할로 엄마와 함께 그녀의 목표를 달성할 수 있는 구체적인 방법을 고안해 낸다. 테일러가 낸 한 가지 아이디어는 그녀가 감정의 방아쇠를 당긴 기분일 때, 그녀와 그녀의 엄마가 함께 산책을 하거나 리얼리티 TV의 에피소드를 보는 것(그들이 함께할 가장 좋아하는 일 중 하나)이다. 그녀는 자해의 충동이 가라앉거나 관리할 수 있는 다른 방법을 찾을 때까지 보통 30분에서 1시간이 걸린다는 것을 발견했다. 두 가지 활동 모두 그 시간 안에 맞는 것처럼 보인다. 테일러의 엄마는 판단이나 처벌 없이 목표를 달성하도록 돕는 파트너가 되는 것에 동의한다. 두 사람 모두 이번 주에 파트너십을 실천하고 그 결과를 함께 평가하기로 합의했다.

[글상자 9-5]에서 테일러와 그녀의 어머니가 집안 규칙과 어머니의 감시자 행동에 대해 합의에 이르게 되면, 가족은 비자살적 자해에 대한 가족 방침을 정하는 것을 제안할 수 있다(Purington & Whitlock, 2013; Selekman, 2009). Selekman은 이것을 "건설적인 부모 관리 전략"(p. 114)이라고 부른다. 그는 부모가 자녀의 만성적인 비자살적 자해에 의해서 권위를 잃어버리게 된다면, 통제감을 되찾기 위해 더 이상 용납하지 않을 것(예: 협박, 자살적 제스처)과 그들이 무엇을 약속할 것인지(예: 고함지르지 않기, 침착함 유지하기)에 대한 '방침'을 만들 수 있다. 이런 유형의 개입은 청소년이 감정 상태가 높지 않을 때 수행되어야 하며, 정신건강 전문가의 감독하에 이루어져야 한다. 또한 행동의 책임이 유지되면, 청소년들은 긍정적인 가족 변화에서 그들의 역할을 인정받아야 한다(Selekman, 2009).

비자살적 자해에 대한 가족의 반응

비자살적 자해를 위한 가족치료의 또 다른 측면은 비자살적 자해에 대한 가족 반응을 평가하고 작업하는 데 초점을 맞추는 것이 포함될 수 있다. 가족 구성원의 자해에 대한 가족의 걱정과 긴장감이 가정에 많이 있을 수도 있고, 비자살적 자해를 거론하는 것에 대한 일반적인 회피가 있을 수도 있다. 앞서 언급한 것처럼 모든 가정은 한 사람 또는 사람들의 행동 변화가 다른 이들에게 다양한 방법으로 영향을 주는 시스템처럼 기능한다. 예를 들면, 두 명의 부모는 10대 자녀의 비자살적 자해 행동에 대해 다양하게 반응할 수 있다. 한 부모는 자녀와 대화하고 그 행동을 멈추게 만들려고 할 수 있고(과개입), 다른 부모는 철수하고 자녀를 완전히 회피할 수 있다(저개입). 두 부모는 자녀에 대한 접근 방법(과개입이든 저개입이든)에서 서로 갈등을 경험할 수 있다. 이러한 문제에 대해 형제자매도 그들만의 반응을 보임으로써 문제를 악화시킨다. 자해하는 10대는 각 가족 구성원들에게 자신만의 반응을 보일 것이며 커플의 자해하지 않는 쪽은 자해하는 쪽에 대해 극도의 경계심을 가질 수 있다. 이처럼 가족 역동성은 매우 복잡하다는 것을 알 수 있다.

[글상자 9-6] **부모가 비자살적 자해에 대해 느낄 수 있는 것**
(Byrne과 동료들)

- 비자살적 자해 행동에 대한 낙인
- 죄책감
- 비난
- 분노

• 좌절

• 양육 기술에 대한 의문

– 이제 어떻게 해야 하지?

– 어떻게 한계를 설정하고, 그렇게 한다면 무엇을 설정해야 할까?

– 경계를 어떻게 유지해야 할까?

– 앞으로 어떻게 건강한 관계를 맺는가?

– 자해하는 아이, 즉 비자살적 자해가 가정생활의 초점이 되었다는 것

일부 연구에 따르면, 비자살적 자해에 대한 여러 방식의 반응 중 도움이 되거나 되지 않는 것이 있다. 다음은 다양한 자료에서 발췌된 전략들이다(Chapman & Dixon-Gordon, 2007; Levenkron, 1998; Lifesigns Parent Fact Sheet, 2008; Toprak, Cetin, Guven, Can, & Demircan, 2011; Yip, Ngan, & Lam, 2003).

도움이 되지 않는 반응

- 행동을 통제하고자 하는 의도로 자해에 사용되는 도구(예: 면도날)를 빼앗거나 빼앗겠다고 위협하는 것. 이것은 누군가가 익사할 때 생명 유지 장치를 제거하는 것과 같다.
- 혐오나 부정적인 감정을 보이는 것
- 행동을 자녀의 탓으로 돌리는 것
- 행동을 무시하는 것
- 역할 반전(자녀의 부모화)
- 자녀를 위한 안전이나 안정감을 제공하지 않는 것

- 상처를 보여 달라고 요구하는 것(의료적인 이유가 아닌 이상)
- 자녀의 비자살적 자해나 그 행동에 대한 반응으로 배우자나 다른 가족 구성원을 탓하는 것

반면, 지지적인 가족이 자해로부터 보호할 수 있다는 증거가 있다(Chapman & Dixon-Gordon, 2007; Toprak et al., 2011; Yip et al., 2003).

도움이 되는 반응

- 문제나 염려와 걱정에 대해서 자녀와 대화하는 것
- 비자살적 자해에 대해 자녀와 대화하는 것
- 판단하지 않고 자녀의 말을 경청하는 것
- 자녀의 감정에 인내심을 발휘하는 것
- 자녀에게 실질적인 도움을 주는 것(예: 흉터 치료)
- 비자살적 자해에 접근하는 것과 관련해서 배우자를 지지하는 것
- 문제 해결과 감정을 다룸에 있어서 긍정적인 역할 모델이 되는 것
- 자녀가 대인관계에서 적절하게 갈등을 해결하도록 돕는 것(예: 교사, 형제자매, 친구들, 배우자, 부모와의 관계에서)
- 자녀와 함께 상담을 하거나 의사에게 가는 것
- 비자살적 자해에 대해 스스로 배우는 것
- 비자살적 자해에 대한 자신의 감정을 체계적으로 정리하는 것
- 가족과 자녀를 위한 지원 시스템을 구축하는 것

치료에 대한 교육

비자살적 자해에 대해 배우는 것 외에도, 가족들에게 치료에 대한 정보가 제공될 수도 있다. 여기에는 다양한 치료 환경(예: 외래 치료, 가족치료, 입원 치료) 또는 기타 접근법(예: 미술치료, DBT, CBT, PST)에 대한 정보가 포함될 수 있다. 또한 비자살적 자해의 충동으로부터 주의를 돌릴 수 있는 대안 행동의 사용에 대한 정보도 포함된다. 제7장과 제8장은 비자살적 자해 치료 방법에 대한 다양한 이론적이고 실질적인 정보를 담고 있다. 정보의 형식은 상담자가 있는 환경에 따라 다를 수 있다. 예를 들어, 학교 환경에서 상담자는 장기 치료를 위한 연계에 대한 정보를 제공할 수도 있다. 하지만 외래 치료 환경에서는 정신건강 전문가는 그들이 제공할 치료법의 유형을 나타낼 수 있다.

일단은 치료가 시작되면, 정신건강 전문가는 가족들에게 어떤 구체적인 접근 방식을 사용하고 있는지, 그리고 가족에게 무엇을 기대할 것인지에 대한 정보를 제공해야 한다. 예를 들어, 제2저자는 자해하는 13세 여성 내담자와 그녀의 어머니와 함께 가족치료 작업을 했다. 그녀는 비자살적 자해 행동(팔을 긋는 행위)에 접근하는 방법을 인지행동이라고 설명했다. CBT를 설명했는데, 특히 생각이 행동에 영향을 미치는 역할과 치료 계획에 대해 초기에 설명하였다. 내담자의 허락을 받아 비자살적 자해의 기능적 행동 분석에 어머니를 포함시켰다. 또한 어머니도 적당할 때 긍정적인 대처 기술을 연마하는 주간 과제에 포함시켰다. [글상자 9-7]에 가족 구성원이 정신건강 전문가와의 첫 약속 이전에 사용할 수 있는 질문과 성찰이 담긴 가족치료 준비 양식이 있다. 이는 상담자가 자해하는 청소년을 위한 예약을 잡을 때 팩스, 이메일, 우편 등의 형태로 가족에게 제공할 수 있다.

[글상자 9-7] **첫 번째 치료 약속 전에 가족을 위한 질문 및 설명**

1. 비자살 자해 전문 인력의 지원을 요청하라.
2. 정신건강 치료 중이라도 아이의 행동이 더 나빠질 수 있다.
3. 비자살적 자해에서 재발한 자녀를 수치스럽게 생각하지 말라.
4. 자신을 위한 지원(부모/간호사)을 준비하라.
5. 자녀를 포함한 각 개인의 자해하는 이유는 다르며, 자해 동기 또한 항상 같지는 않다.
6. 자녀의 자해는 자살 시도가 아닐 수도 있다.
7. 비자살적 자해 행동에 대해 처벌하거나 최후통첩을 하지 말라. 이것은 행동의 빈도, 심각성 또는 비밀을 증가시킬 가능성이 있다.
8. 비자살적 자해에 대한 임시적인 대안으로 신체에 해를 끼치지 않고도 비슷한 통증이나 시각적 반응을 자극할 수 있다.
9. 내담자가 자신이나 다른 사람과의 애착 보장을 향상시킬 수 있을 때 자해를 치료하는 것이 가장 효과적인 것으로 보인다.
10. 당신의 자녀는 계속해서 바람직한 감정과 바람직하지 않은 감정을 느낄 것이다.

출처: Teague-Palmieri & Gutierrez (2016)에서 발췌.

치료와 교육의 일환으로 정신건강 전문가는 부모와 자녀 간의 의사소통을 촉진하여 비자살적 자해에 대한 각자의 감정, 가족의 변화와 사건들, 치료와 연관된 각자의 권리와 책임 등을 다루어야 한다(Yip et al., 2003). 이것은 의사소통 자체가 문제였을 가능성과 자녀의 자해에 대해 부모가 경험할 수 있는 두려움이나 부적절함의 강렬한 감정 때문에 가족과 함께 작업하는 것이 도움이 될 수 있다. Rissanen, Kylm과 Laukkanen(2008)에 따르면, 어떤 부모들은 사춘기 자녀와 비자살적 자해를 논의할 수 있음에 대해 긍정적인 느낌을 받고 심지어 더 가까워졌다고 말하기도 한다.

사후 개입

사후 개입은 역사적으로 자살이나 자살 시도와 같은 위기가 발생한 후에 취해지는 행동으로, 예를 들면 개입이나 교육 등이 포함된다(Shneidman, 1981). 사후 개입은 주로 자살 시도 이후에 취해지는 절차이지만, Trepal 등(2006)은 사후 개입 절차를 비자살적 자해에 대처 중인 가족에게 적용했다. 사후 개입은 비자살적 자해의 치료나 임상 기술이 아니다. 오히려 이해를 높이고 적절한 의뢰를 하는 데 도움을 주기 위한 연속된 개입과 평가이다. 비자살적 자해 치료 중 위기 시기에 가족들은 사후 개입 행동을 마주할 수 있다(예: 비자살적 자해가 처음 발견되거나, 학교 시스템에서 작업할 때, 위기 상황에서). Trepal과 동료들(2006)은 자해에 대한 가족 사후 개입에 ① 정보 및 교육, ② 가족 체계의 평가, ③ 지원, 전문가 연결, 자원과 같은 요소를 포함할 것을 추천하였다. Trepal과 동료들이 적용한 사후 개입 중재 사례는 다음과 같다.

사후 개입 중재 사례

브레나 헤이지먼은 13세이다. 그녀의 부모님은 약 6개월간 별거 중이고 현재도 따로 살고 있다. 브레나는 레이먼드 중학교 7학년이다. 브레나의 어머니는 딸이 최근 화장실 세면대에서 면도날로 비자살적 자해를 행하고 있는 것을 발견했다. 브레나는 울면서 화장실에서 뛰쳐나가 그녀의 방문을 쾅 닫았다. 그녀는 그 일에 대해 엄마에게 말하기를 거부했다. 브레나의 어머니는 그녀의 학교 상담자와 상담을 잡았다. 학교 상담자는 브레나의 어머니와 다음과 같은 비자살적 자해 사후 개입 행동을 취했다.

I. 정보 및 교육

학교 상담자는 브레나의 어머니에게 "자해에 대해 아는 것을 말해보세요."라고 묻는다. 브레나의 어머니는 자신이 많이 알지는 않지만 사람들이 자신을 해칠 때 '미친' 것과 '자살'을 의미한다고 항상 생각해 왔다고 말했다. 학교 상담자는 비자살적 자해의 발병 연령, 치료법 및 예후와 같은 비자살적 자해에 대한 교육적 측면을 적용한다. 학교 상담자는 또한 행동이 겉으로 드러났을 때 브레나와 브레나의 어머니 그 누구도 '문제'가 되지 않도록 탓하기 없기 접근법의 지침을 요구한다. 학교 상담자는 비자살적 자해에 대한 브레나의 어머니의 감정들(그녀의 죄책감, 단절, 염려)을 돌아본다. 학교 상담자는 또한 비자살적 자해에 대한 잘못된 정보(예: 비자살적 자해와 자살은 동의어이다)를 제거한다.

II. 가족 체계의 평가

학교 상담자는 가족 체계를 간략하게 평가한다. 그녀는 브레나가 외동이고 그녀의 부모는 얼마 전에 별거했다는 사실을 알게 된다. 브레나의 아버지는 6개월 전에 따로 아파트로 이사했고, 브레나는 격주로 주말을 아버지와 함께 시간을 보내게 되었다. 학교 상담자는 브레나의 어머니에게 남편과의 관계와 의사소통에 대해서 질문하고, 별거 이전에 꽤 오랫동안 행복한 결혼 생활이 아니었음을 알게 된다. 브레나의 어머니는 껄끄럽긴 하지만 심각한 갈등이 있는 관계는 아니었다고 말한다. 학교 상담자는 브레나의 어머니가 남편에게 브레나의 비자살적 자해에 대해 대화하는 것을 돕기 위한 조치를 취한다. 가족 체계를 탐색하는 것 외에도 학교 상담자는 가족의 의사소통 양식을 탐색하는 것을 고려할 수도 있다. 예를 들어, 부부 관계에 긴장감이 있다면 별거 이전의 소통은 어떠하였는가? 브레나는 그 소통에 관여하고 있는가? 그리고 이 시점에서 별거에 대하여 무엇을 알고 있나? 브레나가 비자살적 자해에 대해 엄마와 대화하는 것은 거부하지만 그녀의 어머니는 브레나에게 비자살적 자해에 대해 어떻게 접근할 것인가?(예: 권위적인 자세로, 권력으로, 또는 회피로) 비자살적 자해의 존재가 가족 역동과 개인적인 관계를 변화시켰는가? 그렇다면 어떻게 변화시켰는가?

Ⅲ. 지원, 연계 및 자원

학교 상담자는 브레나의 어머니에게 그녀가 혼자가 아니며 현재 비자살적 자해 치료를 받고 있는 자녀와 가족이 학교에 여러 명이 있음을 알려 준다. 학교 상담자는 브레나의 어머니에게 이전에 가족을 연계한 적이 있는 지역사회의 개인과 가족 정신건강 전문가 목록을 제공한다. 학교 상담자는 다음 날 학교에서 브레나와 브레나의 어머니에게 희망을 심어 주고 약속을 받기 위해 신경을 쓴다.

가족을 위한 지원과 자료

비자살적 자해에 대한 가족치료의 또 다른 중요한 측면은 지원과 자료들의 강화와 개발이다. 가족이 자해하는 자녀에 대해 걱정할 때 외로움을 느낄 수는 있지만, 거기에는 상당한 지원이 마련되어 있기에 그들이 어떻게 쉽게 접근할 수 있는가를 아는 것이 중요하다.

[글상자 9-8] **가족 지원 자료**

- 학교 상담자에게 연락하기
- 정신건강 전문가에게 아이를 데려갈 수 있는 자원 확보하기
- 정신건강 전문가로부터 자신을 위한 지원 구하기
- 자녀의 소아과 의사에게 전화 걸기
- 1차 진료 의사에게 문의하기
- 친구나 파트너에게 연락하여 감정 처리하기

또한 가족들이 스스로 자신을 돌보는 것이 매우 중요하다. 비행기를 탔을 때 승무원이 안내하는 안전 수칙에 대해 들어본 적이 있는가? 위급할 때 아이에게 산소 마스크를 씌우기 전에 자신이 먼저 써야 할 경우가 발생하는데 이 상황에서도 마찬가지이다. 스스로를 돌보는 사람이 가족을 더 잘 도울 수 있다. 비자살적 자해에 관해 가족, 특히 부모와 법정 보호자가 이용할 수 있는 자료들이 있으니 도움을 받는 것이 필요하다.

도서

이 중 몇몇은 자해하는 이들이 흥미롭게 읽을 수 있는 책들이기도 하지만 가족 구성원들도 쉽게 읽을 수 있는 자료이다.

Alderman, T. (1997). *The scarred soul: Understanding & ending self-inflicted violence*. Oakland: New Harbinger.

Gratz, K. L., & Chapman, A. L. (2009). *Freedom from self-harm: Overcoming self-injury with skills from DBT and other treatments*. Oakland: New Harbinger.

Hollander, M. (2008). *Helping teens who cut: Understanding and ending self-injury*. New York: The Guilford Press(*이 책은 부모를 위한 책입니다).

Khemlani-Patel, S., McVey-Noble, M., & Neziroglu, F. (2006). *When your child is cutting: A parent's guide to helping children overcome self-injury*. Oakland, CA: New Harbinger Publications.

Martin, G., Hasking, P., Swannell, S., & McAllister, M. (2013). *Seeking solutions to self-injury: A guide for parents and families*. Brisbane, Australia: Child and Adolescent Psychiatry, The University of Queensland.

Strong, M. (1998). *A bright red scream: Self-mutilation and the language of pain*. New York: Penguin.

소설책

Levenkron, S. (1997). *The luckiest girl in the world*. New York: Penguin.

McCormick, P. (2002). *Cut*. New York: Scholastic.

웹사이트

Moyer, Haberstroh와 Marbach(2008)는 비자살적 자해에 대한 정보가 온라인에서 폭증하고 있으며, 청소년들이 이러한 웹사이트와 온라인 포럼의 열렬한 사용자라고 보고하였다. 그들은 웹사이트에서 내용, 작성자/지지자 그리고 잠재적으로 자해를 유발할 수 있는 자료가 있는지 확인하도록 권장한다. 또한 Haberstroh와 Moyer(2012)는 일부 내담자가 정신건강 치료를 위한 보충 자료로서 온라인 지원을 구하고 있다고 보고한다. 그렇기에 부모들은 비자살적 자해와 관련된 자녀들의 인터넷 사용도 모니터링하는 것이 좋다.

• 비자살적 자해: 해결이 문제가 될 때(Non-Suicidal Self-Injury: When the Solution Becomes the Problem)

http://www.nssiresource.com/#!parents/c66t

다양한 형태의 소셜 미디어에서 제시된 비자살적 자해 및 그 영향에 대한 정보가 포함되어 있는 사이트이다.

• 자해 및 회복에 관한 코넬 연구 프로그램(The Cornell Research Program on Self-Injury and Recovery)

http://www.selfinjury.bctr.cornell.edu/resources.html

부모나 다른 양육자, 친구, 정신건강 서비스 제공자나 다른 전문가들을 위한 광범위한 자료를 제공한다. 또한 학교에서의 비자살적 자해, 치료법, 허구 제거, 도움이 되는 웹사이트, 비디오 및 서적에 관한 정보와 자료가 있으며, 자녀 양육 전략에 대한 구체적인 자료가 제공되는 웹사이트이다.

• 자해 봉사와 지원-부모 페이지(Self-injury Outreach and Support)

http://www.sioutreach.org/learn/parents

이 비영리 봉사 그룹은 정보와 자료를 제공하며, 부모들을 위한 페이지에는 치료에 대한 정보, 자해에 대해 대화하는 방법, 권장 도서 및 기타 자료들이 포함되어 있다.

• S.A.F.E. 대안(S.A.F.E. ALTERNATIVES)

http://www.selfinjury.com

치료 방법, 전문가 네트워크 및 기타 교육 자료들에 대한 정보를 제공하여 사람들이 자해적 행동을 끝내도록 도와주는 웹사이트이다.

• 청소년 자해 재단(Adolescent Self-Injury Foundation)

http://www.adolescentselfinjuryfoundation.com/page7

청소년과 젊은 성인들 그리고 그들의 가족을 위하여 회복 과정에 희망을 제공하고자 하는 비영리 단체 사이트이다. 여기에는 오해와 위기 신호를 포함한 자해에 대한 정보와 자해하는 사람의 가족과 친구들을 위한 정보가 있다.

결론

가족의 지지는 비자살적 자해 치료에서 매우 중요한 부분이다. 하지만 가족은 비자살적 자해와 치료에 대한 정보를 많이 얻기 힘들다. 자해하는 사람들은 낙인찍혀서는 안 되며 비자살적 자해가 가족의 유일한 초점이 되어서는 안된다는 점을 기억해야 한다. 내담자들은 여전히 인생의 다른 영역들과 과제들(우정, 사랑, 교육, 영성, 가족, 커리어)에서 성장과 발전을 위해 도움이 필요하다(Yip, 2006). 이 장에서 제시된 교육과 정보가 이러한 우려를 완화시키고, 그리하여 가족들이 치료의 여정을 더 잘 대비할 수 있기를 희망한다.

참고문헌

Berg, R., Hendricks, B., & Bradley, L. (2009). Counseling suicidal adolescents within family systems: Ethical issues. *The Family Journal: Counseling and Therapy for Couples and Families, 17*(1), 64-68. doi: 10.1177/1066480708328601

Byrne, S., Morgan, S., Fitzpatrick, C., Boylan, C., Crowley, S., Gahan, H., Howley, J., Staunton, D., & Guerin, S. (2008). Deliberate self-harm in children and adolescents: A qualitative study exploring the needs of parents and carers. *Clinical Child Psychology and Psychiatry, 13*(4), 493-504. doi: 10.1177/1359104508096765

Chapman, A. L., & Dixon-Gordon, K. L. (2007). Emotional antecedents and consequences of deliberate self harm and suicide attempts. *Suicide and Life-Threatening Behavior, 37*, 543-552.

Conterio, K., Lader, W., & Bloom, J. K. (1998). *Bodily harm: The break-through healing program for self-injurers*. New York: Hyperion.

Haberstroh, S., & Moyer, M. (2012). Exploring an online self-injury support group: Perspectives from group members. *The Journal for Specialists in Group Work, 37*(2), 113-132. doi: 10.1080/01933922.2011.646088

Hoffman, R. M., Hinkle, M. G., & Kress, V. E. (2010). The use of letter writing in family therapy for adolescent non-suicidal self-injurious behavior. *The Family Journal, 18*, 24-30.

Kettlewell, C. (2000). *Skin game: A memoir*. New York: St. Martin's Press.

Klonsky, E. D., Muehlenkamp, J. J., Lewis, S. P., & Walsh, B. (2011). *Nonsuicidal self-injury: Advances in psychotherapy evidence-based practice*. Cambridge, MA: Hogrefe.

Levenkron, S. (1998). *Cutting: Understanding and over-coming self-mutilation*. New York, NY: W. W. Norton & Company.

Lifesigns Parent Fact Sheet (2008). Retrieved from http://www.berkeley87.org/vimages/shared/vnews/stories/5395b9884ba4c/Self%20Injury%20factsheet-parents-v4.pdf

Martin, J., Bureau, J., Cloutier, P., & Lafontaine, M. (2011). A comparison of invalidating family environment characteristics between university students engaging in self-injurious thoughts & actions and non-self-injuring university students. *Journal of Youth Adolescence, 40*, 1477-1488.

Moyer, M., Haberstroh, S., & Marbach, C. (2008). Self-injurious behaviors on the net: A survey of resources for school counselors. *Professional School Counseling, 11*(5), 277-284.

Purington, M., & Whitlock, J. (2013). *Family policies: Safety concerns and contracts*. The Practical Matters series, Cornell Research Program on Self-Injury and Recovery. Ithaca, NY: Cornell University.

Rissanen, M. L., Kylm, J. P. O., & Laukkanen, E. R. (2008). Parental conceptions of selfmutilation among Finnish adolescents. *Journal of Psychiatric & Mental Health Nursing, 15*(3), 212-218. doi: 10.1111/j.1365-2850.2007.01214.x

Selekman, M. D. (2009). *The adolescent & young adult self-harming treatment manual: A collaborative strengths-based brief therapy approach*. New York: W. W. Norton & Company.

Shneidman, E. S. (1981). Postvention: The care of the bereaved. *Suicide and Life-*

Threatening Behavior, 11, 349-359.

Suyemoto, K. L. (1998). The functions of self-mutilation. *Clinical Psychology Review, 18*(5), 531-554.

Teague-Palmieri, E. B., & Gutierrez, D. (2016). Healing together: Family therapy resources and strategies for increasing attachment security in individuals engaging in nonsuicidal self-injury. *The Family Journal: Counseling and Therapy for Couples and Families, 24*(2), 157-163. doi: 10.1177/1066480716628629

Toprak, S., Cetin, I., Guven, T., Can, G., & Demircan, C. (2011). Self-harm, suicidal ideation and suicide attempts among college students. *Psychiatry Research, 187* (1-2), 140-144.

Trepal, H., Wester, K., & MacDonald, C. (2006). Self-injury and postvention: Responding to the family in crisis. *The Family Journal: Counseling and Therapy for Couples and Families, 14*, 342-348.

Walsh, B. W., & Rosen, P. M. (1988). *Self-mutilation: Theory, research, and treatment*. New York: Guilford.

Whitlock, J., & Purington, M. (2013a). *Dealing with power struggles*. The Practical Matters series, Cornell Research Program on Self-Injury and Recovery. Ithaca, NY: Cornell University.

Whitlock, J., & Purington, M. (2013b). *Respectful curiosity*. The Practical Matters series, Cornell Research Program on Self-Injury and Recovery. Ithaca, NY: Cornell University.

Yip, K. (2005). A multi-dimensional perspective of adolescent's self-cutting. *Child and Adolescent Mental Health, 10*, 80-86.

Yip, K. (2006). A strengths perspective in working with an adolescent with self-cutting behaviors. *Child and Adolescent Social Work Journal, 23*(2), 134-146. doi: 10.1007/s10560-005-0043-4

Yip, K., Ngan, M., & Lam, I. (2003). A qualitative study of parental infl uence on and response to adolescent's self-cutting in Hong Kong. *Families in Society, 84*(3), 405-416.

제10장

수퍼비전 쟁점

자해하는 내담자와 작업하는 정신건강 전문가의 수퍼비전은 상담자의 성장과 내담자의 관리를 위해 필수적이다. 그러므로 이 장에서는 수퍼비전을 설명하고, 비자살적 자해를 하는 내담자와 상담하는 수퍼바이지와 작업하는 수퍼바이저를 위한 제안과 지침을 제시한다.

수퍼바이지는 정신건강 전문가로서 먼저 개인적 치료를 위해 수련을 한다. 이들은 내담자를 자신의 실습 수업이나 인턴 기간 충족 요건으로 간주하는 실습 수련생이거나 개인 면허를 위해 전문 감독 아래 실습 시간을 수련 중인 허가 이전의 상담자일 수 있다. 훈련 중인 상담자에게 있어 교육 전과 후의 중요한 성장적 차이가 있을지라도, 적극적인 임상 수퍼바이저 존재는 안정적인 구성 요소가 된다. 교육 전후 수퍼비전 과정에서 수퍼바이저는 훈련 중인 상담자의 관리하에 있는 내담자의 복지에 대한 절대적인 책임을 지고 있다. 그러므로 수퍼바이지가 내담자와 작업하는 것에 대해 최선으로 감독하고 안내하기 위해서 수퍼바이저가 자해하는 내담자와 연관된 주요한 문제들에 대해 분명히 이해하는 것이 매우 중요하다.

다음을 상상해 보자. 당신은 큰 규모의 정신건강 센터에서 일하는 임상 수퍼바이저이다. 실제 내담자, 특히 비자살적 자해와 같은 어려운 문제를 가진 내담자와 작업한 경험이 없는 몇몇의 초보 수퍼바이지가 있다. 높은 자해 비율을 감안할 때, 당신의 수퍼바이지는 자해 행동을 하는 내담자와 함께 작업할 가능성이 높다. 이런 문제에 어떻게 접근할 것인가? 수퍼바이저는 발달적·임상적·윤리적·법적인 부분에서 무엇을 고려해야 하나? 이 일을 위해 수퍼바이저는 어떻게 준비해야 할까?

무엇이 '수퍼비전'인가

수퍼비전은 "일반적으로(항상은 아니지만) 같은 직종의 선배 구성원이 후배 구성원에게 제공하는 개입이다. 이런 관계는 평가적이고 체계적이며, 긴 시간 동안 진행되며, 동시에 후배 상담자의 전문적 기능을 향상시키는 것을 목적으로 한다. 뿐만 아니라 내담자에게 제공되는 전문적인 서비스의 질을 관리하며, 수퍼바이지가 진입하고자 하는 직업의 문지기(gatekeeper) 역할을 하는 것"이다(Bernard & Goodyear, 2014, p. 9). 그러므로 수퍼비전은 임상적·행정적·평가적 기능이 있다.

수퍼바이저는 수퍼비전에 대한 다양한 접근법을 가지고 있는데, 이는 종종 발달, 이론, 역할 기반 구성 요소를 포함한다(Bernard & Goodyear, 2014). [그림 10-1]에서 볼 수 있듯이, 수퍼바이저는 다양한 역할을 맡고 있다. 수퍼바이저는 모든 것을 상담자의 발달 단계를 염두에 두고 내담자 관리에 세심한 관심을 가지며 관리해야 한다. [그림 10-1]에서 원은 수퍼바이저의 핵심 초점(내담자의 관리에 신경을 쓰고, 상담자의 발달을 촉진하며, 행정적인 역할을 운영하며, 상담자를 평가한다)을 나타내고 있다. 이러한 중심 요소들은 매 회기의 수퍼비전 중 우선순위가 정해지는 대로 회전한다. 모든 것이 중요하지만, 수퍼바이저는 우선순위를 정해서 하나의 영역에 집중해야 한다.

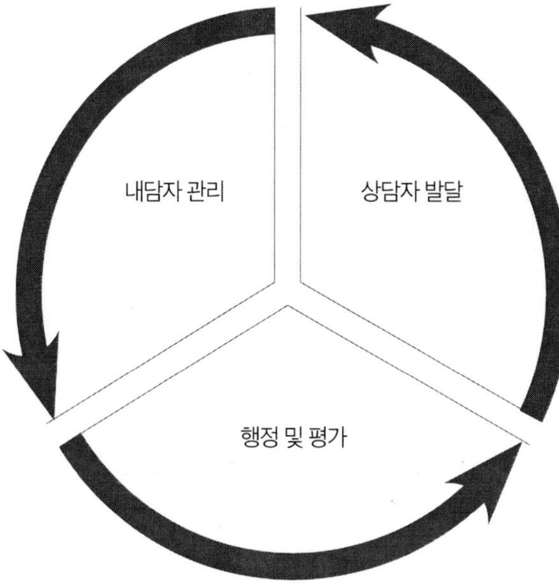

[그림 10-1] 수퍼비전의 동시적 역할과 기능

수퍼바이저를 위한 제안

수퍼비전 문헌(Bernard & Goodyear, 2014; Boie & Lopez, 2011; Hoffman & Kress, 2008)에서는 다양한 치료 환경에서 자해하는 내담자를 상담하는 수퍼바이지와 작업하는 수퍼바이저를 위한 직접적인 제안이 수록되어 있다. 제안들은 ① 비자살적 자해에 있어 수퍼바이저의 역량, ② 수퍼비전 모델의 활용, ③ 수퍼바이지 비자살적 자해 교육, ④ 위험 관리, ⑤ 상담 환경의 차이, ⑥ 개인적인 반응 관리하기를 포함한다. 다음에서 각 제안이 다루어질 것이다.

수퍼바이저의 비자살적 자해 역량

자해하는 내담자를 상담하는 수퍼바이지와 작업하기 위해서는 먼저 수퍼바이저는 자신의 비자살적 자해에 대한 역량과 편안함을 먼저 평가해야 한다(Hoffman & Kress, 2008). [글상자 10-1]은 비자살적 자해에 대한 수퍼바이저의 경험과 역량, 준비 및 편안함을 결정하는 데 사용할 수 있는 몇 가지 초기 반영 질문을 제공한다. 어떤 영역이든 우려가 있다면, 수퍼바이저는 수퍼비전을 받거나 동료 상담자를 찾거나 혹은 더 적합한 수퍼바이저에게 수퍼바이지를 의뢰해야 한다(Hoffman & Kress, 2008).

[글상자 10-1] **비자살적 자해 역량에 대한 수퍼바이저 반영 질문**

현재 당신이 수퍼바이저라면, 수퍼바이저로서 보낸 시간을 떠올려 보라.

자신에게 다음과 같은 질문을 해 보자.

- 효과적인 상담자가 되도록 도와준 수퍼바이저의 장점은 무엇인가?
- 수퍼바이저의 뒤를 이어 모델로 하는 것은 무엇이고, 무엇을 다르게 하고 왜 그렇게 하는가?

이제 자해를 하는 내담자와의 경험을 생각해 보자.

- 자해한 첫 내담자를 기억하는가? 자해 행동을 하는 내담자와 작업해 본 적이 없다면, 당신이 불확실하거나 익숙하지 않은 행동을 하는 다른 내담자를 생각해 보라.
- 이런 행동을 어떻게 배웠는가?
- 최고의 스승을 경험했는가?
- 수퍼비전이나 지속적인 교육을 받았는가? 각각에 대해 무엇이 도움이 되었나?

• 자해를 하는 내담자와 함께 작업할 때 당신의 편안함은 어떠한가?

비자살적 자해 내담자와 만나고 있는 수퍼바이지들과 함께 작업할 준비도를 정확하게 평가하라.

수퍼비전 모델 활용하기

앞서 언급하였듯이 수퍼바이저들은 수퍼바이지의 성장과 내담자의 관리를 포함하여 수퍼비전에 작동하는 많은 부분에 주의를 기울여야 한다. 어떤 종류의 수퍼비전 관계를 접근할 때 수퍼바이저가 수퍼비전의 목표와 결과를 구성할 수 있는 모델을 활용한다. 상담 이론과 비슷하게 다양한 모델과 접근법이 임상 수퍼비전에 존재한다. 다양한 모델은 수퍼바이지의 성장, 특정한 이론적 접근 혹은 수퍼바이저가 수행할 역할 등에 중점을 둔다. 수퍼비전 모델 중 하나인 구별 모델(과정 모델; Bernard, 1979)을 자세히 다룰 것이다. 이 모델은 비자살적 자해와 관련된 수퍼비전의 측면을 표현할 수 있는 실용적인 유용성과 구조 때문에 선택되었다.

구별 모델

Bernard(1979)는 수퍼바이저가 수퍼비전에서 선택한 사항을 조직할 수 있는 견본을 제공하기 위해 구별 모델(discrimination model)을 개발했다. 이 모델은 꽤 간단하게 사용할 수 있다. 여기에는 3개의 역할(교사, 상담자, 자문가)과 3개의 수퍼비전 초점(개입, 개념화, 개인화)이 포함된다. 교사 역할은 직접적인 지시와 피드백 혹은 모델링을 제공하기 위해 사용된다. 상담자 역할은 수퍼바이저가 수퍼바이지의 내면의 과정에 집중하고 반영적인 과정을 돕고자 할 때 활용된다. 마지막으로, 자문가 역할은 조금 더 동료와 같은 자세로 들어가 수퍼바이지가 스스로의 답을 찾도록 격려하고자 할 때 사용된다(Bernard & Goodyear, 2014, p. 52). 세 가지 초점은 수퍼바이저가 치료 시간을 특정 집중 영역으로 좁히는 데 사용할 수 있다. 자세히 살펴보면, 개입 초점은 수퍼바이지의 상담 시간에서의 실제적인 기술을 포함한다. 개념화 초점은 수퍼바이지가 사례를 개념화하는 방법이나 그들이 선택한 개입에 집중한다. 마지막으로, 개인화 초점은 객관성과 수퍼바이지의 경험과 해석의 렌즈를 통해 내담자를 보는 것 사이에서의 균형을 포함한다. 따라서 수퍼비전의 어떤 상황에서든, 수퍼바이저는 아홉 가지 방법 중 하나로 반응할 수 있다. 〈표 10-1〉은 실제 모델의 예를 보여 준다(Bernard & Goodyear, 2014).

구별 모델을 사용하는 수퍼바이저는 어떤 특정 영역(비자살적 자해 평가를 수행한다든지 내담자에게 강한 반응을 보인다든지)에서 수퍼바이지가 힘들어하는지 평가할 수 있다. 그렇게 하면 수퍼바이저는 치료 시간에 초점을 맞추어 어떤 접근법을 사용할지 정할 수 있게 된다. 예를 들면, 수퍼바이지가 비자살적 자해 평가를 어떻게 진행할지 분명하지 않다면, 수퍼바이저는 교사 역할을 취하며 개입에 초점을 두고 수퍼바이지가 적절한 비자살적 자해 평가 도구를 선택하고, 어떻게 질문할지 배우고, 어떻게 평가를 실행할지 이해하도록 도울 수 있다. 하지만 만약 내담자가 자해 행동을 한다는 것에 대해 수퍼바이지가 충격을 받아 강한 혐오감의 개인적 반응을 보인다면, 수퍼바이저는 상담자 역할을 취하고 개인화 초점에서 시작하여 수퍼바이지의 비자살적 자해와 내담자에 대한 개인적 반응을 탐색하고 난 뒤, 수퍼바이지가 내담자의 비자살적 자해에 대한 동기의 목적을 더 잘 이해하도록 돕기 위해 개념화에 초점을 맞춘 교사나 자문가 역할로 전환할 수 있다.

구별 모델은 특히 상담자 역할에서 수퍼바이저 입장으로 전환하는 데 어려움을 겪는 신규 수퍼바이저에게 도움이 된다. 수퍼비전 회기에 결정해야 할 것들에 대해 구체적인 지도를 제공한다. 구별 모델 이외에도 상담자와 협력할 수 있도록 돕

〈표 10-1〉 수퍼비전 실무에서의 구별 모델

수퍼비전의 초점	교사	상담자	자문가
개입	수퍼바이저는 DBT의 사슬(chain) 분석을 사용하여 비자살적 자해 평가에 대한 수퍼비전 세부 사항을 가르치고 회기에서 이를 모델링한다.	수퍼바이저는 수퍼바이지와 함께 내담자에게 도전적인 기술을 연습하여 수퍼바이지가 이 기술에 편안하게 대처할 수 있도록 한다.	수퍼바이저는 내담자와 함께 사용할 새로운 기술을 브레인스토밍하는 데 도움을 준다.
개념화	수퍼바이저는 내담자와 비자살적 자해 평가를 수행하는 수퍼바이지의 비디오를 보고 피드백을 제공한다.	수퍼바이저는 수퍼바이지와 함께 내담자를 주목하는 것에 대해 상반되는 감정을 처리한다.	수퍼바이저는 치료 추천 옵션을 생성하도록 도와준다.
개인화	수퍼바이저는 수퍼바이지에게 특정 내담자와의 회기에서 자신에게 떠오르는 감정을 스스로 파악하도록 가르친다.	수퍼바이저는 내담자에 대한 수퍼바이지의 강한 대인관계적 반응을 처리하는 것을 돕는다.	수퍼바이저는 내담자에 대한 강한 대인관계 반응을 줄이기 위한 잠재적인 해결책을 논의한다.

는 수퍼비전 모델이 다양하게 있으나 구별 모델은 수퍼비전을 위해 널리 사용되고 잘 알려진 모델이다.

비자살적 자해에 대한 수퍼바이지 교육

어떤 종류의 수퍼비전 모델을 사용하든, 교육은 항상 수퍼비전의 중요한 요소이다. 교육에 대한 새로운 연구를 검토한 결과, McHale과 Felton(2010)은 비자살적 자해의 교육과 훈련의 부재는 이런 행동들에 대한 부정적인 태도와 직접적으로 관련이 있다는 것을 발견했다. 비자살적 자해에 대한 구체적인 교육은 임상 작업의 효과에 있어서 중요한 역할을 한다(Zila & Kiselica, 2001). 추가적으로, De Stefano,

Atkins, Nelson Noble과 Heath(2012)는 한 명의 자해하는 내담자와 작업했던 훈련 중인 상담자들을 인터뷰했다. 상담자들은 강한 반응을 일으키는 것, 윤리적 법적 문제가 발생할 염려, 자해하는 내담자와 작업하는 것에 대한 자신들의 역량에 대한 불신 등으로 인해 비자살적 자해 행동들은 작업하기 어렵다고 보고했다. 그들은 스스로의 감정을 다루는 방법을 배우고, 이런 행동들을 진정으로 이해하고, 자해하는 내담자와 함께 작업하기 위해 최선의 방법을 탐색하는 과정에서 수퍼바이저의 엇갈리는 지원을 느꼈다고 보고했다. 그러므로 상담자들은 상담 과정에서 나타나는 행동들을 개념화하고 치료하는 방법을 포함하여 비자살적 자해의 내부 모델을 구성하였다(DeStefano et al., 2012).

따라서 자해하는 내담자와 작업하는 수퍼바이지와 수퍼바이저에게 있어 훈련과 교육은 중요한 것이다. DeStefano와 동료들(2012)은 연구에 참여한 대부분의 상담자가 자해하는 내담자와 작업할 때 관계에 집중하고(즉, 공감을 사용하거나 내담자를 이해하고 공감하려 노력하며, 걱정을 표현하기 위한 안전한 공간을 제공한다) 특정한 기술, 기법, 전략을 사용하지 않았다고 한다. 비자살적 자해에 대한 기본적인 지식은 행동의 발전과 유지에 관한 이론뿐만 아니라 평가 문제, 비자살적 자해 유형, 효과적인 것으로 알려진 특정한 종류의 치료법 등을 포함한다.

비자살적 자해와 관련해서 내담자의 문화적 배경이 중요한 역할을 한다(Wester & Trepal, 2015)는 점을 고려할 때, 수퍼바이저는 이런 주제를 탐구하도록 권장된다. 예를 들어, 수퍼바이저는 수퍼바이지가 십 대 흑인 미국인 내담자에게 있는 것으로 알려진 다양한 문화적 강점(예: 가까운 가족과 공동체 관계)과 염려(예: 켈로이드[1] 흉터)를 배

1) 역자 주: 켈로이드란 피부 손상 후 이루어지는 상처 치유 과정에서 비정상적으로 섬유 조직이 밀집되게 성장하는 질환으로 본래 상처나 염증 발생 부위의 크기를 넘어서 주변으로 자라는 성질을 말한다. 켈로이드는 주로 흑인이나 피부색이 짙은 인종에서 발생한다.

우도록 권장하고 수퍼바이지가 이런 주제에 대해 연구를 진행하도록 권장할 수 있다(Hoffman & Kress, 2008).

[글상자 10-2] 비자살적 자해 교육을 위한 수퍼바이저 전략

- 수퍼바이저가 비자살적 자해 평가를 모델링하고 시연하는 역할극
- 초청 연사
- 비자살적 자해 및 기타 미디어(영화, 미디어)와 관련된 소셜 미디어 사이트 보기
- 자살 평가, 진단 및 특징 치료 양식(예: DBT)에 대한 워크숍
- 개념화 및 치료 계획에서 내담자의 문화적 배경에 대한 역활 고려하기

비자살적 자해와 자살을 구별하기

Hoffman과 Kress(2008)는 수퍼바이저가 수퍼바이지에게 반드시 인지시켜야 하는 평가와 관련된 중요한 것은 비자살적 자해 행동과 자살을 구별하는 것이라고 강조했다. 두 행동 간의 관계는 복잡하기에 수퍼바이저에게 자살 평가에 대한 수퍼바이지의 능력과 기술을 모니터하도록 제안한다. 당연히, 초보 상담자들은 내담자가 자살 충동을 보고하면 무엇을 해야 할지에 대해 불확실해한다. 또한 비자살적 자해에 대한 부족한 지식으로는 비자살적 자해를 자살적 행동이라고 가정하는 실수를 하곤 한다. 정신건강 전문훈련 프로그램은 자살 평가에 대한 일반적인 정보를 다룬다. 하지만 Junke(1994)는 자살 평가에 대한 수퍼바이지 훈련에 위험 요인에 대한 평가의 교육과 실습, 분명하고 통합적인 사례개념화를 해내는 능력, 내담자의 안전 위험을 최소화하기 위한 다음 단계 개입을 제안할 수 있는 능력을 포함

시켜야 한다고 제안했다. 물론 자살에 대한 위험 요인에는 비자살적 자해 행동이 포함되어 있는 것으로 밝혀졌다. 하지만 현재로서 비자살적 자해는 훈련 과정에서 일반적인 주제가 아니다.

마지막으로 새롭고 변화하는 비자살적 자해 평가와 치료 방법에 대한 지속적인 교육을 언급할 필요가 있다. 윤리 강령과 실천 기준이 변화함에 따라 수퍼바이저와 수퍼바이지 모두 이 분야의 현 성장에 발을 맞출 필요가 있다. 10년 전만 해도 비자살적 자해의 정의는 여전히 약물 남용, 과다 복용, 자살극과 같은 행동과 뒤섞여 있었다. 비자살적 자해는 진단의 범주에 포함조차 되어 있지 않고, 경계선 성격장애의 진단 기준 중에 한 증상에 불과했다. 따라서 비자살적 자해에 대한 지식(다른 임상 증상과 함께)은 빠르게 변할 수 있어 수퍼바이저와 상담자들은 연구에 발맞춰 나갈 필요가 있다.

[글상자 10-3] **위험 평가 전략**

- 자살과 위험성 평가 모두에서 역할극을 실시한다.
- 위험성 평가 시 질문해야 할 필수 질문에 대한 퀴즈를 감독한다.
- 수퍼바이지에게 위험성 평가 프로토콜을 작성하여 이해도를 확인한다.
- 수퍼바이지에게 작업 환경에 적합한 비상 연락 절차를 작성하도록 한다.
- 위험성 평가를 수행하는 수퍼바이지를 실시간 관찰한다.

위험 관리

위험 관리는 수퍼바이저에게 중요한 고려 사항이다. 예를 들면, 제5장에서 다루어졌듯이 비자살적 자해와 관련된 진단 문제는 복잡하다. 수퍼바이저는 궁극적으로 수퍼바이지가 보는 내담자에 대한 책임을 가지는데, 자해를 하는 내담자와 관련된 평가와 위험 관리에 대한 적절한 감독 수준을 유지하는 것이 중요하다. Hoffman과 Kress(2008)는 수퍼바이저가 비자살적 자해와 관련된 수퍼바이지의 평가 기술을 면밀히 주시할 것을 제안한다. 고위험 행동은 실제 자해(예: 내담자가 보통 약물 사용이나 분노로 인해 옴짝달싹 못할 때 자해를 한다)에 대한 안전 문제나 자해 방법에 대한 실질적인 염려(예: 여러 자해 사건에 걸쳐 내담자가 면도날을 씻지 않고 재사용을 하거나 다른 자해하는 이들과 도구를 공유한다)를 포함한다. 수퍼바이저는 우발적인 죽음이나 자신에게 상처를 입힐 수 있는 고위험군이라 여겨지거나 심각한 조직 손상을 일으키는 비자살적 자해와, 덜 심각하거나 낮은 위험군이라 여겨지는 비자살적 자해 행동의 차이를 수퍼바이지(혹은 초보 상담자)가 이해하도록 도와야 한다. 이런 평가와 진단은 비밀보장 조항이 언제 어겨질지에 대해 영향을 줄 수 있다(더 많은 정보는 제6장 참조).

위험 관리에서 또 다른 중요한 영역은 상처 치료이다. 적절한 상처 치료가 되지 않거나 상처가 치료되기 전에 반복적으로 자해하는 내담자의 경우에는 1차 및 2차 감염의 위험이 높기 때문에 직접적인 의료 개입이 필요할 수 있다.

수퍼바이저는 수퍼바이지에게 사용되는 비자살적 자해 방법, 빈도, 지속 시간, 동반하는 생각에 대한 관련 정보를 모으는 것을 포함하는, 사려 깊고 상세한 위험 평가를 하도록 준비해야 한다(접수면접과 비자살적 자해 평가에 대한 더 많은 정보는 제4장 참조). 이는 수퍼바이지가 사후 대응 능력이 떨어지는 위험(예: 비자살적 자해와 관련된 의료적 위험 가능성이나 자살 위험을 증가시킬 가능성으로 이어지는) 또는 과민반응적 자세(예: 자세한 평가 전에 내담자를 병원으로 보내 검진을 받도록 하는 경우; Hoffman & Kress, 2008)의 위험이 있기에, 수퍼바이지에게 비자살적 자해 평가에 대한 교육을 제공하고 안내하는 교사의 역할에서 수퍼바이지와 함께 수퍼비전 회기에 접근하는 것이 중요한 시점이다. 수퍼바이지와 함께 위험 평가를 위한 구조를 제공하는 수퍼비전 계획을 세우는 것도 좋은 방법이다(Hoffman & Kress, 2008). 환경에 따라 그 계획은 당연히 변해야겠지만, 다음과 같은 목록을 포함해야 한다. ① 수퍼바이지가 내담자의 비자살적 자해에 대한 즉각적인 반응을 기록하기, ② 다음 회기에서는 무엇을 할지에 대한 뚜렷한 선택(예: 수퍼바이저에게 즉시 연락하여 위험 평가에 대한 도움을 받고, 특정 평가 절차를 밟는 등), ③ 평가에 따른 특정 선택(예: 입원에 대해서는 누구에게 연락할 것이며, 만약 미성년자라면 어떻게 할 것인가 등) 등과 같은 항목을 포함할 수 있다(Hoffman & Kress, 2008).

수퍼바이저는 수퍼바이지의 임상적 성장과 내담자의 치료에 책임이 있으므로 수퍼바이지의 내담자와의 작업에 대한 직접적인 자료를 수집하는 것이 필요하다(Hoffman & Kress, 2008). 수퍼바이저가 수퍼바이지로부터 얻을 수 있는 가장 일반적인 자료는 '자기보고'이다. 자기보고는 일반적으로 수퍼바이지가 수퍼바이저에게 무엇이 일어났는지 간단하게 설명하는 것이다. 의도했든 그렇지 않든 간에 수퍼바이지의 관점에서 중요한 정보가 걸러지고 누락될 수 있기에 자기보고의 자료는 신뢰성이 높지는 않다. 예를 들면, 상담자가 "한 번이라도 자해하고 싶다고 느낀 적 있나요?"라는 질문을 했고 내담자가 "네."라고 답했다고 생각해 보자. 상담자는 그런 행동의 최근성을 질문할 수도 있다. "마지막으로 자해하고 싶었던 적은 언제인가요?" 이에 내담자는 "넉 달 전입니다."라고 답할 수 있다. 상담자는 이 시점에서 자해나 비자살적 자해가 더 이상 내담자에게 문제가 아니라고 판단하고 일반적인 접수면접 단계로 진행할 수 있을 것이다. 상담자는 올바르게 평가를 진행하였다고 느끼기 때문에 수퍼바이저에게 이런 점을 보고하지 않을 수 있지만 사실은 그런 행동의 실질적인 의도, 행동의 결과, 자해를 하고 싶은 생각 등을 탐색하기 위한 더 많은 질문을 해야 하는 상황일 수도 있다. 그렇기에 자기보고에 의존하는 것은, 특히 수퍼바이저가 수퍼바이지를 이해하고 위험 평가를 알려 주려 하는 수퍼비전에서 가장 적절한 방법은 아니다.

수퍼바이지는 경험 부족으로 인해 해당 항목을 놓치거나 내담자의 행동이나 단어를 회기 중에 잘못 해석할 수 있다. 한 가지 예로, 한 내담자가 접수면접 내내 눈 마주침을 유지하다가 자살이나 자해 질문에 대해서 뒤로 젖히고 다른 곳을 보면서 "아니요."라고 중얼거리는 것이다. 내담자의 언어적 반응과 비언어적 행동의 불일치는 알아차려야 할 중요한 요소이지만 초보 상담자는 수퍼비전에서 이런 점을 무심코 놓칠 수도 있다. 그러므로 수퍼바이저는 상담 회기의 직접적인 관찰, 사례 노트 및 치료 계획 검토, 회기의 기록과 기록에 대한 정기적인 검토를 통해 추가적인 자료를 수집하는 것을 기억해야 한다.

위험 관리의 마지막 중요한 측면은 문서화이다. 제6장에서 언급했듯이, 사례 노트와 같은 문서는 내담자의 진행 상황을 추적하고 관리를 모니터링하는 데 있어서 매우 중요하다. 수퍼비전 노트도 비슷한 방식으로 기능한다. 수퍼바이저는 내담자와의 회기를 문서화하고 상담자의 성장과 내담자 치료 방법 권고에 대한 정보를 기록한다. 앞에서 설명한 위험 관리 권고 사항에 따라 수퍼바이저들은 위험 관리 교육뿐 아니라 수퍼바이지 지시 사항 및 그에 따른 조치를 수퍼비전 회기 기록에 문서화하도록 주의해야 한다.

상담 설정

수퍼비전의 또 다른 중요한 고려 사항은 수퍼바이지의 상담이 이루어지는 환경에 대한 설정이다. 예를 들어, 비자살적 자해의 통계에 따르면 초등학교에서 고등학교까지 학교에서 일하는 상담자는 발달적인 문제와 관련된 비자살적 자해에 대한 구체적이고 일반적인 지식을 지니고 있어야 할 것이다. 또한 대학에서 일하는 수련 중인 상담자도 비자살적 자해 행동을 하는 내담자를 만날 가능성이 높다. 마지막으로, 거주치료 센터나 병원 환경에서 일하는 수련 중인 상담자 역시 무수히 많은 다른 심각한 증상과 진단을 가진 자해하는 내담자와 작업할 가능성이 높다. 그렇기에 치료 설정은 특정한 한계(자해하는 학생 및 내담자와 작업할 때 포함하는 개입에 대한 윤리적 절차적 함의 포함)를 지닌다. 따라서 임상 수퍼바이저는 이러한 한계를 인지하고 있는 것이 매우 중요하다. 마지막으로, 수퍼바이저는 첫 번째 회기를 앞두고 수퍼바이지가 특정 상황 속에서 위기 절차를 인지하고 있는지 확인할 것을 권장한다. 왜냐하면 그들이 작업하는 환경에서 언제나 위기에 대한 계획을 해 둘 수는 없기 때문이다. 수퍼바이저는 수퍼비전 회기에서 교사의 역할로 진입하며, 잠재적인 위기 상황들을 역할극으로 연기하도록 제안한다(Hoffman & Kress, 2008).

개인적인 반응 관리하기

앞서 언급한 바와 같이, 수퍼바이저와 수퍼바이지는 자해하는 내담자에게 강한 개인적인 반응을 보일 수 있다. 간호사와 같은 다른 건강 전문가들에게도 죄책감, 불안, 좌절감, 혼돈 등을 포함하는 비자살적 자해에 대한 반응을 보이는 것으로 관찰되었다(Rayner, Allen, & Johnson, 2005). 학위 수준에서 훈련 중인 상담자에 대한 최근 연구에서는 그들이 자해하는 내담자에게 부정적인 반응을 보였다고 한다(DeStefano et al., 2012). 수퍼바이지가 내담자에게 반응하는 방식도 긍정적이든 부정적이든 그들의 치료적 결정에 영향을 줄 수 있다. 예를 들어, 자해 행동을 관계를 조종하기 위한 행동으로 해석하여 내담자에게 분노를 느끼는 수퍼바이지가 있다면, 수퍼바이지는 내담자와 그들의 관심사에 대해 공감을 나타내지 못할 수 있다. 또한 이런 감정은 수퍼바이지가 회기를 어떻게 진행할지(예: 그들이 주의를 기울이는 역동)에 영향을 줄 수 있다. 한편, 자해하는 어떤 내담자에 대해 속수무책이라 여기는 수퍼바이지가 있다면, 자신이 느끼는 감정은 평가와 치료 개입에 대한 수퍼바이지의 자신감을 약화시킬 수 있다.

이제 수퍼바이저가 비자살적 자해 행동에 대해 강한 반응을 보인다고 생각해 보자. 이는 내담자와 작업할 때 회기 중에 수퍼바이지의 적절한(혹은 정말로 부적절한) 행동에 대한 교수나 모델링을 초래할 수 있다. 그러므로 자해하는 내담자에 대한 개인적인 반응을 관리하는 것은 매우 중요하며, 수퍼바이저는 이런 부분을 모델링하는 데 도움이 될 수 있다(Hoffman & Kress, 2008). 수퍼바이저 동맹 혹은 수퍼바이저와 수퍼바이지 사이의 작업 관계는 특히 수퍼비전에서 결정적인 요소이다. 튼튼한 동맹은 비자살적 자해에 대한 수퍼바이지의 상충되는 감정들(예: 공감과 충격/판단)을 탐색하는 데 도움이 된다. 그러므로 치료적 관계는 그것이 내담자와의 성과에 가장 중요한 요소 중 하나이듯이 수퍼비전 관점에서도 마찬가지이다.

대인관계 과정 회상

대인관계 과정 회상(interpersonal process recall: IPR; Kagan, 1980)은 상담 회기에서의 내적 반응의 메타인지적 처리를 권장하는 효과적인 방법 중 하나이다. 이런 종류의 수퍼비전 개입은 수퍼바이지가 자신의 개인적인 반응을 조심스럽게 탐색할 수 있도록 도와준다. IPR은 화상이나 음성으로 기록된 상담 회기를 수퍼비전으로 가지고 와서 진행되는데, 수퍼바이저와 수퍼바이지는 기록의 다양한 부분을 보거나 듣는다. IPR에서 수퍼바이저가 자문가 역할을 맡고 수퍼바이지는 지지적인 상황에서 회기를 다시 경험하도록 한다. 이상적으로는 수퍼바이저가 기록된 회기의 부분 중 대인관계적인 부분(즉, 수퍼바이지의 마음속에서 일어날 수 있는 것)을 검토하거나 수퍼바이지에게 검토할 부분을 선택하도록 요구할 수 있다. 회기를 보거나 들을 때 수퍼바이저는 수퍼바이지에게 반영하고 고려할 분명한 질문을 한다.

수퍼바이지와 수퍼바이저가 최근 비자살적 자해 행동을 한다고 고백한 내담자와의 상담 회기 기록의 일부분을 본다. 수퍼바이저는 내담자의 최초 공개 후에 재생을 멈추고, 다음과 같은 대화를 할 수 있다.

수퍼바이저: 내담자가 자해에 대해 공개했을 때 어떤 마음이 들었는지 얘기해 줄 수 있나요?

수퍼바이지: 모르겠어요! 그저 기억나는 건 마음이 매우 급하고…… 급하고 급해졌다는 거예요. 계속 위험도 평가와 같은 것에 대해 생각하게 되고 그녀에게 무슨 질문을 해야 할지 생각했어요. 또 그녀가 얼마나 오랫동안 자해를 해 왔는지 그리고 다른 사람에게 그에 대해 말한 적이 있나 궁금했어요. 어디에 자해를 하고 또 어떻게 자해를 하는지 궁금하기도 했고요.

수퍼바이저: 만약 그렇게 말했더라면 그녀는 어떻게 반응했을까요?

수퍼바이지: 잘 모르겠네요. 그렇게 중요한 공개 이후에 마음의 문을 닫아 버리게 할까 봐 정보를 캐내거나 너무 많은 관심을 보이고 싶지 않았어요.

수퍼바이저: 그녀는 당신에게 무엇을 원했다고 생각하나요?

수퍼바이지: 아마도 그녀는 그저 누군가에게 얘기하고 싶었고, 그들의 반응에 대해 염려하지 않아도 되길 바랐을 거예요.

수퍼바이저: 그녀에게 무슨 말을 했으면 좋았을까요?

수퍼바이지: 그녀가 자해한다는 사실을 공유하는 위험을 무릅썼는데, 내가 느낀 것도 공유해 줬으면 좋았겠어요. 중요한 공개니까요.

이 발췌문에서 수퍼바이지는 비자살적 자해 행동과 연관된 내담자의 자기개방에 대한 두려움을 마주할 공간을 제공한다. 수퍼바이저는 주제와 관련된 질문에 집착하지 않도록 주의하고, 비자살적 자해 평가와 연관되어 있는 교사 역할에 빠지지 않도록 조심한다(그것을 일어나기도 쉽고 하고 싶은 유혹이 일어나는 일이다). IPR은 수퍼바이지가 자신의 내면 과정(반응, 생각, 느낌)을 이해하도록 하는 강력한 도구일 수도 있지만 수퍼비전의 유일한 방법으로 사용되어서는 안 된다. 수퍼바이저는 아마도 나중 시점에는 수퍼비전의 교사 역할을 개시하여 수퍼바이지의 비자살적 자해 평가와 위험 관리에 관련된 지식과 기술을 평가해야 할 수도 있다. 하지만 IPR은 수퍼바이지가 회기 도중에는 인지하지 못하고 있을 수 있었던 대인관계의 역동을 탐색하는 데 유용한 도구이다.

다음 예시에서는 수퍼바이지가 함께 보던 영상을 멈추기로 결정했다.

> 수퍼바이지: 그 순간(녹음하는) 그녀가 처음으로 다리미로 배를 태운 경험에 대해 말했을 때 나는 땀을 흘리고 있었어요.
>
> 수퍼바이저: 그것이 당신에게 무엇을 상기시켰나요?
>
> 수퍼바이지: 난로에 화상을 입었던 때를 떠오르게 했어요. 그리고 그게 얼마나 고통스러웠는지도……. 의도한 바는 아니지만 여전히 그 통증을 기억할 수 있어요.
>
> 수퍼바이저: 그것이 그녀에 대해 어떻게 느끼게 했나요?
>
> 수퍼바이지: 그녀를 안타깝게 느끼도록 했어요. 연민의 감정이었죠, 아마도.

수퍼바이저는 교육이나 교정을 하기보다는 반영하고 촉진적인 자세를 유지해야 한다. 이로 인해 수퍼바이지는 자신이 반응한 상담 회기의 한 부분에 대해 반성할 기회를 얻었다. 이처럼 IPR 대화는 수퍼바이저가 수퍼바이지에게 스스로의 감정과 반응을 탐색하고 그런 것들이 회기 중 내담자와의 관계에 어떻게 영향을 미칠 것인가를 탐색하도록 격려한다.

자기돌봄

중요하지만 종종 무시되는 개념 중에 자기돌봄(self-care)이 있다. 수퍼바이지는 자기돌봄에 필요한 시간을 확보하지 않으면서 더 많은 내담자를 맡고자 하는 압박을 느끼거나 더 어려운 사례를 맡고자 한다. 상담자 소진, 동정심 감퇴, 손상 등은 모두 상담사라는 직업의 너무 실제적인 위험이다(Lawson & Venart, 2005). 상담자가 자해를 하는 내담자를 상담하는 것을 가장 스트레스를 주는 것으로 여기곤 하기에, 수퍼바이저는 자기돌봄을 강조할 필요가 있다. 이 책의 도입부에서 자세히 설명한 바와 같이, ① 인지 영역, ② 감정과 대처 영역, ③ 신체적 영역, ④ 사회적 영역, ⑤ 문화 및 직업적 배경 영역, ⑥ 영적 영역의 6개의 영역에서 웰니스는 여러 모델에서 개념화되었다(Granello, 2012; Hettler, 1980; Myers & Sweeney, 2005; Witmer & Sweeney, 1991). 어느 영역에서든 웰니스에 긍정적인 변화가 있을 때 전반적인 웰니스의 상승이 있다고 제안됐다(Myers, Sweeney, & Witmer, 2000). 따라서 한 번에 하나의 웰니스 영역에 집중하도록 수퍼바이지를 돕는 것은 소진의 가능성을 감소시키고 내담자와 작업함에 있어서 전반적인 웰니스와 강인함을 증가시키는 것으로 이어질 수 있다(Lenz & Smith, 2010).

[글상자 10-4] **대인관계 관리를 위한 수퍼비전 전략**

- 대인관계 과정 회상(IPR) 활용
- 수퍼바이지-내담자 경계 문제 탐색
- 비자살적 자해에 대한 개인적인 반응을 일기 등을 통해 반영하도록 권장

인지적·신체적·감정적 및 영적인 자기돌봄 전략의 탐색을 수퍼비전 도중에 촉진하도록 돕는 것이 좋다. Lenz와 Smith(2010)는 수퍼바이저가 의도적으로 수퍼비전 구성에 웰니스를 포함시킬 것을 제안하면서 수퍼비전의 웰니스 모델(wellness model of supervision: WELMS)이라는 4단계 모델을 제시했다. 웰니스 모델은 새로운 목표가 설정되고 도달함에 따라 수퍼비전에 지속적으로 적용될 수 있는 웰니스 교육, 사정, 계획, 평가가 포함된다(Lenz & Smith, 2010). 웰니스 모델에 따르면, 수퍼바이저는 웰니스의 증진을 수퍼비전의 우선순위에 둔다. 수퍼바이지는 웰니스의 모든 요소와 영역에 대해서 배우게 된다(웰니스 교육). 그들은 개인의 웰니스를 공식적 또는 비공식적 도구를 사용하여 사정(평가)하도록 안내받는다. 수퍼바이지는 앞서 제시한 웰니스 영역들을 연구하고 개인적으로 자신의 삶과 관련이 있다고 해석하는 방법을 정의할 수 있다. 수퍼바이지가 성장의 영역을 정의하고 자신들의 웰니스 목표를 개발하면, 수퍼바이저는 성장 계획을 수립하는 데 도움을 줄 수 있다. [활동지 10-1]은 비자살적 자해를 작업하는 수퍼바이지의 웰니스 목표에 집중하도록 돕기 위해서 수퍼비전에 적용될 수 있다. 수퍼바이지와 함께 수퍼비전을 할 때 이 활동지를 사용할 수 있다. [글상자 10-5]는 [활동지 10-1]이 어떻게 완성될 수 있는지를 보여 주는 예시이다. 예를 들어, 수퍼바이지가 자신의 문화적인 정체성에 불만을 느끼거나 문화에 연결된 느낌이 부족하다고 판단하면, 만족도를 높일 수 있는 구체적인 방법(예: 문화 행사에 참여하거나, 자신들의 문화적 배경에 대해 가족과 대화하거나, 문화적 배경을 공유하는 작가가 쓴 책을 읽음)을 찾기 위한 웰니스 계획을 연구할 수 있다. 만약 수퍼바이지가 점진적으로 목표를 달성할 수 있다면, 그들은 내담자들의 문화적 관심사에 대한 이해와 연결성을 더 크게 느낄 수 있다(Lenz & Smith, 2010, p. 236). 최종적으로 목표가 달성되거나 재검토되거나 새로운 상황이 발생할 때 수퍼바이저와 수퍼바이지가 함께 웰니스 계획을 지속적으로 평가할 수 있다.

[활동지 10-1] 발달적 웰니스 계획

1. 감정과 대처: (스트레스와 감정을 어떻게 조절하고 있는지를 포함하여 현재의 스트레스와 감정 경험을 적어 보시오.)

2. 만족: (위의 질문에 사용된 감정, 스트레스 또는 대처 방법 중 하나 이상을 나열하시오.)

현재 만족도 : ___________________________

전혀 만족하지 않음								매우 만족함	
1	2	3	4	5	6	7	8	9	10

현재 만족도 : ___________________________

전혀 만족하지 않음								매우 만족함	
1	2	3	4	5	6	7	8	9	10

3. 이것을 변경하면 자기 자신에게 영향을 미치고 내담자와 함께 다음과 같은 방식으로 작업할 수 있다 (위에 나열된 감정, 스트레스 및 대처와 관련된 것을 바꾸면 어떤 일이 일어날지 적어 보시오).

4. 개입 : (위에서 만족하지 않는 것을 바꾸기 위해 무엇을 할 것인지 적어 보시오.)
- 목표:
- 전략:

5. 진전을 이뤘는지 알 수 있는 평가:

출처: Lenz & Smith (2010)에서 수정.

[글상자 10-5] **발달적 웰니스 계획 예시**

1. 감정과 대처: (스트레스와 감정을 어떻게 조절하고 있는지를 포함하여 현재의 스트레스와 감정 경험을 적어 보시오.)

나는 압도당하고 스트레스를 받고 있다. 비자살적 자해에 관한 지식이 부족하다. 비자살적 자해는 역겹고 나를 놀라게 한다. 나는 수퍼바이저와 그 문제에 대해 이야기를 나누었고, 그러고 나서 내담자와 상담 후에 확실히 압도되는 느낌이 줄었다.

2. 만족: (위의 질문에 사용된 감정, 스트레스 또는 대처 방법 중 하나 이상을 나열하시오.)

현재 만족도 : 혐오감

전혀 만족하지 않음								매우 만족함	
1	2∨	3	4	5	6	7	8	9	10

현재 만족도 : 대처 시도

전혀 만족하지 않음								매우 만족함	
1	2	3	4	5∨	6	7	8	9	10

3. 위의 것 중 하나를 변경하면 다음과 같은 방식으로 자기 자신에게 영향을 줄 수 있으며 자신의 내담자와 함께 작업할 수 있다(위에 나열된 감정, 스트레스 및 대처와 관련된 것을 바꾸면 어떤 일이 일어날지 적어 보시오).

a. 나는 긍정적인 스트레스 완화 행동에 대한 인식을 높일 것이다(스트레스 발생 시 더 많은 선택 사항 제공).

b. 나는 비판단적인 방식으로 내담자와 함께 회기에서 더 많은 시간을 보낼 수 있을 것이다.

c. 스트레스와 대처 행동에 대한 내담자의 경험에 대한 인식과 공감을 높일 것이다.

d. 나는 끊임없이 걱정하고 뒤처지는 대신 시간을 더 잘 관리할 수 있을 것이다.

4. 개입 : (위에서 만족하지 않는 것을 바꾸기 위해 무엇을 할 것인지 적어 보시오.)

- 목표: 긍정적인 스트레스 해소 행동에 대한 지식과 경험 늘리기, 비자살적 자해 행동에 대한 지식 증가시키기

- 전략:

a. 심호흡 기술 연구 및 실습

b. 체육관에서 새로운 요가 수업을 해 보기

c. 일주일에 한 번 친구와 시간 보내기

d. 스트레스 받을 때 일기에 적기

e. 비자살적 자해에 관한 정보와 연구 읽기

5. 진전을 이뤘는지 알 수 있는 평가:

만족도 척도에 대한 나의 평가는 2에서 6(혐오)으로, 5에서 7(대처 시도)로 증가할 것이다. 위에 나열된 전략 중 3개 이상을 완료할 것이다.

출처: Lenz & Smith (2010)에서 수정.

윤리에 대한 마지막 강조점

수퍼바이저는 상담자의 성장과 내담자 관리 모두에 대한 책임이 있다. 이러한 역할로 인해 그들은 수퍼바이지가 윤리 지침을 준수하도록 할 책임이 있다. 이 책의 제6장을 통해서도 비자살적 자해와 윤리 강령에 대해 설명할 만큼 윤리 지침은 중요하다. 상담자로서 윤리 의무는 우리 자신을 돌볼 필요를 아는 것이며, 그 결과 수퍼바이저가 수퍼바이지와 함께 이를 지속하는 것이다. 수퍼바이저는 수퍼바이지가 윤리 문제를 명확하게 분별할 것이라 가정해서는 안 된다. 그러므로 수퍼바이저는 윤리적 문제에 대한 이해를 측정하기 위해 수퍼바이지에게 자주 확인해야 한다.

수퍼비전은 내담자의 안전과 웰빙을 위해 매우 중요한 활동이다. 또한 자해하는 내담자와 작업하면서 훈련 중인 상담자의 개인적이고 전문적인 성장을 위해서도 매우 중요하다. 그러므로 수퍼바이저가 비자살적 자해와 그로 인한 역동에 대해 세심한 주의를 기울이고, 수퍼바이지의 상담 활동을 주의 깊게 관찰하는 것이 필요하다. 또한 수퍼바이저가 비자살적 자해와 관련된 자신의 개인적이고 전문적인 성장을 계속 관찰할 것을 권장한다.

참고문헌

Bernard, J. M. (1979). Supervisor training: A discrimination model. *Counselor Education & Supervision, 19*, 6-68.

Bernard, J. M., & Goodyear, R. K. (2014). *Fundamentals of clinical supervision* (5th edition). Boston: Allyn and Bacon.

Boie, I., & Lopez, A. (2011). Supervision of counselors working with eating disorders: Utilizing the integrated developmental model. *The Clinical Supervisor, 30,* 215-234. doi:10.1080/07325223.2011.607744

De Stefano, J., Atkins, S., Nelson Noble, R., & Heath, N. (2012). Am I competent enough to be doing this? A qualitative study of trainee's experiences working with clients who self-injure. *Counselling Psychology Quarterly, 25* (3), 289-305. doi: 10.1080/09515070.2012.698981

Granello, P. F. (2012). *Wellness counseling*. Upper Saddle River, NJ: Pearson.

Hettler, B. (1980). Wellness promotion on a university campus. *Family and Community Health, 3,* 77-79.

Hoffman, R. M., & Kress, V. E. (2008). Client non-suicidal self-injurious behavior: Considerations for clinical supervisors. *The Clinical Supervisor, 27* (1), 97-110. doi: 10.1080/07325220802221561

Juhnke, G. A. (1994). Teaching suicide risk assessment to counselor education students. *Counselor Education and Supervision, 34*, 52-57.

Kagan, N. (1980). *Interpersonal process recall*. East Lansing, MI: Author.

Lawson, G., & Venart, B. (2005). *Preventing counselor impairment: Vulnerability, wellness, and resilience*. Retrieved from http://www.counseling.org/

wellness_taskforce/index.htm

Lenz, A. S., & Smith, R. L. (2010). Integrating wellness concepts within a clinical supervision model. *The Clinical Supervisor, 29,* 228-245. doi: 10.1080/07325223.2010.518511

McHale, J., & Felton, A. (2010). Self-harm: What"s the problem? A literature review of the factors affecting attitudes towards self-harm. *Journal of Psychiatric and Mental Health Nursing, 17*, 732-740.

Myers, J. E., & Sweeney, T. J. (2005). The indivisible self: An evidence-based model of wellness (reprint). *Journal of Individual Psychology, 61*, 269-279.

Myers, J. E., Sweeney, T. J., & Witmer, J. M. (2000). The wheel of wellness: A holistic model for treatment planning. *Journal of Counseling & Development, 78*, 251-266.

Rayner, G. C., Allen, S. L., & Johnson, M. (2005). Countertransference and self-injury: A cognitive behavioral cycle. *Journal of Advanced Nursing, 50,* 12-19.

Wester, K., & Trepal, H. (2015). Non-suicidal self-injury: Exploring the connection among race, ethnic identity, and ethnic belonging. *Journal of College Student Development, 56*(2), 127-139.

Witmer, M. J., & Sweeney, T. J. (1991). A holistic model for wellness and prevention over the lifespan. *Journal of Counseling & Development, 71*, 140-148.

Zila, L. M., & Kiselica, M. S. (2001). Understanding and counseling self-mutilation in female adolescents and young adults. *Journal of Counseling & Development, 79,* 46-52.

제11장

비자살적 자해 지원과 예방

예방과 지원은 정신건강 직업에서 새로운 것은 아니지만 비자살적 자해 분야에서는 상대적으로 새로운 영역이다. 이 장에서는 건강, 예방, 지원을 포함한 주제를 살펴보고자 한다. 또한 다양한 사례를 통해 비자살적 자해의 지원을 위한 노력을 제시하고자 한다.

정신건강 전문가는 다양한 모델로 수련을 한다. 의학적 모델은 정신건강과 연관있는 정신병리학에 토대를 두고 있다. 정신건강 수련생들은 진단과 치료 경로에 초점을 둔다. 치료자들은 진단, 치료계획, 향정신성 약물 및 사용법 등에 대한 인식을 당연하게 인지할 필요가 있다고 보지만, 다른 정신건강 전문가들은 웰니스와 발달적 접근을 더 고수한다. 이는 항상 발달적 요인 내에서 내담자의 문제를 고려한다는 것을 의미한다. 또한 '인간의 성장과 발달'이라는 관점을 깊게 받아들여, 병리학적 관점 대신에 내담자의 웰니스를 믿는다는 뜻이기도 하다.

도입부에서 웰니스는 무엇보다도 정서적·영적·사회적 요소로 구성된다고 정의되었다. 웰니스는 내담자의 삶을 완전히 아우르며, 개인에게 큰 영향을 미칠 수 있다. 치료자들은 웰빙을 중요하다고 믿고, 치료적 관계에서 중요한 목표 중 하나라고 본다. 웰니스를 증진하거나 생활 방식을 개선하는 일-삶의 통합은 많은 정신건강 문제를 예방하는 열쇠가 될 수 있다(Myers & Sweeney, 2008). 지원과 예방의 개념은 웰니스 접근법에 뿌리를 두고 살펴볼 것이다.

지원

정신건강 직업에서 지원은 내담자와 함께 또는 내담자를 위해서 취한 조치가 포함될 수 있다. 지원자는 그들이 믿고 있는 무언가를 공개적으로 지지하는 사람이다. 비자살적 자해를 포함한 대부분의 정신건강 문제에 대한 낙인을 감안할 때 자신을 지원자로 인식한다는 것은 어려운 일일 수 있다. 실제로 상담자나 사회복지사와 같은 일부 정신건강 전문가는 지원을 자신들이 해야 할 윤리적인 의무라고 생각하고 있다.

미국상담협회(ACA)는 ACA의 지원 역량(ACA Advocay Competencies; Lewis, Arnold, House, & Toporek, 2003)을 승인하였다. 이러한 지침은 치료자들이 책임지고 수행하는 지원 영역을 인식하는 지침 역할을 한다. 역량은 치료자에게 권한 부여(내담자와 함께 하는 치료 활동)나 지원(치료자가 내담자를 위한 활동)과 같은 중요한 개념을 상기시킨다. 역량은 또한 다양한 수준의 지원 개입(내담자/학생, 학교/지역사회, 공동체)을 다루고 있다. 마지막은 이러한 역량에는 미시 수준과 거시 수준에서 내담자/학생과 체계의 변화를 포함하고 있다. 예를 들어, 비자살적 자해와 관련된 미시적 수준의 내담자 지원은 십 대 내담자가 수영하는 동안 긴 소매 티셔츠를 입고 싶어 하는 것에 대해 부모와 의논할 수 있는 권한을 부여하는 것을 포함할 수 있다. 대규모의 체계적 지원에는 차별을 개선하고 정신건강 서비스에 대한 접근 장벽을 제거하는 입법 노력에 참여하는 것이 포함될 수 있다. 따라서 비자살적 자해 지원자가 될 수 있는 많은 가능성이 존재한다. 치료자들은 내담자와 지역사회를 위하여 이러한 노력을 지원할 책임이 있다.

[글상자 11-1] **지원과 관련된 정신건강 직업의 윤리 강령**

미국상담협회(2014) 윤리 강령

A.7.a. 지원

적절한 경우, 상담자들은 내담자의 성장과 발달을 방해하는 잠재적인 장벽과 장애물을 해결하기 위해 개인, 집단, 기관 및 사회적 차원에서 지원한다.

미국사회복지사협회(2008) 윤리 강령

6.04 사회정치적 행동

(a) 사회복지사는 모든 사람이 인간으로서 기본적인 필요를 채우고, 충분히 성장하기 위해 요구하는 자원, 고용, 서비스 및 기회에의 동등한 접근을 보장하고자 하는 사회적 및 정치적 활동에 참여해야 한다.

지원 활동 사례

비자살적 자해와 관련된 지원 노력은 비교적 새로운 주제이기 때문에, 이러한 노력에 대한 자원들은 제한적이다. 그러나 많은 연구 기관과 교육 기관이 다양한 수준에서 비자살적 자해 공동체에 대한 인식을 높이고 대중과 전문가를 교육하며 치료에 대한 접근을 개선하고 연구 지원 등을 하기 위해 존재한다. 지원 활동은 현재의 지원 노력뿐만 아니라 비자살적 자해에 초점을 맞출 수 있는 다양한 프로그램과 입법 지원, 캠페인 및 연구 지원을 한다.

조직 또는 집단 지원 활동

자해 경각의 날(SIAD, 3월 1일)

정신건강에 대한 관심이 많은 단체들은 다양한 정신건강의 문제(가정 폭력, 자살 등)를 강조하기 위해 공식적으로 경각의 날을 조직해 왔다. 자해 경각의 날(Self-Injury Awareness Day; SIAD)은 매년 3월 1일로 정했다. 이날은 비자살적 자해에 대한 경각심을 높이기 위해 전 세계적으로 다양한 행사가 열린다. 자해하는 사람들이 주황색 또는 주황색-보라색의 리본과 손목 밴드를 착용할 수 있거나 그들과 연대하여 착용할 수 있다. 비자살적 자해 지원에 참여하거나 다른 사람들에게 참여할 것을 장려하는 여러 웹사이트(예: http://www.lifesigns.org.uk/siad/ 참조)도 있다. 참여 가능한 활동으로는 SIAD 포스터를 인쇄하고 그것을 올려놓는 것, 비자살적 자해 사실 시트를 나눠 주는 것, 리본/손목 밴드를 착용하는 것, 비자살적 자해에 대한 근거 없는 믿음(예: 십 대 소녀만 자해한다)을 다른 사람들에게 교육하는 것, 지역 미디어 방송국에 공공 서비스 발표(PSA)를 하는 것, 소셜 미디어를 통해 비자살적 자해에 대한 정보를 공유하는 것, 비자살적 자해에 대한 정책을 만들거나 비자살적 자해 지원 단체에 가입하고 그 목적을 위해 시간이나 돈을 기부하는 것(Lifesigns, 연도 미상) 등이 있다.

비자살적 자해 인식과 지원 회의

국제강박장애재단(International Obsessive Compulsive Disorder Foundation)에 가입된 OCD

Texas(http://www.ocdtexas.org/)와 같은 단체는 비자살적 자해에 대한 우려와 치료에 대한 인식을 높이고 지원을 증진하기 위해 매년 지역 회의를 개최한다. 치료자들은 내담자, 가족 그리고 다른 동맹국들과 협력하여 비자살적 자해와 관련된 지역 회의를 열 수 있다. 시범 행사에는 자해하는 사람들의 가족을 위한 회기와 자해하는 특정 집단(10세 이하, 청소년, 청년, 노인, 여성, 남성 등)에 대한 회기가 포함된다. 또한 회의에서는 자해하는 사람들을 치료해 왔거나 이 치료를 성공적으로 거친 사람들도 패널이나 연사로 포함될 수 있다. 다른 구성 요소에는 멘토링 프로그램(생존자, 치료 중인 사람, 가족 대 가족 멘토링)이 포함될 수 있고, 지역 의료 및 정신건강 제공자와의 상담이 포함될 수 있다. 마지막으로, 모금 활동은 그러한 행사의 중요한 요소가 될 수 있다. 계획 시간 및 행사 공간과 같은 고려 사항은 상당한 재정 자원이 필요하다는 것을 의미한다. 또한 비자살적 자해에 대한 인식을 높이는 것은 기부와 기금을 모금하는 것을 수반할 수 있게 되고 중요한 지원 작업을 계속 추진할 수 있게 만든다.

입법 지원

다양한 정신건강 장애로 고통을 받는 사람들을 지원하고 지원하는 단체들[예: National Eating Disorders Association(NEDA), www.nationaleatingdisorders.org]은 적극적인 입법 지원 프로그램을 유지하고 있다. NEDA의 웹사이트에는 STAR(Solutions Through Advocacy and Reform) 프로그램이 있는데, 그 목적은 의식, 교육, 조기 개입 및 예방 프로그램, 연구비 지원, 섭식장애의 치료를 위한 접근의 개선을 법적으로 지원하는 것이다(NEDA, 연도 미상). STAR 프로그램은 조기 섭식장애 검사, 정신건강 서비스에 대한 접근, 정확한 광고 및 미디어와 관련된 우려, 섭식장애 인식과 관련된 해결을 지원하기 위한 주 및 연방 정부의 노력을 지원한다. 그들은 회원과 이해당사자들이 이러한 노력에 대해 조치를 취할 수 있는 적극적인 웹사이트를 후원하고 있으며, 비자살적 자해와 관련된 유사 프로그램을 개발할 수 있다. 예를 들면, 학교 정신건강 전문가가 조기 검사에 참여하고 개인과 가족을 위한 정신건강 서비스에 의뢰하도록 하는 프로그램이 개발될 수 있다. 치료자는 비자살적 자해에 관한 공익 캠페인과 지역 신문에 게재된 기사들을 통해 지역사회와 대학 캠퍼스에 홍보와 광고를 제공할 수 있다. 이러한 형태의 홍보는 비자살적 자해가 '미친' 것과 동일하지 않다는 대중의 인식뿐만 아니라 개인과 가족에게 도움을 받을 수 있는 장소에 대한 교육과 자원을 제공한다.

낙인 금지 캠페인

국립정신질병연맹[National Alliance on Mental Illness(NAMI), http://www.nami.org/]은 최근 정신질환에 대한 낙인에 종지부를 찍기 위한 캠페인을 하고 있다. 비자살적 자해와 투쟁하고 있거나 이런 행동을 하는 사람들은 낙인이 찍히기 때문에 낙인 금지 캠페인에 적용될 수 있다. 다양한 캠페인에는 낙인 금지에 헌신하겠다는 실제 전자 서약, 소셜 미디어 캠페인, 정신건강 문제와 관련된 활동 참여를 촉구하는 것 등이 포함된다(자세한 내용은 https://www.nami.org/stigmafree#whatisstigmafree 참조).

연구

국제자해연구회(International Society for the Study of Self-injury: ISSS, http://www.itriples.org)는 2006년에 설립되었다. 국제자해연구회의 웹사이트에 의하면, 연구회의 임무는 "비자살 자해에 대한 과학적 이해 증진; 비자살 자해 평가, 치료, 예방, 교육 및 정책의 강화; 이러한 목표에 관심 있는 사람들 간의 협력 증진"이다(연도 미상). 연구회는 사람들 간의 협력을 증진시키기 위하여 매년 회의를 개최한다.

미디어 교육 프로그램

현재 대중매체와 소셜 미디어 그리고 인터넷을 통해 비자살적 자해에 대한 많은 정보를 얻을 수 있다. 미디어의 보급은 일상의 문화에 영향을 미칠 수 있는데 바로 전염이라고 불리는 비자살적 자해의 확산에 중요한 역할을 한다(Purington & Whitlock, 2010, p. 11). 청소년이 미디어를 통해 비자살적 자해에 대해 이해할 때 이러한 행동을 정상적이라고 보거나 혹은 매력적이라고 느끼거나 심지어는 그것을 조장할 가능성까지 있다. 내담자가 온라인으로 받는 접근과 정보를 평가하고 모니터링할 필요가 있는 반면에, 미디어를 통해 비자살적 자해에 대한 관심을 높이고 도움을 요청하는 행동을 증가시키는 긍정적인 측면도 있을 수 있다(Purington & Whitlock, 2010). Purington과 Whitlock(2010)은 사람들이 미디어에서 비자살적 자해에 대한 정보를 비판적으로 활용하도록 하기 위해서 학교와 가정에서 미디어 사용 능력 향상을 위한 개입을 활용할 수 있다고 제안한다. 미디어 메시지에 대한 중요한 반영을 장려하기 위하여 미디어 메시지를 누가 작성했는지, 누가 메시지를 전달하였으며, 그것이 무엇에 대한 메시지인지(가치, 의미), 메시지가 다른 관점에서 어떻게 해석될 수 있는지, 그리고 그 사람이 어떻게 반응하기를 원하는지와 같은 주제들을 포함할 것을 권고한다(Project Look Sharp, 2016). 미디어 사용 능력 교육 관련 정보와 인쇄물 견본을 얻기 위해서는 Project Look Sharp 웹사이트(www.projectlooksharp.org)를 찾아보면 된다.

개인 지원 활동

만약 조직화된 비자살적 자해 지원 활동에 참여하고 싶지 않다면, 개인 차원에서 지원 노력을 할 수 있는 여러 방법이 있다.

손목 밴드와 리본

때때로 사람들은 그들이 지원하는 것들을 위하여 상징적인 것을 착용하고 싶어 한다. 손목 밴드나 리본을 만들거나 구입함으로써 비자살적 자해 조직을 지원하고 관심을 홍보할 수 있다. 사람들이 손목 밴드나 리본에 대하여 물어본다면 비자살적 자해에 대한 인식을 높일 수 있는 좋은 기회를 갖게 된다. 비자살적 자해 인식과 지원을 위한 손목 밴드는 여러 웹사이트에서 구매할 수 있다.

홍보

지원 효과를 높이는 또 다른 방법으로는 소셜 미디어(예: 트위터, 페이스북, 스냅챗, 페리스코프)와 같은 다양한 채널을 통해 비자살적 자해에 대한 정보를 제공하는 것, 비자살적 자해 사실에 대한 포스터 제작이나 인쇄물 제작, 비자살적 자해를 강조하기 위해 지역 정치인이나 단체에 편지를 쓰는 것 등이 있다. 여러 웹사이트에서 무료로 인쇄물 견본이나 자료표, 포스터를 이용할 수 있다.

대변인 되기

지원의 또 다른 방법은 비자살적 자해의 대변인이 되는 것이다. 만약 과거에 비자살적 자해로 힘겹게 싸웠던 경험이 있는 사람은 자신의 이야기를 나누는 것이 이제 그 여정에 들어선 지 얼마 되지 않는 사람들을 지원하는 강력한 방법이 될 수 있다. 대변인이 되면 회복 과정에서 경험했던 장애물에 대한 개인적인 사례와 증언을 나눌 수 있을 것이다. 학교나 대학, 협의회와 같은 많은 단체에서는 행사를 위해 다양한 주제에 대한 연사를 모집할 필요가 있다.

예방

예방은 중요한 개념이며 웰빙의 지원에 필수적일 수 있다. 정신건강 전문가들은 우선적으로 2차, 3차 예방 및 개입 노력에 초점을 맞추었지만, 다른 한편으로는 이러한 우려가 처음부터 발생하지 않도록 노력하였다. 이는 정신건강 전문가의 임무가 내담자의 부모 되기 연습, 중학생들을 대상으로 건강한 관계 맺기 집단 이끌기, 성인들을 대상으로 마음챙김 연습을 개발하기 위한 작업하기와 같은 예방 노력에 초점을 두어야 한다는 것을 의미한다. 예방 노력은 정신건강 우려를 악화시키거나 발전시키는 데 완충 역할을 한다고 생각된다.

예방에는 1차적인 노력이 포함될 수 있다. 비자살적 자해가 시작되기 전에 예방하는 것뿐만 아니라 개인이 이미 자해 행동을 하고 있을 때 비자살적 자해의 심각성을 줄이기 위한 2차적인 노력도 포함된다. Levine과 Smolak(2006)에 따르면, 예방 노력은 다각적이고 보편적이며 선별적이고 표적 지향적이다. 보편적인 예방 노력은 더 큰 기관이나 조직을 목표로 하거나 더 큰 사회적 규범을 다루기 위해 고안되었다. 공익광고와 같은 홍보나 소셜 미디어에 정보를 게시하는 것과 같은 활동이 포함될 수 있다. 예를 들어, 전체 학생회에 비자살적 자해에 대한 홍보나 교육을 제공하는 대학이나 대학교, 또는 자해 및 회복에 관한 코넬 연구 프로그램과 같은 더 큰 조직이 웹사이트에서 무료로 일반인들에게 정보를 제공할 수 있다. 선택형 개입이나 예방은 특정한 문제가 없거나 비자살적 자해를 하고 있지 않은 개인을 대상으로 한다. 이런 노력은 개인이 비자살적 자해를 할 가능성을 줄이고 그 행동에 대한 교육을 돕기 위함이다.

선택형 예방의 예에는 다른 사람들에게 비자살적 자해가 무엇인가를 훈련시키기 위한 교육이나 워크숍 또는 학교 정신건강 전문가들에게 비자살적 자해 시작 전 집단이나 학년을 대상으로 교육할 강의 지침을 제공하는 것이 포함될 것이다. 마지막으로, 표적형 예방은 비자살적 자해 참여의 위험에 처한 사람들을 목표로 한다. 이들은 비자살적 자해와 관련된 요인의 지표상에서 행동이나 징후를 보이는 개인들로서, 우울 또는 불안 증상을 보이는 사람들, 대처 능력이 떨어지거나 다른 부적응적인 태도나 회피 대처 전략을 사용하는 사람들, 동료나 가족 또는 전문가들 등과 소통하는 데 어려움을 겪는 사람들이 포함된다.

제2장에서 살펴본 것처럼, 다양한 비자살적 자해 모델은 자해 행동이 가족 또는 생물학적인 요인과 함께 의사소통 능력과 대처 기술의 부족으로 인해 발생한다고 주장한다. 예방은 비자살적 자해의 위험 요인에 표적을 두고 초점을 맞출 수 있다. 비자살적 자해에 대한 특정한 예방 활동은 자녀와 그들의 부모가 감정과 정서를 알아차리고 표현하는 법을 배울 수 있도록 돕는 것을 포함한다. 예방 활동은 정서 중심이나 적극적인 대처와 같이 서로 다른 목표에 초점을 둔 건강한 대처 전략 목록을 개발하는 데 관심을 두고 있다. 나아가 예방 노력은 다양한 내담자가 공동체 내에서 좀 더 용이하게 연결되고 소속되도록 하는 문화적인 요소로 나타날 수 있다. 지원의 선택은 비자살적 자해의 일부 측면에 표적을 두고 보호하는 프로그램을 개발하는 것이다. 보호 프로그램은 치료자, 부모/가족, 학생/동료를 대상으로 직접 할 수 있다.

자해에 관한 코넬 연구 프로그램(Cornell Research Program on Self-Injury, http://www.selfinjury.bctr.cornell.edu/about-self-injury.html#tab13)은 비자살적 자해를 예방하기 위하여 할 수 있는 권장 사항들, 대처 기술 강화하기, 사회적으로 연결되기 등이 포함되고, 전문가와 동료 모두를 대상으로 하는 교육과, 미디어의 영향력을 약화시키고, 도움 추구 행동에 대한 낙인 감소를 포함한다. 예방 프로그램을 개발하는 데는 시간과 노력이 들 수 있으며, 그 결과가 즉각적으로 나타나지 않을 수 있다. 그러나 이는 향후 비자살적 자해와 관련된 연구의 중요한 영역으로 작용한다.

예방 프로그램의 예시

비자살적 자해 지원 활동과 마찬가지로 예방 프로그램도 비교적 새로운 주제이기 때문에 이와 관련된 자원과 연구도 제한적이다. 다음의 프로그램 및 사례는 비자살적 자해와 관련된 예방 아이디어를 반영하여 적용될 수 있다. 이러한 노력과 활동은 기관, 저자들에 의해 제안되거나 저자들 또는 다른 치료자에 의해 수행되고 구현되었다.

학생/동료 프로그램

좀 더 보편적이고 목표 지향적인 수준에서 고려해야 할 한 가지 측면은 학교 캠퍼스에 대한 조직적인 지원이다(Trusty & Brown, 2005). 예를 들어, 제1저자는 7학년과 8학년 학생들에게 자해에 대하여 강의해 달라고 중학교에서 요청을 받았다. 그러나 제7장과 제8장에 걸쳐서 치료와 개입을 전반적으로 언급한 바와 같이 비자살적 자해에 대하여 상세한 사항을 말하는 것은 문제가 될 수 있다. 그것은 현재 비자살적 자해를 하고 있는 개인을 촉발시키거나, 자해 관련 아이디어를 제공하거나, 집단에 속한 학생 또는 개인이 대규모로 자해 행동을 전파하는 사회적 전염을 만들어 자해 행동의 증가를 초래할 수 있다. 그래서 중학교에서 비자살적 자해에 대한 집단 강의를 요청했을 때, 제1저자는 대처 능력과 문제 해결 기술에 대하여 말할 것이라고 하였고, 그중 비자살적 자해는 개인이 대처 행동으로 사용하는 잠재적인 선택이라고 말하였다. 집단 강의는 두 수준으로 나누어서 다양한 대처 방법(적응적인 것과 부적응적인 것 모두)에 대해 토론하는 것으로 진행되었다.

구체적으로, 대처 방법은 대중 문화에서 십 대들에게 친숙한 배우, 예술가들과 관련이 있다. 사춘기 학생들은 자신을 유명한 사람들과 동일시하며, 그들이 전형적으로 하는 대처 방법들(예: 다른 사람 때리기, 음주, 자해 또는 좀 더 적응적인 문제 해결 방법)을 나타낼 수 있다. 집단 강의를 하는 동안 수백 명의 학생과 이런 방법들이 어떻게 그들에게 도움이 되었는지 또는 도움이 되지 않았는지, 또 도움이 되지 않는다면 문제 해결 전략을 위해 구현될 수 있는 다른 방법은 무엇인지에 대해 이야기를 나누었다. 강의 시 제1저자는 두 학생을 초대하여 '땅콩 통 안의 뱀'이라는 통을 열도록 했다. 그 통을 열면 스프링이 튀어나오는데, 이 활동의 목적은 대처 전략을 보여 주기 위함이다. 학생들은 문제 해결을 위해 대화하는 동안 뱀을 다시 통에 넣도록 요청받았다. 적응적으로 대처한 학생은 한 마리의 뱀만 통에 다시 넣으면 되는 반면에, 부적응적으로 대처한 학생은 여러 마리의 뱀을 다시 통에 넣어야 했다. 후자는 어려운 것으로 나타났고, 그 학생은 다른 학생에게 도움을 요청해야 했다. 이것은 학생들이 적응적으로 반응한다면 위기나 어려움이 발생하였을 때 뚜껑을 닫기 쉽다는 것을 시각적으로 보여 주는 데 도움이 된다. 그러나 부적응적으로 반응할 때(비자살적 자해를 할 때처럼)는 그 문제들을 결코 해결할 수 없기에 스트레스를 처리하거나 완화시키는 것이 더 어려워진다.

한 연구에서 청소년들이 자신의 동료(온라인과 실생활 모두)가 자해를 할 때 지원할 수 있다고 믿는 것이 무엇인지 조사하였다. 그 결과, 십 대들은 경청하고, 비자살적 자해의 낙인을 막고, 어른들에게 도움을 청하는 것과 같은 구체적인 방안을 가지고 있는 것으로 나타났다(Berger, Hasking, & Martin, 2014). 이러한 시사점을 바탕으로 중학교 수업 시간에 발표 프로그램을 개발하는 것이 예방적 지원 방안이 될 수 있다. 추가로, 비자살적 자해가 무엇인지, 어디서 왔는지, 그것에 대해 무엇을 해야 하는지에 관한 주제로 발표를 하고, 그 외에도 학생들을 위하여 구체적인 제안을 포함하는 유인물을 개발할 수 있을 것이다.

[글상자 11-2] **비자살적 자해에 관한 동료 유인물 또는 서명**

친구가 자해한다고 말하면 어떻게 해야 하는가

- 대화하고 듣기 - 친구 되기
- 어른에게 알리기 -교사나 부모에게 도움을 요청하기
- 학교에 알리기 -학교 상담자나 교사에게 도움 받기
- 판단하지 않기 -낙인 멈추기
- 학교에서 자해에 대한 인식을 높이기 위해 노력하기

출처: Berger et al.(2014)에서 수정.

부모/가족 예방 프로그램

Trusty와 Brown(2005)은 학교 상담자와 다른 정신건강 전문가들에게 가족을 지지하고 강화하는 것이 그들의 업무상 책임의 핵심 요소라고 상기시킨다. 비자살적 자해에 관한 가족 대상의 예방 프로그램을 개발하는 것은 학교와 가정에서 청소년들의 웰빙을 위하여 중요하다고 할 수 있다. 치료자들은 이러한 프로그램을 제공하기 위하여 학교의 학부모 모임이나 지역사회 공공 단체, 교회 등과 협력할 수 있다. 정신건강 전문가들은 또한 예방 프로그램 수준(1차 또는 2차)을 고려해야 한다.

Berge, Loth, Hanson, Croll-Lampert와 Neumark-Sztainer(2011)는 섭식장애 발달을 완화하기 위해 학교생활의 변화, 주요 질병과 입원, 가까운 사람의 죽음, 관계 변화 또는 학대와 같은 생활 주기의 전환에 있는 가족을 지원하기 위한 예방 프로그램이 개발되어야 한다고 하였다. 이러한 행동이 동반됨을 감안할 때, 부모 대상의 비자살적 자해 예방 프로그램에서는 아동과 가족의 전환(예: 이혼)과 학대(신체적·

정서적·성적)와 관련된 스트레스를 겪고 있는 가족의 역동을 다루는 주제가 포함될 수 있다.

또 다른 연구에서 섭식장애 치료자들은 그들이 강한 정서를 조절하거나 대처하지 못하는 것이 섭식장애 발달에 초기 역할을 하였다고 보고, 부모와 가족이 감정 관리 및 대처 방법에 대하여 서로 논의하도록 제안하였다(Loth, Neumark-Sztainer, & Croll, 2009). 이런 점을 염두에 두고, 비자살적 자해의 1차 예방 노력은 부모들이 자신의 자녀들에게 자신의 감정을 알아차리고 표현하도록 가르치는 것을 돕기 위하여 부모를 대상으로 할 수 있다. 부모가 자녀에게 다양한 대처 방법을 가르치는 것은 나중에 기본적인 비자살적 자해의 기본 역동성 중 일부를 해결할 수 있다.

2차 예방 노력(이미 경험한 사람들의 심각한 행동을 줄이는 것이 목적)은 자녀가 비자살적 자해 치료 중에 가족과 부모를 지원하는 데 중점을 둘 수 있다. 프로그램은 부모-자녀의 긍정적인 의사소통을 향상시키는 데 초점을 맞출 수 있다. 제1저자는 비자살적 자해에 대한 가족 정보와 지원 회기를 구성하고 실행하였다. 가족들은 2시간 동안 진행되는 회기에 참석하여, 비자살적 자해에 대한 정보, 자녀와의 의사소통 방법, 어떤 행동이 자행 행동의 빈도나 심각성을 야기하는지에 대하여 배우고, 가족 구성원이 질문하고 지원하는 방식으로 서로 연결하는 시간을 가질 수 있다. 정신건강 전문가는 다양한 환경에서 이러한 정보를 제공하는 회기를 수행할 수 있다.

다른 전문가를 위한 예방/교육 프로그램

예방 프로그램은 자해를 하고 있는 사람과 그 가족을 위해 일하고 있는 다른 전문가를 대상으로 할 수도 있다. 저자들은 모두 많은 학군의 학교와 협의하였고, 비자살적 자해와 관련하여 다양한 학년의 학생들과의 모범 사례에 대하여 학교 상담자 훈련에서 발표하였다. 또한 제2저자는 비자살적 자해와 관련된 지역 섭식장애 센터의 다른 전문가들과 섭식장애/무질서한 식습관과의 동반성에 대하여 이야기하였다.

White, Trepal-Wollenzier와 Nolan(2002)은 학생생활 직원과 거주 보조원에 대한 교육 지원, 교직원을 위한 정신건강 서비스 추천 정보, 낙인을 줄이기 위한 비자살적 자해 반응에 대한 정보를 포함하는 대학 캠퍼스 내에서의 비자살적 자해 예방을 위한 권장 사항을 제공하고 있다. 대학의 비자살적 자해 상담자는 기숙사의 게시판이나 유용한 웹사이트를 상담 센터의 웹사이트에 연결하여 정보를 제공할 수 있다(White et al., 2002). Wester와 Trepal(2015)은 대학 상담자들이 캠퍼스 내에서 자해한 학생을 최초로 만나는 사람들(대학경찰, 기숙사 직원 등)을 지원하고 알릴 것을 권장하고 있다. 또한 대학의 정신건강 전문가들은 대학 내에서 자해하는 학생들의 지원자로 활동할 것을 권고받는다. 때때로 거주 생활이나 사법 업무/학생지도 담당 직원들은 자해 학생들에 대한 낙인찍힌 행동에 대하여 잘 이해하지 못할 수 있다(White et al., 2002). 또한 많은 대학 캠퍼스는 다양한 정신건강 문제(예: 기숙사 환경에서 발견된 비자살적 자해, 자살 시도)와 관련하여 강제 퇴학이나 휴학 등과 같은 정책을 가지고 있다. 정신건강 전문가들은 대학사회에 대한 높은 이해를 바탕으로 이런 상황에서 대학생들을 지원할 수 있다. 이는 정신건강 전문가들이 비자살적 자해를 지원하고 예방할 수 있는 많은 기회 중 하나의 예일 뿐이다.

프로토콜과 정책

초·중·고, 대학과 정신건강 입원 시설들은 일반적으로 다양한 상황에 어떻게 개입할 것인지에 대한 계획안들이 있다. 그것은 주로 자살과 폭력 상황을 포함하고 있다. 반면에 비자살적 자해에 특화된 프로토콜을 포함하는 경우는 적다. 비자살적 자해에 특화된 프로토콜이 없는 경우의 어려움은 2차 개입이 필요할 때 어떤 조치를 해야 하는지 불명확하거나 비자살적 자해가 자살과 유사한 방식으로 치료되는 것이다. 학교 또는 대학 환경에서 정신건강 전문가는 비자살적 자해를 처음으로 인지하는 사람(예: 최초 대응자, 학교경찰, 교사, 또래)이 아닐 가능성이 높기 때문에, 프로토콜은 상황을 효과적으로 관리하는 데 도움이 될 수 있다. 초·중·고 학교 시스템에 대한 비자살적 자해 프로토콜의 제안이 있었으나, 대학 캠퍼스나 입원 환자 환경에는 초점을 적게 두었다. 그러나 후자의 두 환경은 그들의 필요와 설정을 최적으로 조정하기 위해 다음에 명시된 프로토콜을 변경할 수 있다.

많은 기관과 저자들은 자해 및 회복에 관한 코넬 연구 프로그램(Cornell Research Program on Self-Injury and Recovery)이나 Toste와 Heath(2010)의 연구와 같이 학교가 자살과 자해 행동을 분리하는 학교 정책을 만들 수 있도록 정보를 제공한다. 코넬 연구 프로그램은 학교가 어떻게 학교 프로토콜을 개발하고 구현할 수 있는지에 대한 자료들을 대부분 무료로 제공한다. 비자살적 자해를 위해 학교 프로토콜에 포함될 내용은 다음과 같다.

- 비자살적 자해의 정의와 실제로 포함하는 사항
- 학생 행동 식별 방법(예: 계절에 맞는 따뜻한 옷, 신체의 같은 위치에 있는 일정한 팔찌 또는 시계) 및 학생들에게 물어볼 질문 등 비자살적 자해 확인 방법
- 비자살적 자해 사례의 연락망. 보다 구체적으로는 비자살적 자해로 인식될 때 연락할 사람, 학생을 의뢰할 사람 그리고 1차로 의뢰할 대상이 현재 건물에 없다면 2차로 연락할 사람
- 누가 관여해야 하는지, 예를 들어 학교 보건교사에게 항상 알려야 하는 경우, 교사에게 알려야 하는 경우, 학교 관리자에게 알려야 하는 경우 및 시기
- 부모들에게 연락하는 시기와 경우. 대부분의 학교는 청소년의 고위험 행동을 부모들에게 항상 알려야 한다는 정책이 있을 수 있지만, 부모나 가족이 비자살적 자해 행동을 증가시킬 수 있다는 것을 명심해야 한다. 그 결정과 상관없이, 추측을 해결하기 위해 학교 비자살적 자해 정책에는 부모 및 법적 보호자

가 접촉되는지 여부와 부모들에게 알려야 하는 내용이 포함되어야 한다(예: 학생이 안전핀으로 피부 전체를 긁을 때 또는 면도날로 피부를 그을 때 부모들에게 연락해야 한다).

- 학생, 학교, 학부모 간 주요 연락처의 일관성. 이런 일관성은 학교 직원들이 누가 부모와 대화해야 하는지 알려 주고 다른 사람들에게 제공되는 정보의 통일성을 높일 수 있다.
- 후속 서비스를 제공하기 위해 정신건강 검진을 추천하거나 학생과 학부모에게 제공해야 하는 경우
- 자해 학생이나 그 부모에 대한 후속 조치의 시기와 빈도 여부, 비자살적 자해의 저위험 사례와 고위험 사례의 경우 후속 조치

학교 프로토콜은 학교 건물 안의 모든 직원이 자해의 사례에서 무엇을 해야 하는지 이해하는 것이 중요하다. 학교 프로토콜은 비자살적 자해 행동에 관한 정보와 일반적인 치료와 함께 모든 교직원을 훈련할 때 제공되어야 한다.

[글상자 11-3] **비자살적 자해를 위한 온라인 자원**

다음은 비자살적 자해 인식을 강조하는 조직을 위한 웹사이트 소개이며, 각 웹사이트에 대한 간략한 설명이 포함되어 있다.

라이프사인(Lifesigns)

http://www.lifesigns.org.uk/

라이프사인은 자해에 대한 안내 및 지원 네트워크이며, 블로그, 다양한 정보적 사실 자료(부모, 남성, 학교 정책을 만들기 위한 정보), 신화 인식 및 소셜 미디어 링크 등을 포함한 비자살적 자해 지원과 관련된 많은 자료가 탑재된 웹사이트를 활발하게 유지하고 있다. 또한 그들은 비자살적 자해 인식 손목 밴드를 판매하고 기금 모금에 참여하는 것뿐만 아니라 신뢰할 만한 지원 포럼을 유지하고 있다. 라이프사인은 자해 경각의 날 지원을 위한 많은 정보를 가지고 있다.

그녀의 팔에 사랑을 쓰는 것(To Write Love on Her Arms: TWLOHA)

https://twloha.com/

그녀의 팔에 사랑을 쓰는 것(TWLOHA)은 자해, 우울증, 중독, 자살로 고생하는 사람들에게 희망과 도움을 주기 위한 비영리 단체이다. 이 그룹은 웹사이트와 블로그 활동을 활발하게 하고, 기금을 모금하며, 대학 캠퍼스에서 음악 축제나 투어를 개최함으로써 전통적인 서비스와 연결되도록 노력한다. 또한 그들의 대표 티셔츠와 같은 상품들을 판매하여 이러한 이슈들에 대한 인식을 높인다.

결론

정신건강 전문가가 자해하는 사람들을 지원하기 위해 할 수 있는 일은 많다. 여기에는 비자살적 자해 행동을 하고 있는 개인을 위한 교사, 의료 및 정신건강 제공자를 포함한 다른 전문가 교육이 포함된다. 지원 활동은 가족 구성원을 교육하고 다양한 자원을 제공하는 것을 포함하지만 예방 노력과 인식의 발달도 포함한다.

참고문헌

American Counseling Association. (2014). *ACA code of ethics.* Alexandria, VA: Author.

Berge, J. M., Loth, K., Hanson, C., Croll-Lampert, J., & Neumark-Sztainer, D. (2011). Family life cycle transitions and the onset of eating disorders: A retrospective grounded theory approach. *Journal of Clinical Nursing, 21,* 1355-1363, doi: 10.1111/j.1365-2702.2011.03762.x

Berger, E., Hasking, P., & Martin, G. (2014). Adolescent's perspectives of youth non-suicidal self-injury prevention. *Youth & Society,* 1-20. doi: 10.1177/0044118X13520561

ISSS (n.d.). Retrieved from http://www.itriples.org

Levine, M. P., & Smolak, L. (2006). *The prevention of eating problems and eating disorders: Theory, research, and practice.* Mahwah, NJ: Lawrence Erlbaum.

Lewis, J., Arnold, M. S., House, R., & Toporek, R. L. (2003). *Advocacy competencies: American counseling association task force on advocacy competencies.* Retrieved from http://www.counseling.org/Resources/Competencies/Advocacy_Competencies.pdf

Lifesigns (n.d.). Retrieved from http://www.lifesigns.org.uk/siad/

Loth, K., Neumark-Sztainer, D., & Croll, J. K. (2009). Informing family approaches to eating disorder prevention: Perspectives of those who have been there. *International Journal of Eating Disorders, 42,* 146-152.

Myers, J. E., & Sweeney, T. J. (2008). Wellness counseling: The evidence base for practice. *Journal of Counseling & Development, 86,* 482-493.

National Association of Social Workers (NASW). (2008). *Code of ethics of the national association of social workers*. Washington, DC: Author.

NEDA (n.d.). Retrieved from http://www.nationaleatingdisorders.org/

Project Look Sharp. (2016). *Key questions to ask when analyzing media messages*. Retrieved March 11, 2016 from http://www.projectlooksharp.org/?action=medialithandouts

Purington, A., & Whitlock, J. (2010). Non-suicidal self-injury in the media. *The Prevention Researcher, 17*(1), 11-13.

Toste, J. R., & Heath, N. L. (2010). School response to non-suicidal self-injury. *The Prevention Researcher, 17*, 14-17.

Trusty, J., & Brown, D. (2005). Advocacy competencies for professional school counselors. *Professional School Counseling, 8*, 259-265.

Wester, K., & Trepal, H. (2015). Non-suicidal self-injury: Exploring the connection among race, ethnic identity, and ethnic belonging. *Journal of College Student Development, 56*(2), 127-139.

White, V. E., Trepal-Wollenzier, H., & Nolan, J. (2002). College students and self-injury: Intervention strategies for counselors. *Journal of College Counseling, 5*, 105-113.

찾아보기

인명

내용

저자 소개

Kelly L. Wester, Ph.D는 미국 그린즈버러 소재 노스캐롤라이나 대학교의 상담교육학과 교수이며, 외래 환자 정신건강 기관인 패밀리 솔루션(Family Solution)에 속한 공인 상담 전문가(licensed professional counselor)이다. 거주형 치료 센터, 교정 기관, 대학, 지역사회 상담 기관 등 다양한 환경에서 청소년 및 자해에 관해 상담하고 연구해 왔다.

Heather C. Trepal, Ph.D는 미국 샌안토니오 소재 텍사스 대학교의 상담학과 교수이며 공인 상담 전문가이자 공인 수퍼바이저이다. 상담창의성학회(Association for Creativity in Counseling) 회장, 상담창의성학회 대학원생 위원회 의장, 상담자 교육과 수퍼비전 학회(Association for Counselor Education and Supervision)의 전국 회장 및 남부 지역 회장을 역임하였다.

역자 소개

함경애(Ham, Kyong-Ae)

신라대학교 상담치료대학원 겸임교수(상담심리학 박사)

연세대학교 인간행동연구소 전문연구원

성동중학교 전문상담교사

상담심리사 1급, 전문상담사 1급, 청소년상담사 1급 외

<주요 저서>

『청소년 자살행동 치료프로그램 매뉴얼』(공저, 학지사, 2015)

『상담심리학의 이론과 실제』(3판, 공저, 학지사, 2015) 외 다수

임현우(Lim, Hyun-Woo)

한국외국어대학교 교육대학원 영어교육전공 교수

한국외국어대학교 TESOL 대학원 원장

미국 조지아 대학교 영어교육 박사

행동, 증상, 그리고 진단에 관한 웰니스 관점
비자살적 자해
-진단 및 개입-

Non-Suicidal Self-injury
Wellness Perspectives on Behaviors, Symptoms, and Diagnosis

2020년 9월 25일 1판 1쇄 발행
2024년 1월 25일 1판 3쇄 발행

지은이 • Kelly L. Wester · Heather C. Trepal
옮긴이 • 함경애 · 임현우
펴낸이 • 김 진 환
펴낸곳 • (주) 학지사
04031 서울특별시 마포구 양화로 15길 20 마인드월드빌딩 5층
대표전화 • 02) 330-5114 팩스 • 02) 324-2345
등록번호 • 제313-2006-000265호

홈페이지 • http://www.hakjisa.co.kr
인스타그램 • https://www.instagram.com/hakjisabook

ISBN 978-89-997-2173-1 93180

정가 **19,000원**